JN275431

発刊にあたって

　このたび，民事手続法分野の研究成果の発表の機会を増やし，この分野の研究の飛躍的発展に寄与したいという趣旨で，信山社から「民事手続法研究」の編集依頼を受けました。わたくし共も研究の発展を願う気持ちに変わりはないので，この有難い申出を受諾し，微力を尽くすことを決意しました。

　すでに「民事訴訟雑誌」が日本民事訴訟法学会により編集公刊されており，論説，学会報告，シンポジウムの記録等を収録し，民事訴訟法研究の近況を伝え，民事訴訟法学や倒産法学の発展にとって重要な役割を果たしています。しかし残念ながら年1回の刊行であり，理論上の諸問題の検討に十分なスペースを割くことは困難な状況にあります。新しい雑誌は，「民事訴訟雑誌」の成果を踏まえ，さらに理論的な諸問題を制度の沿革，比較法的考察，判例の分析，学説の変遷等にわたって多面的かつ基礎的に考察し，民事手続法学の発展のための，学界共有財産となる基本文献を生み出すことを目的とします。内容的には，民事訴訟法を中心に民事執行法，民事保全法，国際民事訴訟法などの研究成果を掲載する予定です。

　経済がますますグローバル化し，法律学の世界においても一国の枠内にとどまることができなくなり，また各国の訴訟法の調整も話題になっています。他方，国内的には法科大学院の開設に見られるように実務志向の傾向が見られます。このような時代において，この新しい雑誌はわれわれの民事手続法をより基礎的に，理論的に考察し，制度の根幹を明らかにし，その更なる発展を支える研究成果を世に送り出すことによって社会に貢献しようとするものです。

　以上のような趣旨で創刊しようとするものですが，当面は年1ないし2冊の刊行をめざすことになります。読者の皆様には絶大な支持とご声援を心からお願いする次第です。

2005年5月吉日

松　本　博　之
徳　田　和　幸

〈編者・執筆者紹介〉

松本博之（まつもと・ひろゆき）
 1946年　大阪府に生まれる
 1968年　大阪市立大学法学部卒業
 現　在　大阪市立大学大学院法学研究科教授，法学博士（大阪市立大学）
 〈主要著作〉
『証明責任の分配』(1987年・有斐閣，同（新版）1996年・信山社)
『民事自白法』(1994年・弘文堂)
『民事訴訟法』(共著，1998年・弘文堂，同（2版）2001年，同（3版）2003年，同（4版）2005年)
『日本立法資料全集・民事訴訟法〔明治36年草案(1)〜(4)〕』(共編著，1994年〜1995年・信山社)
『日本立法資料全集・民事訴訟法〔大正改正編(1)〜(5)〕』(共編著，1993年・信山社)
『日本立法資料全集・民事訴訟法〔戦後改正編(2)〜(4)−Ⅱ〕』(編著，1997年〜1998年・信山社)
『注釈民事訴訟法(3)（126条〜128条の注釈）』(1993年・有斐閣)
『注釈民事訴訟法(8)（394条の注釈）』(1998年・有斐閣)
『ペーター・アーレンス著・ドイツ民事訴訟の理論と実務』(共編訳，1991年・信山社)
『ハンス・フリードヘルム・ガウル著・ドイツ既判力理論』(編訳，2003年・信山社)
ほか多数

徳田和幸（とくだ・かずゆき）
 1947年　愛媛県に生まれる
 現　在　京都大学大学院法学研究科教授
 〈主要著作〉
『注釈フランス新民事訴訟法典』(共訳書)（法曹会・1978年）
『民事訴訟法〔大正改正編〕(1)〜(5)・日本立法資料全集10〜14』(共編書)（信山社・1993年）
「通常共同訴訟と必要的共同訴訟」講座民事訴訟(3)（弘文堂・1984年）
「訴訟参加制度の継受と変容」民事訴訟雑誌37号（法律文化社・1991年）
『フランス民事訴訟法の基礎理論』（信山社・1994年）
『プレップ破産法［第3版］』（弘文堂・2005年）
など

〈編者・執筆者紹介〉

越山 和広（こしやま・かずひろ）
　　1963年　大阪府に生まれる
　　1987年　慶應義塾大学法学部卒業
　　現　在　関西大学大学院法務研究科助教授
　　〈主要著作〉
　Rechtskraftwirkungen und Urteilsanerkennunng nach amerikanischem, deutschem und japanischem Recht（1996, J. C. B. Mohr）
　「請求棄却判決と再訴の可能性―期限未到来による棄却判決を中心に（一），（二・完）」近畿大学法学45巻3・4号（1998年）129頁，46巻3・4号（1999年）47頁
　「一部請求後の残額請求と既判力・信義則―最高裁平成10年6月12日判決をめぐって」伊東乾教授喜寿記念論文集『現時法学の理論と実践』（慶應義塾大学出版会・2000年）
　「外国判決に記載のない利息を付加する執行判決―外国債務名義の内国での補充・具体化権限との関連で」石川明先生古稀記念論文集『現代社会における民事手続法の展開』（株式会社商事法務・2002年）
　「口頭弁論終結後の承継人への既判力―その作用についての論点整理」香川法学22巻1号（2002年）47頁
　「将来給付判決の修正による既判力の相対化―定期金賠償判決を中心に」西原道雄教授古稀記念論文集『現代民事法学の理論（下）』（信山社・2002年）
　「外国判決の承認・執行と内国での再訴の可能性―既判力・訴えの利益との関連で」櫻井雅夫先生古稀記念論文集『国際経済法と地域協力』（信山社・2004年）

鶴田　滋（つるた・しげる）
　　1972年　熊本県に生まれる
　　1991年　熊本県立天草高校卒業
　　1995年　九州大学法学部卒業
　　1998年　熊本大学大学院法学研究科修士課程修了
　　2004年　大阪市立大学大学院法学研究科後期博士課程単位取得退学
　　現　在　福岡大学法学部講師
　　〈主要著作〉
　「19世紀ドイツにおける共有者の共同訴訟の必要性(1)～(3・完)」大阪市立大学法学雑誌51巻2号63頁（2004年），3号91頁（2005年），4号106頁（2005年）
　「ハンス・フリードヘルム・ガウル著「サヴィニー以後の既判力理論の展開と現状」（共訳）『ドイツ既判力理論』（2003年・信山社）所収

創刊第 1 号　目次

発刊にあたって……………………………………………松本博之　徳田和幸…*i*
〈編者・執筆者紹介〉(*ii*)

○ 既判力の標準時後の形成権行使について ………………………………*1*

　　　　　　　　　　　　　　　　　　　　　　　松　本　博　之

Ⅰ　問題の所在 (*2*)
Ⅱ　判例の展開と現状 (*6*)
Ⅲ　請求異議事由の制限と既判力の失権効との関係 (*35*)
Ⅳ　学説の展開 (*39*)
Ⅴ　標準時後に行使された形成権の行使効果の主張と既判力──個別的検討 (*65*)
Ⅵ　むすび (*80*)

○ 欧州司法裁判所における訴訟物の捉え方……………………………*83*
　　──申立一般を要素としない訴訟物概念の可能性とそのドイツ訴訟
　　　法学への影響について──

　　　　　　　　　　　　　　　　　　　　　　　越　山　和　広

Ⅰ　はじめに (*83*)
Ⅱ　欧州司法裁判所における訴訟物の捉え方 (*85*)
Ⅲ　欧州司法裁判所における訴訟物概念とドイツ法における訴訟物概念との対比 (*91*)
Ⅳ　欧州司法裁判所における訴訟物概念はドイツ法に影響を与えうるか (*98*)
Ⅴ　今後の展望 (*115*)

● 共有者の共同訴訟の必要性に関する現行ドイツ法の沿革と現状…*125*

鶴　田　　　滋

序　章 ……………………………………………………………………*127*	
Ⅰ　共同訴訟の必要性に関する CPO の諸規定の成立過程（*131*）	
Ⅱ　BGB 1011 条の成立過程（*157*）	
Ⅲ　共有者の共同訴訟の必要性に関するドイツ法の現状（*195*）	
Ⅳ　BGB 744 条 2 項（保存行為）の成立過程とその後の展開（*209*）	
終　章──ドイツ法の特徴 ………………………………………………*224*	

○既判力の標準時後の形成権行使について

松 本 博 之

細目次
I　問題の所在
　1　既判力の失権効（遮断効）
　2　標準時後の形成権の行使
　3　本稿の課題
II　判例の展開と現状
　1　判例の変遷
　2　判例の分析
III　請求異議事由の制限と既判力の失権効との関係
　1　既判力の失権効
　2　請求異議事由の制限は既判力の失権効の範囲を越えるか
IV　学説の展開
　1　形成権成立時説＝失権説
　2　形成権行使時説＝非失権説
　3　「提出責任」説
　4　「形成権行使責任」説
　5　「要件プログラム」説
　6　ドイツにおける理論展開
　7　近時のドイツにおける中間説
　8　私　見
V　標準時後に行使された形成権の行使効果の主張と既判力──個別的検討
　1　標準時後の相殺権の行使
　2　標準時後の取消権の行使
　3　標準時後の解除権の行使
　4　標準時後の建物買取請求権の行使
　5　標準時後の白地手形の白地補充権の行使
VI　むすび

I 問題の所在

1 既判力の失権効（遮断効）

民事訴訟において，当事者は原則として口頭弁論終結まで訴訟資料を提出することができ，確定判決における訴訟上の請求に対する裁判所の判断も最終口頭弁論終結時（既判力の標準時）における訴訟資料に基づき行われる。したがって，既判力の失権効（遮断効）も事実審の最終口頭弁論終結時に存在する事実について生じる。当事者は，前訴と同一の請求（前訴請求と矛盾関係にある請求を含む）につき訴えを提起し，標準時にすでに存在した事実を主張して確定判決の判断と異なる判断を後訴裁判所に求めることは既判力に抵触する。それにもかかわらず，前訴において請求棄却判決を受けた原告が同一請求の訴えを繰り返す場合，裁判所はどのような措置をとるべきかという問題について，本案の審理をすべきであり，既判力の及ばない事実（主として標準時後の新事実）によって請求が認容されない限り請求棄却判決をすべきものとする見解（請求棄却説）が多数説[1]であるが，最近では訴えを不適法として却下すべきだとする見解（訴え却下説）[2]も主張され

---

1) 新堂幸司『民事訴訟法』（1974年・筑摩書房）423頁（同『新民事訴訟法〔第3版〕』（2004年・弘文堂）641頁以下）によって提唱された見解である。鈴木正裕「既判力本質論の実益」三ケ月章＝青山善充編『民事訴訟法の争点〔旧版〕』（1979年・有斐閣）260頁以下；菊井維大＝村松俊夫『全訂民事訴訟法Ⅰ〔補正版〕』（1986年・日本評論社）1291頁；兼子一＝松浦馨＝新堂幸司＝竹下守夫『条解民事訴訟法』（1986年・弘文堂）631頁〔竹下〕；中野貞一郎「既判力の標準時」同『民事訴訟法の論点Ⅰ』（1994年・判例タイムズ社）250頁；中野貞一郎＝松浦馨＝鈴木正裕編『民事訴訟法講義〔第3版〕』（1995年・有斐閣）475頁〔吉村徳重〕；鈴木正裕＝青山善充編『注釈民事訴訟法(4)』（1997年・有斐閣）303頁〔高橋宏志〕；高橋宏志『重点講義民事訴訟法〔上〕』（2005年・有斐閣）528頁；上田徹一郎『民事訴訟法〔第4版〕』（2004年・法学書院）457頁以下；伊藤眞『民事訴訟法〔第3版〕』（2004年・有斐閣）466頁以下；林屋礼二『新民事訴訟法概要〔第2版〕』（2004年・有斐閣）470頁などが，この見解を支持する。この見解は，請求を認容する新事実がなければ請求棄却判決をすべきものとするので，「請求棄却説」と呼ぶことができる。最判昭和55年10月23日民集34巻5号747頁（後掲判例［10］）および最判平成9年3月14日判時1600号89頁は，請求棄却説に立つ原判決を是認するので，判例もこの立場に立っていると思われる。
2) 松本博之「請求棄却判決後の確定と標準時後の新事実による再訴(1)〜(4)」大阪市立大学法学雑誌48巻4号1016頁以下，49巻1号69頁以下，49巻2号245頁，49巻3号489頁以下（以上いずれも2002年）；松本博之＝上野泰男『民事訴訟法〔第4版〕』（2005年・弘文堂）505頁以下。

ている。訴え却下説は，既判力を後訴の消極的訴訟要件と見る。

　これに対して，事実審の最終口頭弁論終結後に生じた事実により，確定判決により判断された法律効果に変動が生じたことを当事者が自己の有利に主張して，前訴確定判決の判断と異なる判断を裁判所に求めることは既判力によって阻止されず，後訴裁判所もそのような判断をすることができる。ただし，確定判決が請求棄却判決の場合には，標準時後に生じた新事実が，前訴裁判所がその欠缺を理由に請求を棄却した，まさにその法律要件要素に関していることが必要であると解すべきである[3]。

2　標準時後の形成権の行使

　そこから，形成権の行使に関して1つの問題が生じる。すなわち，確定判決に接着する前訴の事実審の最終口頭弁論終結後に形成権を行使した結果生じた法律状態を主張して後訴（たとえば，請求異議訴訟〔民執35条〕，債務不存在確認の訴えまたは不当利得返還請求訴訟など）を提起することは，当該形成権（の発生要件）がすでに前訴の事実審最終口頭弁論終結前に存在しており，これを行使する意思表示が欠けていたに過ぎない場合，したがって形成権者がこれを前訴で（理論上は）行使することができた場合には，確定判決の既判力の失権効によって阻止されるか，それとも，形成権の行使の意思表示が事実審の最終口頭弁論終結後になされ，それにより新たな法律状態が発生する以上，標準時後の形成権行使による新たな法律効果の主張として，つまり新たな事情による法律状態の変動の主張として，既判力の失権効により遮断されないのかという問題である。周知のように，形成権が標準時前に成立していること，したがって（理論上は）これを行使することができたことを重視して，標準時後の形成権行使効果の主張について既判力効による遮断を肯定する見解（形成権成立時説＝失権説）と，形成権行使の意思表示がなされた時期が既判力の標準時後であることを決定的と見て既判力の失権効による遮断を否定する見解（形成権行使時説＝非失権説）とが激しく対立する。そして，形成権行使時説＝非失権説に立ちながら，後訴における法律状態の変動の主張は事情によっては信義則の適用により排斥されるとする見解[4]など折衷説も主張さ

3）　松本＝上野・前掲注2）547頁以下；松本・前掲注2）法学雑誌49巻3号491頁以下；松本・前掲注2）法学雑誌48巻4号1033頁以下。

4）　中野・前掲注1）250頁以下；同「形成権の行使と請求異議の訴」同『強制執行・破産の研究』（1971年・有斐閣）36頁，52頁。

れており，見解の対立は収束するどころか，ますます拡大する傾向にあるとさえ言うことができる。いずれの見解によるかによって，当事者にとって著しい結果の差異が生じ，実務上の意義も大きい。

また，形成権成立時説＝失権説に立ち，既判力は後訴における法律状態変動の主張を排斥すると解する見解において，形成権者はその形成権の行使によって生じた実体法上の効果を後訴において主張することを遮断されるにもかかわらず，この実体法上の効果が残存し，相手方は形成権者に生じた不利な形成の効果（たとえば，取消権の行使による取消権者自身の請求権の消滅，相殺をした債務者の反対債権の消滅）を以後も援用することが許されるか，それとも，形成権の行使による権利変動の主張が既判力により排斥される場合には，形成権行使の実体法上の効果も遡及的に消滅し，もはや相手方もこれを援用することができなくなるのか。そして，実体法上の効果が消滅するとすれば，それはいかなる法的理由によるのかという困難な問題も生じる。

筆者は，かつて現行民事訴訟法の施行の機会に，ある法律雑誌の特集の中で，この問題が新法によってどのような影響を受けるかという観点から簡単な考察を試み，1つの解釈上の提案を行った。そこでは，実体法上の問題としては，形成権は，法律上，法定追認や相手方からの行使催告が認められているような特別の場合を除き，消滅時効完成前または除斥期間経過前は自由に行使できるのが原則であるが，形成権の行使が訴訟との関わりをもつとき，形成権の行使につき一定の訴訟上の制約が生じるか否かという視点が重要であること，ことに現行民事訴訟法が充実した審理および迅速な手続進行のために当事者に訴訟促進に協力すべき責務を課し（民訴2条），攻撃防御方法の適時提出を要求していること（同156条）を十分に考慮に入れた解釈が行われなければならないことを指摘した[5]。しかし，遺憾ながら紙幅の制約のため，そこでの考察は全く不十分なものに終わっていた。本稿は遅ればせながら，これを追完する意味をも有する。

3　本稿の課題

筆者は，この視点の重要性は変らないと考えているが，本稿では改めてこの問題を基礎的に考察したい。

ところで一口に形成権と言っても，法定のものもあれば，当事者の合意によっ

---

[5] 松本博之「既判力――既判力の標準時後の形成権行使」法教208号（1998年）28頁以下；松本博之＝上野泰男『民事訴訟法』（1998年・弘文堂）387頁以下。

て発生するものもある。取消権，解除権，相殺権のような民法に規定されている古典的な形成権もあれば，種々の法律によって社会政策的観点から認められる形成権もある。たとえば，借地借家法13条1項による建物買取請求権，消費者契約法7条1項による取消権のような形成権，割賦販売法や特定商取引法の規定するクーリング・オフとしての申込みの取消権や契約解除権がこれに属する。約定解除権は合意による形成権の例である。同じ問題が長期に亘って論じられているドイツでは，建物賃貸借契約の終了の際に当事者の一方的意思表示により一定期間賃貸借契約を継続させることができるオプション権が合意されている場合もあり，これも当事者の合意に基づく形成権に属する。そこから，形成権一般について統一的な問題解決を図るべきなのか，またそれは可能なのか，それとも個々の形成権の内容，目的や種別に応じた類型的解決が図られるべきなのかが問題となる。後に考察するように，日本の判例は，必ずしも明確ではないが，形成権の種別に応じた扱いを目指す立場とも見受けられる。また右に見た新しい形成権について，既判力の標準時後の形成権の行使の問題において何らかの特別の取扱いを必要としないか否かも問題となろう。

ところで最近では，形成権行使の効果が訴訟手続では攻撃防御方法の1つに過ぎないという理由で，基本的に形成権を特別扱いする必要はないと見て，前訴において行使されなかった形成権は原則としてすべて既判力により失権するという見解の主張も見られる[6]。そこでは，当該形成権の特質や形成権の行使期間を定める法の目的や趣旨などが考慮に入れられず，実体法が形成権に与えた効果がいとも容易に既判力効によって否定されてよいのかという観点は皆無と言ってよいほど見られない。既判力の本質に関する訴訟法説によれば，確定判決の既判力は，たとえ判決が実体法状態に合致しない場合（不当判決）であっても，訴訟上主張された実体法上の権利または法律効果を実体的に消滅させ（請求棄却判決の場合），または発生させる（請求認容判決の場合）ものではない。後訴裁判所が前訴と同一の訴訟物をもつ後訴につき実体審理と裁判をすることが許されないことが既判力の作用であると見るにせよ（一事不再理説），あるいは，前訴の既判力のある裁判と矛盾する裁判をすることが許されないことを重視するにせよ（矛盾禁止説），いずれにせよ既判力は実体法上の法律関係を変動させないのである[7]。形

---

[6] 山本和彦「既判力の時的限界」判タ1000号（1999年）241頁以下（同『民事訴訟法の基本問題』〔2002年・判例タイムズ社〕195頁以下）。なお，竹下守夫・金商477号2頁，5頁も参照。

成権の防御方法性を強調する見解は，それにもかかわらず，なぜ，形成権が既判力の失権（遮断）効によって消滅させられるのか，または行使効果の主張が既判力の失権効により遮断されることになるのかという基本的な問題を十分解明していないように思われる。

本稿は，この問題が古くから論じられているものの，判例と文献において著しい見解の対立を見ており，最近でも活発に議論が展開されているドイツ法[8]における解釈論をも検討の対象とすることによって議論の深化を図るとともに，より説得力ある問題解決を提示しようとするささやかな試みである。

II 判例の展開と現状

1 判例の変遷

いわゆる標準時後の形成権行使と既判力の失権効・請求異議原因の問題に関して，周知のように，判例はこれまで決して確固不動であったわけでなく，むしろ動揺し，長期間にわたり大きな変遷を重ねてきたことを確認することができる。ここでは種々の形成権について，まず最上級審の判例を中心に判例の変遷を概観し，これを確認することから始めよう。

(1) **相殺権** 既判力の標準時後に前訴の被告により相殺の意思表示がなさ

---

7) 一事不再理説と矛盾禁止説について，ハンス・フリードヘルム・ガウル（松本博之編訳）『ドイツ既判力理論』(2003年・信山社) 105頁以下が非常に詳しい。松本・前掲注2) 法学雑誌49巻3号490頁以下も参照。もっとも実体法説や権利実在化説によれば別である。実体法説によれば，実体関係に合致しない判決（不当判決）の既判力は実体関係を既判力どおりに変動させ，実体関係に合致する判決は実体上の法律関係に付加的な法律要件を与える。

8) ドイツにおける最近の注目すべき研究として，*Hans Friedhelm Gaul*, Die Ausübung privater Gestaltungsrechte nach rechtskräftigem Verfahrensabschluß — ein altes und beim "verbraucherschützenden" Widerrufsrecht erneut aktuell gewordenes Thema, Gedächtnisschrift für Knobbe-Keuk, Köln 1997, S. 135 ff.（邦訳として，坂田宏「手続終結による既判力発生後の私法上の形成権行使—（消費者を保護する）撤回権について新たに今日的意義を帯びている古きテーマ」横浜経営研究19巻4号417頁以下，20巻2号126頁以下〔いずれも1999年〕がある）; *C. Weinzierl*, Die Präklusion von Gestaltungsrechten durch § 767 Abs. 2 ZPO unter besonderer Berücksichtigung der materiellen Rechtskraft, Heidelberg 1997; MünchKommZPO/*Karsten Schmidt*, Bd. 2, 2. Aufl., 2000, § 767 Rdnr. 80 ff.; *Karsten Schmidt*, Vollstreckungsgegenklage — Prozeßrecht und materielles Recht in der Bewährung — 50 Jahre Bundesgerichtshof, Festgabe aus der Wissenschaft, Bd. III, München 2000, S. 491, 500 ff. がある。

れ，前訴原告の債権が消滅したことを主張して請求異議の訴えが提起される場合について，大審院判例は，当初，形成権成立時説（失権説）に立って，異議の事由は標準時にすでに存在していたとして，請求異議の訴えを不適法として排斥したが（[1][2]），その後，見解を変更した。すなわち，標準時後の相殺権の行使により執行力ある請求権が相殺の結果消滅したことを主張して債務不存在確認の訴えを提起することは，既判力により排斥されず適法とされた（[3]）。[3]以後は，[4]大審院大正11年7月15日判決（新聞2033号20頁），[5]大審院昭和5年11月5日判決（新聞3204号16頁），および 仲裁判断に執行判決が付与された後，執行判決訴訟の口頭弁論終結後の相殺に基づく請求異議の訴えにつき形成権行使時説に立つ[6]大審院民事連合部明治43年11月26日判決（民録16輯764頁）があったが，最高裁判所も[7]最高裁判所昭和40年4月2日第2小法廷判決（民集19巻3号539頁）（請求異議事件）において，[6]を踏襲して形成権行使時説に立つことを明らかにした。判例は，形成権行使時説で確定したかに見えたが，なお，一部の下級審裁判例には形成権成立時説に立つものもある（[8]）。

[1] 大審院明治39年11月26日判決（民録12輯1582頁）
（事案の概要）
本件強制執行の債務名義は明治38年4月6日言い渡された判決であるが，上告人（原告）は明治37年11月25日に訴外者より相殺の自働債権を譲り受けていた。上告人は前訴係属中に相殺の抗弁を提出せず，判決言渡後に相殺の意思表示をして請求異議の訴えを提起した。大審院は異議の原因は前訴の標準時前に存在したとして，民事訴訟法旧545条2項（民執35条2項に対応）に該当しないとした。

（判旨）
「本件ノ債務名義タル判決ノ口頭弁論前ニ於テ上告人ハ弁済期到来ノ債権ノ譲渡ヲ受ケタルモノニシテ何時ニテモ相殺ヲ為シ得ヘカリシ場合ナルヲ以テ異議ノ原因ハ当時ニ於テ既ニ生シタルモノト云ハサルヲ得ス。其原因ニ基キテ相殺ノ意思表示ヲ為スハ即チ実際ニ於テ異議ヲ主張スルカ為メニスルモノニシテ，其時ニ於テ異議ノ原因生シタリト為スヘキニアラス。本件ノ債務名義タル判決ノ言渡後ニ至リ相殺ノ意思表示ヲ為シ以テ執行ヲ免カレントスルカ如キハ民事訴訟法第545条第2項ノ場合ニ該当セサルモノトス」

[２]　大審院明治 40 年 7 月 19 日判決（民録 13 輯 827 頁）
（判旨）

「按スルニ相殺ハ債務消滅ノ一原因ニシテ当事者ノ一方ヨリ相手方ニ対シ其意思表示ヲ為スニ因リテ始メテ相互債務消滅ノ効力ヲ生スルコト本論旨ノ如クナルコトハ固ヨリ言ヲ待タス。然而シテ相殺ノ意思表示ハ訴訟行為ナラスト雖モ，訴訟当事者ノ一方カ相手方ノ請求スル債務ト同種ノ目的ヲ有スル債権ヲ相手方ニ対シテ有スル場合ニ於テ，其性質相殺スルニ適シ且既ニ弁済期ニ在ルトキハ直ニ相手方ニ対シテ相殺ノ意思表示ヲ為シ頼リテ以テ防御方法ニ資スルコトヲ得ヘキヲ以テ，本訴ノ如キ強制執行ノ債務名義タル判決ノ口頭弁論終結前，債務者カ債権者ニ対シテ相殺スルニ適シタル債権ヲ有シ而シテ其債権ノ弁済期ニ在リタル場合ニ於テハ仮令未タ相殺ノ意思表示ヲ為サ、リシニセヨ民事訴訟法第 545 条第 2 項ニ所謂異議ノ原因ハ業ニ既ニ生シ居タルモノト謂ハサルヲ得。抑同条ニ於テ遅クトモ異議ヲ主張スルコトヲ要スル口頭弁論ノ終結後ニ其原因ヲ生シ且故障ヲ以テ之ヲ主張スルコトヲ得サルトキニ限リ異議ヲ許シタル所以ノモノハ他ナシ。相当ノ時機ニ於テ防御方法トシテ主張スルコトヲ得ヘカリシ事由ヲ以テ既ニ判決ニ因リ確定シタル請求ヲ左右スルコトヲ得セシムルカ如キコトアラハ，確定判決ノ効力ヲ毀損スルコト鮮カラサレハナリ。然レハ則チ防御方法ニ資スルコトヲ得ヘキ事由ハ其種類ノ如何ヲ問ハス之ヲ主張スルコトヲ得ヘカリシ口頭弁論ニ於テ主張スルコトヲ為サスシテ後日ニ留保シテ以テ異議トシテ主張スルコトヲ許サ、ルモノト論断セサルヲ得ス。此ノ如クナレハ本訴ノ如キ場合ニ於テ当事者ノ一方ハ相殺スルニ適シタル債権ヲ有スルニ拘ラス，相手方ニ対シテ有効ニ相殺ノ意思表示ヲ為スコト能ハサル結果ヲ生シ民法ノ規定ヨリ之ヲ観レハ奇異ノ顕象ノ如クナリト雖モ，畢竟債務者カ民事訴訟法ニ於テ許与セラレタル防御方法ヲ利用セサリシ懈怠ニ基因スルニ外ナラス。形式法ノ違背ニ因リテ実体法ノ権利ヲ喪失スルハ其類例稀ナラサルヲ以テ毫モ怪ムニ足ラサルヘシ……本院ノ判例（明治 39 年 11 月 26 日言渡同年オ第 420 号事件ノ判決）ハ之ヲ変更スル要アルヲ見ス」（傍線は引用者）

[３]　大審院明治 42 年 4 月 17 日判決（民録 15 輯 360 頁）
（事案の概要）

金銭の支払いを命じる判決を受けた前訴被告（債務者）が，判決確定後，前訴原告および本訴被告（その債権譲受人）に対し，前訴原告に対する手形債権と確定判決の認容した前訴原告の訴求債権とを相殺する旨の意思表示を行い，債務不存

れ，前訴原告の債権が消滅したことを主張して請求異議の訴えが提起される場合について，大審院判例は，当初，形成権成立時説（失権説）に立って，異議の事由は標準時にすでに存在していたとして，請求異議の訴えを不適法として排斥したが（[1][2]），その後，見解を変更した。すなわち，標準時後の相殺権の行使により執行力ある請求権が相殺の結果消滅したことを主張して債務不存在確認の訴えを提起することは，既判力により排斥されず適法とされた（[3]）。[3] 以後は，[4] 大審院大正11年7月15日判決（新聞2033号20頁），[5] 大審院昭和5年11月5日判決（新聞3204号16頁），および 仲裁判断に執行判決が付与された後，執行判決訴訟の口頭弁論終結後の相殺に基づく請求異議の訴えにつき形成権行使時説に立つ [6] 大審院民事連合部明治43年11月26日判決（民録16輯764頁）があったが，最高裁判所も [7] 最高裁判所昭和40年4月2日第2小法廷判決（民集19巻3号539頁）（請求異議事件）において，[6] を踏襲して形成権行使時説に立つことを明らかにした。判例は，形成権行使時説で確定したかに見えたが，なお，一部の下級審裁判例には形成権成立時説に立つものもある（[8]）。

[1] 大審院明治39年11月26日判決（民録12輯1582頁）
（事案の概要）
本件強制執行の債務名義は明治38年4月6日言い渡された判決であるが，上告人（原告）は明治37年11月25日に訴外者より相殺の自働債権を譲り受けていた。上告人は前訴係属中に相殺の抗弁を提出せず，判決言渡後に相殺の意思表示をして請求異議の訴えを提起した。大審院は異議の原因は前訴の標準時前に存在したとして，民事訴訟法旧545条2項（民執35条2項に対応）に該当しないとした。

（判旨）
「本件ノ債務名義タル判決ノ口頭弁論前ニ於テ上告人ハ弁済期到来ノ債権ノ譲渡ヲ受ケタルモノニシテ何時ニテモ相殺ヲ為シ得ヘカリシ場合ナルヲ以テ異議ノ原因ハ当時ニ於テ既ニ生シタルモノト云ハサルヲ得ス。其原因ニ基キテ相殺ノ意思表示ヲ為スハ即チ実際ニ於テ異議ヲ主張スルカ為メニスルモノニシテ，其時ニ於テ異議ノ原因生シタリト為スヘキニアラス。本件ノ債務名義タル判決ノ言渡後ニ至リ相殺ノ意思表示ヲ為シ以テ執行ヲ免カレントスルカ如キハ民事訴訟法第545条第2項ノ場合ニ該当セサルモノトス」

［2］　大審院明治40年7月19日判決（民録13輯827頁）
（判旨）

「按スルニ相殺ハ債務消滅ノ一原因ニシテ当事者ノ一方ヨリ相手方ニ対シ其意思表示ヲ為スニ因リテ始メテ相互債務消滅ノ効力ヲ生スルコト本論旨ノ如クナルコトハ固ヨリ言ヲ待タス。<u>然而シテ相殺ノ意思表示ハ訴訟行為ナラスト雖モ，訴訟当事者ノ一方カ相手方ノ請求スル債務ト同種ノ目的ヲ有スル債権ヲ相手方ニ対シテ有スル場合ニ於テ，其性質相殺スルニ適シ且既ニ弁済期ニ在ルトキハ直ニ相手方ニ対シテ相殺ノ意思表示ヲ為シ頼リテ以テ防御方法ニ資スルコトヲ得ヘキヲ以テ，本訴ノ如キ強制執行ノ債務名義タル判決ノ口頭弁論終結前，債務者カ債権者ニ対シテ相殺スルニ適シタル債権ヲ有シ而シテ其債権ノ弁済期ニ在リタル場合ニ於テハ仮令未タ相殺ノ意思表示ヲ為サヽリシニセヨ民事訴訟法第545条第2項ニ所謂異議ノ原因ハ業ニ既ニ生シ居タルモノト謂ハサルヲ得。</u>抑同条ニ於テ遅クトモ異議ヲ主張スルコトヲ要スル口頭弁論ノ終結後ニ其原因ヲ生シ且故障ヲ以テ之ヲ主張スルコトヲ得サルトキニ限リ異議ヲ許シタル所以ノモノハ他ナシ。相当ノ時機ニ於テ防御方法トシテ主張スルコトヲ得ヘカリシ事由ヲ以テ既ニ判決ニ因リ確定シタル請求ヲ左右スルコトヲ得セシムルカ如キコトアラハ，確定判決ノ効力ヲ毀損スルコト鮮カラサレハナリ。然レハ則チ防御方法ニ資スルコトヲ得ヘキ事由ハ其種類ノ如何ヲ問ハス之ヲ主張スルコトヲ得ヘカリシ口頭弁論ニ於テ主張スルコトヲ為サスシテ後日ニ留保シテ以テ異議トシテ主張スルコトヲ許サヽルモノト論断セサルヲ得ス。此ノ如クナレハ本訴ノ如キ場合ニ於テ当事者ノ一方ハ相殺スルニ適シタル債権ヲ有スルニ拘ラス，相手方ニ対シテ有効ニ相殺ノ意思表示ヲ為スコト能ハサル結果ヲ生シ民法ノ規定ヨリ之ヲ観レハ奇異ノ顕象ノ如クナリト雖モ，畢竟債務者カ民事訴訟法ニ於テ許与セラレタル防御方法ヲ利用セサリシ懈怠ニ基因スルニ外ナラス。形式法ノ違背ニ因リテ実体法ノ権利ヲ喪失スルハ其類例稀ナラサルヲ以テ毫モ怪ムニ足ラサルヘシ……本院ノ判例（明治39年11月26日言渡同年オ第420号事件ノ判決）ハ之ヲ変更スル要アルヲ見ス」（傍線は引用者）

［3］　大審院明治42年4月17日判決（民録15輯360頁）
（事案の概要）

金銭の支払いを命じる判決を受けた前訴被告（債務者）が，判決確定後，前訴原告および本訴被告（その債権譲受人）に対し，前訴原告に対する手形債権と確定判決の認容した前訴原告の訴求債権とを相殺する旨の意思表示を行い，債務不存

在確認の訴えを提起した事案である。原判決は，前訴の事実審の最終口頭弁論終結前に相殺適状にあった債権により訴求債権と相殺することは許されないとしたのに対して，大審院は次のように判示して原判決を破棄し，事件を原審に差し戻した。

(判旨)

「相殺ハ当事者双方ノ債務カ相殺ヲ為スニ適シタル時ニ於テ当然其効ヲ生スルモノニ非スシテ，其一方カ相手方ニ対シ相殺ノ意思表示ヲ為スニ依リテ始メテ其効ヲ生スルモノナルハ民法第506条ノ明ニ規定スル所ナレハ，訴訟ニ於テ相殺ノ抗弁ヲ提出スル者ハ単ニ当事者相互間ニ相殺ニ適スル債務アルコトヲ主張スルヲ以テ足レリトセス。進テ相殺ノ意思表示アリタルコトヲ主張セサルヘカラス。故ニ未タ其意思表示ナカリシ場合ニ於テハ先ツ相手方ニ対シ相殺ヲ為サントスル旨ノ意思ヲ表示シ，依リテ以テ相殺ニ因ル債務消滅ノ抗弁ヲ為スコトヲ得ルモノナリ。然レハ被告カ原告ニ対シ相殺ニ適スル債権ヲ有シ且相殺ノ意思表示ヲ為シ以テ双方ノ債権ヲ消滅セシメタル事実アルニ拘ハラス相殺ノ抗弁ヲ為サスシテ敗訴ノ判決ヲ受ケタルトキハ，口頭弁論ニ於テ主張シ得ヘカリシ債務ノ消滅事由アリシニ之ヲ主張セサリシモノナレハ，判決確定後ニ至リ之ヲ主張シテ其執行ヲ免レントスルカ如キハ固ヨリ確定判決ノ効力ヲ無視スルモノト謂フヘキモ，<u>被告カ原告ニ対シ相殺ニ適スル債権ヲ有スルニ止マリ相殺ノ意思表示ヲ為ササリシトキハ未タ債務消滅ノ事由ハ発生セサリシモノナレハ，敗訴ノ判決確定後ニ至リ相殺ノ意思ヲ表示シ其判決ニ依リテ確認セラレタル債務ヲ消滅セシムルコトヲ得サルノ理アルヘカラス</u>。何トナレハ確定判決ニ依リテ確認セラレタル債権ハ強制執行力ヲ付与セラルルニ止マリ，口頭弁論終結後ニ生シタル一般債務消滅ノ事由ニ因リテ消滅スヘキハ毫モ疑ヲ容ヘカラサルノミナラス，相殺ニ依リテ之ヲ消滅セシムル債務者ハ同時ニ自己ノ債権ヲ消滅ニ帰セシムルノ不利ヲ甘受スルモノニシテ確定判決ヲ無視スルモノト謂フヘカラサルハ勿論，反テ之ヲ是認シ之ニ服従スルモノタルハ任意弁済ノ場合ト異ナル所アルヲ見サレハナリ」（傍線は引用者）

[6]　大審院民事連合部明治43年11月26日判決（民録16輯764頁）

(事案の概要)

仲裁判断のために執行判決が付与されたが，被告がこの訴訟の口頭弁論終結後に至って反対債権による相殺の意思表示を行い，請求異議の訴えを提起した事案である。原審が請求異議の原因が執行判決の口頭弁論終結後に生じたとして異議

を許したのに対して，相手方が提起した上告に対して，大審院は次のように判示して上告を退けた。

(判旨)

「相殺ハ当事者双方ノ債務カ互ニ相殺ヲ為スニ適シタル時ニ於テ当然其効力ヲ生スルモノニ非スシテ，其一方カ相手方ニ対シ相殺ノ意思表示ヲ為スニ依リテ始メテ其効力ヲ生スルモノナルコトハ民法第506条ノ規定ニ依リテ明確ナリ。去レハ本訴ノ如ク仲裁判断ニ付シタル執行判決ニ基キ強制執行ヲ為ス場合ニ於テモ其債務名義タル判決ノ口頭弁論終結前債務者カ相手方ニ対シ単ニ相殺ヲ為スニ適シタル債権ヲ有スルニ止マリ，未タ相殺ノ意思表示ヲ為ササル間ハ債務消滅ノ事由発生セサルモノナルヲ以テ，口頭弁論ノ終結後ニ至リ始メテ相殺ノ意思表示ヲ為シ債務ノ消滅シタルコトヲ原因トシテ異議ヲ主張スルトキハ，民事訴訟法第545条第2項ニ所謂口頭弁論終結後ニ異議ノ原因ヲ生シタルモノト謂フ可キナリ」

[7] 最高裁昭和40年4月2日第2小法廷判決 (民集19巻3号539頁)[9]

(事案の概要)

内縁関係にあるX女とA男との間に，Aが訴外B所有の本件土地を無償で譲り受けた上で，この土地の所有権をXに移転をする旨の合意がなされた。この合意は履行されなかったが，XとAは内縁関係を解消した。その際，合意が速やかに履行されることが確約され，またXはAに100万円を贈与することとなった。Xは50万円を支払ったものの，残額を支払わなかった。AはXに対して有する債権一切をYに譲渡し，Xに債権譲渡の通知をした。YのXに対する50万円の支払請求訴訟は，Y勝訴で確定した。XはYに対して請求異議の訴えおよび債務不存在確認の訴えを提起し，本件土地についての前記合意が履行不能になったので，Aに対する損害賠償請求権を自働債権としてYのAに対する債権と相殺したと主張した。第一審，控訴審ともXの請求を認容した。Yの上告に対して，最高裁判所は上告を棄却した。

---

[9] 解説・評釈として，『最高裁判所判例解説民事篇昭和40年度』(1966年・法曹会) 159頁〔安部正三〕；上村明広・岡山大学法経学会雑誌15巻4号 (1966年) 111頁；白川和雄・続民事訴訟法判例百選 (1972年) 178頁；高向幹範・法学研究40巻4号 (1967年) 121頁；原井龍一郎・民商53巻5号 (1966年) 743頁；三ケ月章『判例民事訴訟法』(1974年・弘文堂) 345頁 (初出は法協83巻1号 (1966年) 55頁) などがある。

（判旨）

「相殺は当事者双方の債務が相殺適状に達した時において当然その効力を生ずるものではなくて，その一方が相手方に対し相殺の意思表示をすることによってその効力を生ずるものであるから，<u>当該債務名義たる判決の口頭弁論終結前には相殺適状にあるにすぎない場合，口頭弁論終結後に至ってはじめて相殺の意思表示がなされたことにより債務消滅を原因として異議を主張するのは民訴法545条2項の適用上許される</u>とする大審院民事連合部明治43年11月26日判決（民録16輯764頁）の判旨は，当裁判所もこれを改める必要を認めない。」（傍線引用者）

[8] 札幌地方裁判所昭和59年2月27日判決（判時1126号96頁）[10]

（事案の概要）

あるビルとその敷地の共有者間でビルの増築による再開発に関する合意が成立せず，再開発を推進する共有者の1人が開発に消極的な共有者を相手方として共有物分割の訴えを提起した。この訴訟において，他の共有者も増築による再開発に協力するが，協力同意に対する対価として開発推進派の設立したビル管理会社が開発消極派に対して合計4000万円を支払う旨の訴訟上の和解が成立した。その後，Xは開発消極派の共有者1人の相続人Yを相手方として，和解調書の執行力の排除を求めて請求異議の訴えを提起した。異議の事由として，XはYらの再開発への協力不履行によりXが被った損害賠償債権を自働債権として，右和解調書によってXがYに負担した債務と対当額で相殺したので，XのYに対する協力金支払債務は消滅したことなどを主張した。裁判所はXの主張を排斥し請求棄却判決を下し，控訴裁判所も控訴棄却判決を下した。しかし，争いはこれで解決しなかった。Xは判決確定の約1ヶ月後に，再開発計画にYが協力しなかったことは不法行為に当たるとして，これによりXが被った損害賠償債権を自働債権として和解調書上の債務と相殺したと主張して再びYを被告として請求異議の訴えを提起した。札幌地裁は次のように判示して請求棄却判決を下した。

（判旨）

「請求異議の訴えは，債務名義に表示された特定の請求権と実体的権利関係に不一致が生じたことにより，債務名義上の請求に関する実体法上の異議事由によって債務名義の執行力を排除することを目的とする形成の訴えであり，訴訟法

---

[10] 判例研究として，坂原正夫・判評318号（1985年）44頁（同『民事訴訟における既判力の研究』（1993年・慶応義塾大学法学研究会）71頁以下）がある。

上の形成権としての異議権を訴訟物とするものであるが，実体法上の異議事由は複数存し得る。

そこで，この異議事由と訴訟物との関係が問題になるが，請求異議訴訟の訴訟物は，訴訟法上の包括的な一個の異議権であり，各種の異議事由はすべて異議権の発生を理由あらしめる事実にすぎないものと解するのが相当である。

5　そうすると，前認定のとおり，原告及び被告間には本件和解調書の執行力の排除を求める原告の請求を棄却した前訴の確定判決が存するところ，前訴において主張された異議事由たる相殺と本訴において主張している異議事由たる相殺とは，相殺に供する自働債権の発生原因事実を異にするものであるが，原告が自認するように，本訴における相殺の自働債権である損害賠償債権は，前訴の口頭弁論終結前に発生していたのであって，本件和解調書記載の債務とは前訴の口頭弁論終結時に既に相殺適状にあったのであるから，本件請求異議の訴えは，結局，前訴の口頭弁論終結前に存在した事由に基づいて再び本件和解調書の執行力の排除を求めることに帰する。

したがって，本件請求異議の訴えは，前訴の確定判決の既判力に抵触して許されないものというべきである。」

この裁判例の事案は，かなり特殊である。同一事実関係に基づき生じうる複数の債権により標準時の前後にわたって相殺を行い，請求異議の事由とすることが許されるとすると，前訴において相殺の抗弁を提出したにもかかわらず反対債権の不存在を理由に敗訴した当事者は，標準時後に，前訴において相殺に供した債権と同一の事実関係から生じうる債権を主張しさえすれば，再び請求異議の訴えやその他の訴えを適法に提起することができることになり，訴訟の繰返しが容易になることを示している。また，前訴における相殺に供された自働債権を主張する以上，同一事実関係による別個の債権による相殺をも併せて行うことは期待できる。相殺権行使の時機を選択する当事者の自由は，すでに１つの債権による相殺が行われている以上，顧慮される必要がないからである。もっとも，この点には重きを置かず，標準時前に相殺適状にあった債権を自働債権とする相殺を請求異議事由とすることができるかという一般的問題であると捉える見解があるが[11]，疑問である。

(2)　**取消権**　　標準時後の取消権の行使について，大審院は［9］大審院明治

---

[11]　坂原・前掲注10）判評318号45頁；塩崎勤「既判力標準時後の形成権の行使に関する一試論」司法研修所論集75号（1985年）1頁，35頁がそうである。

42年5月28日判決（民録15輯528頁）（請求異議事件）において相殺権の行使の場合（[3]）と同じく形成権行使時説（非失権説）に立ち，大審院時代には，永らくこれが維持された。[10] 大審院大正14年3月20日判決（民集4巻141頁）および [11] 大審院昭和4年11月22日判決（評論19巻民訴4頁〔事案は親権者が親族会の同意を得ないでした売買契約の取消し〕），[12] 大審院昭和7年2月17日判決（新聞3378号17頁〔事案は準禁治産者が保佐人の同意を得ないでした借入行為の取消し〕），[13] 大審院昭和8年9月29日判決（民集12巻2408頁〔事案は親権者が親族会の同意を得ないでした呉服反物の仕入れの取消し〕）がある。大審院判決には，傍論ではあるが反対説に立つものもあったが（[14] 大判昭和3年6月23日民集7巻483頁），最高裁判所は [15] 最高裁判所昭和36年12月12日第3小法廷判決（民集15巻11号2778頁）および [16] 最高裁判所昭和55年10月23日第1小法廷判決（民集34巻5号747頁）において逆に形成権成立時説（失権説）に立つことを明言した。ただ，[15] は書面によらない贈与契約の取消し（今日では撤回）に関するものであり，当該事案においては民法550条ただし書によりすでに取消権（今日では撤回権）の消滅が生じていたケースであり，明らかに形成権の標準時後の行使と既判力の失権効の関係一般を判示するのに不適切な事案であった。この判例が一般的に形成権成立時説（失権説）を宣言したものであるかどうか，疑問が抱かれた。

[9] 大審院明治42年5月28日判決（民録15輯528頁）

（事案の概要）

本件は，親権を行う母の複代理人が締結した和解契約が親族会の同意を欠いたことを理由に和解契約取消しの意思表示を行い（旧民法886条3号・887条），請求異議の訴えを提起した事案である。原審は，「和解契約ニ付親族会ノ同意ナカリシ事実ハ本件強制執行ノ基本タル前示確定判決ノ口頭弁論終結前既ニ存在シタル事由ニシテ，控訴人ハ右口頭弁論ニ於テ防御方法トシテ此レヲ提出シ和解契約取消ノ意思表示ヲ為シ因テ以テ前示判決ニ於テ認メラレタル被控訴人ノ請求ヲ拒否シ得ヘカリシモノニ属スレハ，本件異議ノ原因ハ結局前示確定判決ノ口頭弁論終結前ニ在テ既ニ存シタルモノト謂ハサルヲ得ス」と判示して請求を排斥した。大審院は次のように判示して原判決を破棄し，事件を原審に差し戻した。

（判旨）

「取消シ得ヘキ法律行為ハ之ヲ取消ス意思ノ表示アルマテハ依然トシテ其効ヲ有シ，取消ノ意思表示アリテ始メテ民法第121条ニ依リ当初ヨリ無効ナリシモノ

ト看做サルルモノナルヤ言ヲ俟タス。故ニ強制執行ノ債務名義タル判決ノ憑拠ト為リタル法律行為ヲ取消シ得ヘキモノニシテ債務者カ其判決ノ口頭弁論終結前之ヲ取消スコトヲ得ヘカリシ場合ニ於テモ取消ノ意思表示ナキ間ハ依然トシテ法律行為ノ効力ヲ有スルヲ以テ，口頭弁論ノ終結後始メテ取消ノ意思表示ヲ為シ其取消ノ為メ法律行為ノ無効ニ帰シタルコトヲ原因トシテ異議ヲ主張スルカ如キハ，民事訴訟法第545条第2項ニ所謂口頭弁論終結後ニ異議ノ原因ヲ生シタルモノト謂ハサルヲ得ス」

[10] 大審院大正14年3月20日判決（民集4巻141頁）[12]

（事案の概要）

約束手形の裏書人である被告に対する手形金償還請求を認容する欠席判決が確定した後に，被告が本件手形裏書当時は未成年者であり，手形裏書につき法定代理人の同意がなかったという理由で手形行為を取り消し，前訴原告に対して請求異議の訴えを提起した事案である。原判決は，「民事訴訟法第545条ノ場合ニ強制執行ノ債務者カ判決ニ因リ確定シタル請求ニ関スル異議ノ理由トシテ該請求ノ基因タル法律行為ヲ取消シタル事実，即一旦取消権ノ発生シタル以上其ノ行使(取消)ハ権利者カ随時之ヲ為シ得ヘキカ如キ事実ヲ主張スル場合ニ於テハ同条第2項異議ノ原因カ所謂異議ヲ主張スルコトヲ要スル口頭弁論ノ終結後ニ生シタリヤ否ハ，取消ノ意思表示カ該判決ノ確定後ニ為サレタリヤ否ニヨリ決定セラルヘキニ非スシテ，取消権其ノモノカ該判決ニ接着スル口頭弁論終結前ニ発生シタリヤ，従テ右口頭弁論ニ於テ取消権ヲ行使シ取消ノ意思表示ヲ為スコトヲ得ヘカリシヤ否ニヨリ決セサルヘカラサルモノト解スルヲ至当トス，若然ラスシテ当事者一方カ判決ニ接着スル口頭弁論終結前ニ取消ヲ為シ得タルニ拘ラス之ヲ為サスシテ該判決ヲ確定セシメ然後取消ノ意思表示ヲ為シ該判決ニ因リ確定シタル請求ノ最早存在セサルニ至リタルヲ以テ該判決ヨリ執行力ヲ排除スヘキコトヲ請求シ得ルモノト為サンカ，是他方当事者カ確定判決ヲ得ルモ該判決ヲ執行シ得ルヤ否ハ一ニ当事者一方ノ恣意ニヨリ左右セラルルコトニ為リ其ノ結果ノ不当ナルコト多言ヲ要セサレハナリ」と判示して，形成権成立時説＝失権説に立った。上告に対して大審院は，上記の［9］を確認し，次のように判示して原判決を破棄し，事件を原審に差し戻した。

---

12) 解説・評釈として，菊井維大『判例民事手続法』（1951年・弘文堂）148頁（初出，『判例民事法大正14年度』23事件）；中野貞一郎・民事訴訟法判例百選（1965年）150頁。

（判旨）

「強制執行ノ債務名義タル判決ノ憑拠ト為リタル法律行為カ取消シ得ヘキモノニシテ債務者カ其ノ判決ノ口頭弁論終結前之ヲ取消スルコトヲ得ヘカリシ場合ト雖口頭弁論ノ終結後始メテ取消ノ意思表示ヲ為シタカ為ニ法律行為ノ無効ニ帰シタルコトヲ原因トシテ異議ヲ主張スルカ如キハ，民事訴訟法第545条第2項ノ所謂口頭弁論終結後ニ生シタル原因ニ基キ異議ヲ主張スルモノニ外ナラサルコトハ，夙ニ当院ノ判例トスル處ニシテ（明治42年5月28日第2民事部判決参照）今之ヲ変更スルノ必要ヲ見ス」（傍線は引用者）

[15] 最高裁判所昭和36年12月12日第3小法廷判決（民集15巻11号2778頁）[13]
（判旨）

「書面によらない贈与（死因贈与を含む）を請求原因とする訴訟が係属した場合に当事者が民法550条によるその取消権を行使することなくして事実審の口頭弁論が終結した結果，右贈与による権利の移転を認める判決があり同判決が確定したときは，訴訟法上既判力の効果として最早取消権を行使して贈与による権利の存否を争うことは許されなくなるものと解するを相当とする。」

[16] 最高裁昭和55年10月23日第1小法廷判決（民集34巻5号747頁）[14]
（事案の概要）

　事案を簡略化して述べると，本件には次のような事実関係が存在した。前訴においてYは，Xを被告として土地の売買契約に基づき土地所有権の確認と移転登記手続を求める訴えを提起し勝訴して，所有権移転登記が行われた。その後，Xは同一土地につきYを被告として，右の所有権移転登記の抹消手続を請求した

---

13) 解説および評釈として，『最高裁判所判例解説民事篇 昭和36年度』（1966年・法曹会）429頁〔宮田信夫〕；中川淳・民商46巻6号（1962年）1024頁；奥村義雄・判タ188号（1966年）94頁がある。

14) 評釈・解説として，『最高裁判所判例解説民事篇昭和55年度』（1985年・法曹会）319頁〔塩崎勤〕；上谷清・民事訴訟法判例百選（第2版）（1982年）230頁；上田徹一郎・判タ439号（1981年）239頁；大村雅彦・法学新報88巻9・10号（1981年）143頁；片山克之・民事訴訟法判例百選Ⅱ［新法対応補正版］（1998年）320頁；小山昇・判評271号（1981年）46頁（判時1007号192頁）；坂原正夫・法学研究54巻9号（1981年）122頁（同・前掲注10）95頁以下所収）；住吉博・昭和55年度重要判例選（ジュリスト743号，1981年）136頁；都築弘・民事研修295号（1981年）23頁；中野貞一郎・民商84巻6号（1981年）902頁；坂本恵三・民事訴訟法判例百選［第3版］（別冊ジュリスト169号，2003年）176頁などがある。

(第1次的請求)。Xは請求原因として，① まず本件売買契約は通謀虚偽表示であるから無効である，② 通謀がなかったとしても，民法93条ただし書により無効である，③ この主張も理由がないとしても，Xには本件売買の重要な要素である目的物件につき要素の錯誤があったので契約は無効であるとし主張し，④ 錯誤主張も理由がないとしても，本件契約はYの詐欺により締結されたものであるから，Xは本件訴状により本件売買契約承諾の意思表示を取り消す旨の意思表示をした，⑤ 本件売買契約にはYが「正規の手続を経て，全員一致の下に，一般的に公民館と認め得る建築物を建築することが条件として付されていたが，右条件は不成就に終っている」，との5つの事由を主張した。第一審裁判所は，これらの請求原因はいずれも前訴判決の既判力に抵触し許されないとして請求棄却判決を下し，控訴裁判所も，一審判決の理由を引用するほか，詐欺を理由とする標準時後の取消権の行使と既判力の時的限界の関係に関し，大審院判例は最判昭和36年12月12日（前掲 [15]）によって変更されていると判示して控訴を棄却した。Xの上告は，相殺権に関する前記判例 [7] を援用して，同じ形成権である取消権についても標準時後の行使が許されるべきだと主張した。上告棄却。

（判旨）

「売買契約による所有権の移転を請求原因とする所有権確認訴訟が係属した場合に，当事者が右売買契約の詐欺による取消権を行使することができたのにこれを行使しないで事実審の口頭弁論が終結され，右売買契約による所有権の移転を認める請求認容の判決があり同判決が確定したときは，もはやその後の訴訟において右取消権を行使して右売買契約により移転した所有権の存否を争うことは許されなくなるものと解するのが相当である。

これを本件についてみるに……被上告人が上告人から本件売買契約により本件土地の所有権を取得したことを認めて被上告人の所有権確認請求を認容する判決があり，右判決が確定したにもかかわらず，上告人は，右売買契約は詐欺によるものであるとして，右判決確定後である昭和49年8月24日これを取り消した旨主張するが，前訴において上告人は，右取消権を行使し，その効果を主張することができたのにこれをしなかったのであるから，本訴における上告人の上記主張は，前訴確定判決の既判力に抵触し許されないものといわざるをえない。……所論引用の判例は，事案を異にし，本件に適切でない。」

[16] は，標準時後の取消権行使による契約の無効の主張が既判力の失権効に

より排斥されると宣言する実質的に初めての判例であり注目されるが、種々問題がある。まず、最高裁判所は、大審院の判例を変更したのであるが、なぜ取消権行使効果の主張が既判力により遮断され、相殺権行使効果の主張は遮断されないのか、その理由を全く明らかにしなかった。「前訴において上告人(X)は、右取消権を行使し、その効果を主張することができたのにこれをしなかったのであるから」既判力の失権効を受けるとするだけであり、全く十分な理由づけを行っていないのである[15]。前訴で形成権を行使し得たか否かだけが問題だとすると、相殺権の場合にも前訴において行使することはできたのだから、相殺権も防御方法として機能する以上、これについても失権を肯定するのが論理一貫することになる。もっとも本件では、最高裁判所は事案上の特殊性を重視したのかもしれない。この事案では、Xは他の契約無効事由をいくつも請求原因事実として——しかも、この無効事由はXの訴訟代理人の主張によれば前訴においても主張されていた——主張したのであり、取消権者に与えられる熟慮期間はX自身において重視されておらず、まことに前訴においてXに取消権の行使が期待されたのももっともだという事情があった。しかし、もしそうだとすると、Xが契約の無効を招くかどうか熟慮することに利益を有するような事案については、最高裁判例の立場である失権説は当てはまらないことになる。やはり、判例としては理由づけが十分でないため、明確でないのである[16]。十分な理由づけを欠く[16]判決によっても最高裁判所による方向づけは示されたかもしれないが、判例の「理論」はほぼ確立された[17]などと言うには、ほど遠いのが実情であろう。

　(3) **解除権**　解除権については、[17]旭川地方裁判所昭和41年1月26日判決（判時453号60頁）、[18]東京地方裁判所平成1年9月29日判決（判タ730号240頁）があり、[19]大阪高等裁判所昭和52年3月30日判決（判時873号42頁）および[20]最高裁判所昭和54年4月17日第3小法廷判決（判時931号62頁＝金商578号17頁）と[21]最高裁判所昭和59年1月19日第1小法廷判決（判時1105号48頁＝判タ519号136頁）が関連裁判例である。[20]は[19]の上告審判決である。

---

15) 大村・前掲注14) 146頁。
16) 本件は[9]とは異なり、詐欺による意思表示の取消しの事案であったので、[15]と相俟って最高裁判所が判例変更をしたと受けとめることができるとし、そこに重要な意味を認める見解があるが（上谷・前掲注14）231頁）、熟慮期間についての取消権者の利益を十分考慮していない。
17) しかし、上谷・前掲注14) 232頁はこのように言う。

[17] 旭川地方裁判所昭和41年1月26日判決（判時453号60頁）
（事案の概要）

本件建物を所有者から賃借していたY₁が，その後2階をY₂に転貸していたところ，本件建物を買い受け，登記手続を経て賃貸人の地位を承継したXが，Y₁に対して賃貸借の終了を主張して本件建物の明渡しを求める訴えを提起した。賃貸借の終了原因として，Xは，①賃料不払による無催告解除，②自己使用の必要による賃貸借の解約申出，③無断転貸による契約解除を主張した。裁判所は，X主張の賃貸借終了原因をいずれも排斥して，昭和35年10月6日に終結した口頭弁論に基づき請求を棄却する判決を下し，同判決はそのまま確定した。その後，Xは，Y₁，Y₂を被告として，④昭和30年10月頃以降の本件建物二階のY₂への無断転貸，昭和33年2月以降の賃料不払その他の理由による賃貸借契約の無催告解除，⑤昭和33年3月分から同38年4月分までの賃料不払を理由とする昭和38年4月になされた催告を経た契約解除，⑥④の無断転貸，賃料不払および用法違反を正当理由として昭和38年4月になされた解約申入，⑦用法違反を理由として昭和38年12月になされた契約解除，⑧昭和28年9月になされたBへの本件建物の2階の無断転貸を理由とする昭和40年5月になされた契約解除，の5つの事由を主張し，本件建物の明渡請求の訴えを提起した。Y₁，Y₂は，XのY₁に対する訴えは既判力に抵触すると主張した。裁判所は，賃貸借契約の終了に基づく建物明渡請求訴訟の訴訟物は終了原因の違いによって個別化されるものでなく，「当該賃貸借契約の成立と同時に賃貸人に生ずるところの，当該契約が終了したならば当該建物の返還を受け得るという債権に基づく，当該契約の終了に因って即時行使の可能となった具体的な権利としての当該建物の返還債権がその訴訟物をなすものと解するのが相当であり（この訴訟物は同一当事者間では賃貸借が同一である限り同一である。賃貸借の終了は，訴訟物たる返還請求権の成立要件ではあるが，訴訟物の同一性には関係がない。賃貸借終了の原因事由の主張は，請求を理由あらしめる攻撃方法に過ぎない。），従って右訴についてなされた本案判決の既判力は，右に述べたようなものとしての当該建物返還請求権の存否について生じ，かつ，それのみについて生ずるものと解するのが相当である（右請求権の基礎となった債権の存否についても，賃貸借が終了したか否かについても生じない）」として，前訴判決の既判力はY₁に関して後訴に及ぶとした。その上で，後訴裁判所はXが無断転貸を理由に標準時後に解除権を行使している点について，次のように判示した。

（判旨）

「XがY₁を相手とした前訴において，Y₁がXに無断で本件建物二階をY₂(前訴では訴外人)に転貸したことを理由に本件賃貸借契約を解除する旨の主張したことは既に述べたとおりであるが，Xの前記(イ)の主張（Y₁からY₂への本件建物二階の無断転貸――引用者）にかゝるY₁からY₂に対する本件建物二階の転貸とXの前訴における右主張にかゝるY₁からY₂に対する本件建物二階の転貸とは，継続した一個同一の事実関係としての一個同一の転貸であることは弁論の全趣旨に徴して明らかであるから，Xが右両主張において右転貸が貸主に無断でなされたことに因って生じたとする解除権なるものは，仮令右両主張における右転貸の始期ないし右解除権発生の時期，Xの右解除権取得の経緯に関する主張が異っているとしても，全く同一のものと認めなければならない。蓋し一個同一の無断転貸に因り別異の解除権が発生するいわれはないからである。而してXが前訴において前記無断転貸に因って生じたという解除権行使を主張している以上，別言すれば，Xが前訴の最終事実審口頭弁論の終結の時以前に右解除権なるものを既に行使している以上，Xの本訴における前記(イ)の主張は，仮令Xが右解除権なるものを前訴の最終事実審口頭弁論終結後である昭和38年4月23日に行使したように主張しているとしても，これを前訴の最終事実審口頭弁論終結の後に新たに生じた事実の主張とみることはできない。このことは畢竟，Xの前記(イ)の主張は，Xが右解除権なるものを前訴の最終事実審口頭弁論終結の以前に行使したことを前提とする主張と同視すべきことを意味する。そうだとすればXの前記(イ)の主張は，Y₁に対する関係では前訴判決の既判力に牴触するものというべきであり，従ってこれを主張することは許されないものといわなければならない。」(傍線引用者)

[18] 東京地方裁判所平成1年9月29日判決（判タ730号240頁)[18]

（事案の概要）

XはYとの間の本件土地の賃貸借契約が期間の満了により終了したことを理由として建物収去土地明渡請求の訴えを提起したが，第一審裁判所は請求を棄却した。これに対し，Xは控訴を提起したが，控訴裁判所は平成元年1月26日控訴棄却判決を下し，同判決は確定した（本件前訴)。Xは，平成元年4月24日再度Yを被告として本件土地について建物収去土地明渡請求の訴えを東京地裁に提起

---

[18] 評釈・解説として，小島武司・リマークス3号（1991年）129頁以下；寒竹剛・平成2年度主要民事判例解説（判タ762号，1991年）258頁以下がある。

し，請求原因として，Yが昭和63年頃（すなわち前訴の事実審の最終口頭弁論終結前）本件土地の一部を訴外Aに転貸し車2台の駐車と犬小屋等に使用させていたので，催告のうえ平成元年2月27日土地の無断転貸を理由に本件土地賃貸借契約を解除したと主張した（本件後訴）。これに対してYは，既判力または訴訟上の信義則違反を理由に本件訴えの却下を求めた。また，Yは，Xによる後訴の提起は不法行為に当たると主張して，500万円の損害賠償金の支払を求めて反訴を提起した（乙事件）。Yは，Xが主張する『車が置いてあった』等の事実は，前訴の訴訟提起当時から存在することをXが認識していたにもかかわらず，前訴においてこれを主張せず，前訴敗訴判決確定後になってこれを理由に契約解除を主張することは信義則に反する等と主張した。これに対し，Xは無断転貸の疑いがあっても，前訴係属当時Xが転貸借の内容はもちろんのこと，転借人の氏名も知る立場にはなく，契約解除の主張は不可能であったと主張した。裁判所は次のように判示して本件後訴を棄却し，乙事件につきXの訴訟不法行為を理由とするYの反訴も理由なしとして棄却した。

（判旨）

「1 (1) 前訴の判決が確定することにより既判力が生じ，前訴控訴審の口頭弁論終結時である昭和63年11月17日（既判力の基準時）現在で，原告が前訴の訴訟物である『賃貸借契約終了による本件土地明渡請求権』を有しなかったことが確定するとともに，右の時点以前に存在した一切の『賃貸借の終了事由』は，右既判力の効果により遮断されることになるから，以後，当事者である原，被告においてはこれと矛盾する主張をすることは許されず，また裁判所においてもこれに抵触する判断をすることは許されないことになるものといわなければならない。

したがって，原告は前訴控訴審の口頭弁論終結時である昭和63年11月17日以前に存在した『無断転貸』の事実を理由としては，本件後訴の訴訟物である本件土地明渡請求権を基礎づけることは，許されないものといわなければならない。

(2) なお，原告は，前訴は期間満了による賃貸借契約終了を理由としたものであるのに対し，本件後訴は債務不履行（無断転貸）による契約解除を主張するものであることから，前訴と本件後訴とでは訴訟物を異にするとの見解に立脚しているかのごとくであるが，賃貸借契約終了事由の差異は，たんなる攻撃防御方法の差異であって，これにより訴訟物に異同を来すものではない。

また原告は，本件においては，既判力の基準時である前訴控訴審口頭弁論終結

時後に解除権を行使したのであるから，右基準時以前に存在した事実を解除原因として援用することも許される旨の主張をするが，右見解を採用することは，ひっきょう当事者の恣意により既判力の効果を浮動状態に置くことになるから，許されないものというべきである。また，解除権の性質が形成権であることをもって，別異に解すべき根拠もないから，原告の右の主張は採用できない。

　(3)　そうすると，既判力の基準時以前に存在した解除原因たる事実の主張は，前訴判決の既判力によって遮断されることになるから，原告において，本件土地明渡請求を基礎づけるものとして主張する事実中，前訴控訴審の口頭弁論終結時である昭和63年11月17日以前に発生した事由を解除事由とする部分は理由がないものといわなければならない。

　2　次に原告は，本件賃貸借契約の解除事由として，前訴控訴審の口頭弁論終結時である昭和63年11月17日以降の無断転貸の事実を主張するので，この点について判断する。

　(1)　〈証拠〉を総合すると，本件土地北側に隣接する土地所有者Kが，前訴控訴審の口頭弁論終結時である昭和63年11月17日以後，本件土地内の北側の空地である本件転貸土地上に自動車2台を駐車させ，またその一部を犬小屋等の置き場として利用していた事実があり，Yもこれを許容していたものと認められること，そこでXは，平成元年2月27日，右の事実は無断転貸に当たるとして本件賃貸借契約を解除する旨の意思表示をしたところ，Y及びKは平成元年3月4日までに本件転貸土地上から右の自動車等を撤去し，旧来の状態に復したうえ，同月6日付でその旨をXに通知したこと，以上の事実を認めることができる。

　(2)　右の事実によれば，YがKに使用を許していた土地の範囲は本件土地の一部にすぎず，使用形態も自動車の駐車等であって，その現状回復につき，格別の費用を要するとか，物理的に困難を伴うとかの事情は認められないうえ，Yらにおいては，Xの解除の意思表示が到達後すみやかに旧来の状態に復していることが認められるから，右の程度の事実では，XY間の賃貸借契約を解除しなければならないほどの重大な契約違反があったとまでは，認めることができない。

　(3)　よって，原告の右の解除事由の主張も理由がない。

　3　そうすると，Xの甲事件請求は理由がない。」(傍線引用者)

[20] 最高裁昭和54年4月17日第三小法廷判決（判時931号62頁＝金商578号17頁＝金法898号83）[19]

（事案の概要）

事案は非常に複雑である。Xは訴外Aと，Xの所有土地につき昭和39年3月頃，作業場建物の建築目的で期間3年として一時使用の土地賃貸借契約を締結したが，その際，期間満了時に地上建物をXが買い取る旨の特約が付された。Aは建物を建築し，昭和39年10月頃本件被告会社Y_1がAからこの建物を買受け，所有権を取得するとともに，右土地の賃借権を譲り受けた。建物の保存登記は，昭和42年5月23日Y_1名義でなされた。昭和42年7月から43年9月までの間にY_1は自己の債務の担保としてY_2（信用保証協会）のために本件建物に極度額350万円の根抵当権を設定した。昭和43年2月賃貸借期間が満了し，XはY_1を被告として昭和44年6月建物収去土地明渡請求の訴えを提起した。Y_1は賃貸借終了時にXが本件建物を時価で買い取る旨の特約があったとする抗弁を主張した。この別件訴訟において第一審裁判所である枚方簡易裁判所は，昭和47年4月17日に終結した口頭弁論に基づき同年5月1日に言い渡された判決で，右のY_1の抗弁を容れ，Y_1に対し建物引渡土地明渡を命じる判決を下した。その際，裁判所は，当事者間の特約をもって土地賃貸借期間の満了により本件建物がXの所有に帰した（時価90万円）として，建物収去請求を排斥した（ただし，主文では建物収去請求を棄却していない）。この判決は確定した。昭和47年6月，Y_2がY_1の債権者として，Y_1のXに対する90万円の売買代金債権につき差押転付命令を取得し，この命令はXに送達された。

昭和47年10月，Xは本件建物につきY_1に対して，5日以内に本件根抵当権設定登記の抹消と，Xへの所有権移転登記を求め，これができなければ，特約により成立した本件売買契約を解除する旨の意思表示をしたが，Y_1はこれに応じなかった。そこでXはY_1に対して，右売買契約の解除に伴い本件建物所有権はY_1の所有に復帰したと主張して本件土地所有権に基づき本件建物収去土地明渡と昭和42年3月1日以後の賃料相当額の損害金の支払を求め，Y_2はXに対して転付を受けた本件建物代金債権90万円の支払を求めた。これが本件訴訟である。

---

[19] 評釈として，石川明・判評252号（1980年）43頁（判時947号181頁）；上原敏夫・判タ411号（1980年）252頁（昭和54年度主要判例解説）；上野泰男・名城法学29巻3号（1980年）59頁などがある。

第一審である大阪地裁は，次のように判示して，XのY₁に対する請求を棄却した。「……したがって，原告は，別件確定判決で既に棄却された請求につき，その後の解除権の行使によりその所有権の帰属に変動を生じたとして，本訴で，別件と同一の請求について再訴していることとなる。そうすると，原告の本件解除権の行使は，別件の口頭弁論終結前に既に生じていた本件根抵当権設定登記等の存在を債務不履行該当行為であるとして，その後にこれを原因として本件催告および解除に及んだものであるから，別件判決が確定した本件建物の所有権の帰属に関する判断につき，当該判決の基準時点たるその口頭弁論終結前に生じた解除原因事実を主張してこれを争うこととなり，右確定判決の既判力に抵触する（最判昭和36年12月12日民集15巻2778頁参照）もので許されない。」Xの提起した控訴に対して，控訴裁判所である大阪高裁は，所有権に基づく建物収去請求権と土地明渡請求権とに分けて既判力の関係を判断した。そして後者につき，「前訴の確定判決は控訴人(X)の本件土地所有権に基づく本件土地明渡の請求を認容していることは明白である。してみると控訴人(X)の本訴における本件土地明渡の請求部分は，既に前訴の確定判決によって認容されているにも拘わらず，重ねて同一事項につき訴を提起しているものというべく，従って右再訴を必要とする特段の事情も認められない本件に在っては，控訴人(X)の本件土地明渡の請求部分は訴の利益を欠き，不適法として却下を免れ得ないものと解する」とした（大阪高判昭和52年3月30日判時873号42頁，55頁）。さらに，建物収去請求の部分については，次のように判示して，これを根拠づけるべき建物売買契約の解除権の発生原因は前訴最終口頭弁論終結時にすでに存在したものであることを理由に，形成権成立時説＝失権説に立って解除権行使効果の主張は既判力効により排斥されるとして，請求を棄却した。

「然し右主張によれば控訴人(X)は，前訴の確定判決の既判力の標準時前に存した事由に基づいて，既判力の標準時後に解除権の行使を主張するものである。一般に確定判決の既判力の標準時と形成権の行使との関係につき，解釈上争いの存するところであるが，すべての形成権について一律には論じ難く，形成権の種別に応じて異なった解釈が成立つものと言うべく，この点に関し，最高裁の判決は，一方において書面によらない贈与の取消につき，書面によらない贈与による権利の移転を認める判決が確定した後は，既判力の効果として，民法550条による取消権を行使して，右贈与による権利の存否を争うことは許されないとし乍ら（昭和36年12月3日第3小法廷判決・集15巻11号2778頁），他方相殺権の行使につき，

債務名義たる判決の基礎となる口頭弁論の終結前に相殺適状にあったとしても，右弁論終結後になされた相殺の意思表示により債務が消滅した場合は，請求異議の原因となり得る旨判示する（昭和40年4月2日第2小法廷判決・集19巻3号539頁）。このような結果の相違は，相殺の場合，訴訟物たる権利の請求原因自体に関する瑕疵（取消権）とは異なるものであり，自己の債権を消滅に帰せしめる不利益を甘受する効果を伴うものであって，これを行使するか否かは，債務者の自由に委ねられ，当然なすべき防御方法とはいえない点において，取消権等の形成権に比べ，特殊性が認められなければならないことによるものと解される。本件における契約解除権は，請求原因じたいに存する瑕疵ではないが，訴訟物たる控訴人(X)の前訴における本件建物収去請求権の消滅事由に付着する瑕疵として，当然前訴においてなすべき攻撃防御方法の1つというべく，この意味において，これを前述の如き特殊性を有する相殺権と同列に置くのは相当でなく，寧ろ取消権と同じ取扱いをするのが相当であると解する。」（大阪高判昭和52年3月30日判時873号42頁，56頁）

　Xの上告に対して最高裁判所は，次のように判示して原判決を破棄し，事件を原審に差戻した。

（判旨）

「右によれば，上告人(X)の本訴は，本件建物について借地期間の満了を停止条件とする売買契約が成立したものと認めて被上告会社(Y_1)に対し本件建物引渡し及び本件土地明渡しを命じた前訴判決の事実審口頭弁論終結後に，本件建物の売買契約を解除する意思表示をしたことによりその所有権がY_1に復帰したので，Y_1に対し新たに本件建物を収去して本件土地の明渡しを求めうる事由が生じたものであると主張して，本件土地の所有権に基づき改めて建物収去土地明渡しの判決を求めるものであって，前訴とは訴の提起を必要とする事情を異にしており，また，前訴判決があるというだけでは建物収去土地明渡しの目的を達成することは不可能であることが明らかであるから，他に特段の事情のない限り，本訴について訴の利益を肯定するのが相当である。

　しかるに，原審は，Xの本訴中本件土地の明渡しを求める部分については，すでに前訴の確定判決によって認容されているのと同一事項につき重ねて訴を提起したものであって，特段の事情の認められない本件では，訴の利益を欠き不適法として却下を免れないものと判断しているのであって，この判断には訴の利益に

関する民訴法の解釈を誤った違法があるものというべく，この違法が原判決中本件土地の明渡しを求める部分に影響を及ぼすことは明らかであり，原判決はこの部分につき破棄を免れない。」

この事件では，建物収去土地明渡請求訴訟の訴訟物とその特定基準は何であるかが問題であった。その際，建物収去請求権と土地明渡求請求権が別個の訴訟物をなすかどうかではなく，所有権に基づく建物収去土地明渡請求と賃貸借終了に基づく建物収去土地明渡請求が異なる訴訟物を構成するか否かが重要な問題である。

[21] 最高裁判所昭和59年1月19日第一小法廷判決（判時1105号48頁＝判タ519号136頁）[20]

（事案の概要）

Xは本件土地建物のもとの所有者であるが，贈与を原因としてXからYらに所有権移転登記がなされている。Xはこの贈与契約を争い，Yらに対し所有権移転登記の抹消登記手続を求めて訴えを提起したところ，裁判所は負担付き贈与を認定し，Xの請求を棄却する判決をし，この判決は確定した（前訴）。本件贈与ののちXの子であるAはXに生活費として月額35,000円を支払っていたが，Xが前訴を提起した後，支払は打ち切られた（正確にはXが贈与を否定したのちは，X名義で預金されていた）。YらはAのこの支払債務につき重畳的債務引受をした。前訴判決確定後，Xは贈与の負担の不履行を理由に贈与契約を解除したと主張し，所有権移転登記手続を求めて改めてYらに対して訴えを提起した。

第一審裁判所は，前訴と本訴は登記形式に差異はあるが，ともに贈与が効力を有しないことを理由に自己名義に登記の回復を求めるものであり，訴訟物は異ならないとして，前訴において主張することができた解除権を本訴において主張することは前訴判決の既判力に抵触して許されないとして訴えを却下した。控訴裁判所は，前訴は所有権に基づく所有権移転登記の登記抹消手続請求であり，後訴は贈与契約の解除による原状回復請求権に基づく所有権移転登記請求であり，したがって前訴と後訴の訴訟物は異なるとし，その点で原判決は誤りだとする。しかし，控訴裁判所は，Xは前訴において贈与契約の解除を再抗弁として主張する

---

[20] 評釈として，木川統一郎＝中山幸司・判タ535号（1984年）94頁；坂口裕英・昭和59年度重要判例解説（ジュリスト838号，1985年）138頁；新堂幸司・法学教室44号（1984年）96頁；住吉博・判評307号（1984年）27頁（判時1120号173頁）がある。

こと，または本訴のような請求を併合提起することは容易であり，そうすることが親族間の紛争を早期に解決するために期待されていたし，本件物件の所有権をめぐる紛争は前訴においてすべて落着したものとYらが信頼したとしても無理からぬものがあり，実質的には本訴は前訴の蒸返しにすぎず，信義則に反するとして本訴を却下すべきものとした。Xの上告に対し最高裁判所は，次にように判示して原判決を破棄し，第一審判決を取り消したうえ事件を第一審裁判所に差し戻した。

（判旨）

「前訴は，本件物件がXの所有に属し，これをYらに贈与したことはないとして，……所有権移転登記の抹消登記手続を求めるものであるのに対し，本訴は，本件物件の贈与が有効にされたとする前訴判決の判断を前提としたうえ，右贈与の負担である生活費の支払について前訴判決後に不履行があることを理由として右贈与契約を解除し，その原状回復請求権に基づき右所有権移転登記手続を求めるものであるから，本訴が実質的に前訴のむし返しであるとは当然にはいうことができないところ，……Xにおいて，前訴で前記のような内容の贈与契約の成立が認定されることを慮り，あらかじめこれに備えて，右訴訟の継続中に，右認定にかかるAによるXに対する生活費の支給義務の履行の停止をとらえ，右贈与契約の負担である義務の懈怠があるとして，その履行を催告したうえ，右契約を解除し，これを仮定的抗弁ないし訴えの追加的変更の形で主張することが容易であったとか，それが期待されていたとはたやすくいい難く，Xが右の挙に出なかったことによりYらが本件物件の所有権の帰属に関する紛争が右訴訟ですべて落着したと信頼しても無理からぬものであるということもできないといわなければならない。まして，Yらは，前訴判決確定後も同判決中でその存在を認定された前記Xに対する生活費支給義務を実行せず，Xは改めてこれを右贈与契約に付随する負担にかかる債務の不履行であるとして，その履行を催告したうえ，その不履行を理由として右契約を解除したと主張して，右解除による原状回復義務の履行を求めて本訴請求をしているのであり，しかも，本訴提起までは前記契約成立時から4年余，前訴判決確定時から約10か月の期間が経過しているにすぎず，不当に長期間Yらの法的地位が不安定な状態におかれるという事情も存在しないのである。そうしてみると，Xの本訴提起が著しく信義則に違反するものとはとうていいうことができず，これと異なる判断のもとに……訴えを不適法として却

下した原判決には，訴えの適否に関する民訴法の解釈適用を誤った違法があるものというべく，この違法が判決に影響を及ぼすことが明らかであるから，この点の論旨は理由があり，……また，これと同旨の結論を採る第一審判決も取消を免れない」(傍線引用者)。

　賃貸借契約の終了に基づく建物収去土地明渡請求訴訟または家屋明渡請求訴訟の訴訟物が賃貸借の終了原因ごとに個別化されるのか，それとも終了原因が数個あっても訴訟物は1つであり，個々の終了原因は攻撃方法に過ぎないのかという問題について，旧実体法説（旧訴訟物理論）の内部においても議論があり，裁判例は対立したが[21]，最近では訴訟物一個説が主流のようである。この考え方によれば，期間の満了と無断転貸による解除は，ともに一個の明渡請求権の主張という訴訟物を理由あらしめる攻撃方法であり，原告が前訴において無断譲渡転貸による賃貸借契約の解除をせずに，したがってこれを主張せずに敗訴判決を受けたのち，標準時後に解除権を行使して再度明渡請求の訴えを提起することは既判力により排斥されるという [17] [18] の判示は正当である。問題は標準時後にも解除権発生要件が継続しまたは繰り返される場合である。[18] は，標準時前に存在した無断転貸の主張は既判力に抵触するが，標準時後の無断転貸の事実の主張は既判力に抵触しないとする。しかし，このような判断の仕方は種々問題である。前訴と後訴の訴訟物が同一である場合，標準時前に存在した事実を主張して前訴確定判決が誤りであることを主張して後訴を提起することは既判力のゆえに不適法である。標準時後の新事実が請求棄却理由となった事由に関しており，前訴で確定された法律効果に影響する場合に，再訴は適法と解すべきである。賃貸借のような継続的法律関係では前訴当時存在した契約違反の事実が継続しているのみで，後訴においてこれを主張することは前訴確定判決の既判力によって排除されないと単純に言うことができるか否かは，形成権行使時説＝非失権説に立つのでないかぎり，疑問である。もっとも，形成権成立時説＝失権説の場合にも，継続しまたは繰り返された無断転貸や用法違反などの契約違反が標準時に存在した事実と相俟って当事者間の信頼関係の破壊を基礎づけるような場合には，後訴裁判所が解除の正当性を判断する基礎が備わると言える。そのかぎりで，[18]が標準時後の無断転貸状態が契約解除を正当化するかどうかを審理したのは正当であった。転貸の事実は標準前にすでに存在した事実だから新たに解除権が発生

---

21) 東京地判昭和25年12月28日下民集1巻12号2129頁；東京地判昭和42年12月4日判時516号55頁は個々の終了原因ごとに異なる訴訟物を措定する。

したものとみることはできないとする見解[22]もあるが，標準時後の賃借人や無断転借人の目的物利用の態様が標準時前のそれと異なる場合もあるから，一概にこのように言うことはできない。

　このような観点は［20］の事案の解決にとっても有益であろう。［20］においては，前訴原告が標準時前に存在していた解除権を標準時後に行使しているのであるが，解除権を発生させる債務不履行は前訴，後訴を通じて継続していたケースである。このケースでも，被告が前訴において停止条件付き売買契約を援用しながら，前訴判決がこれを容れて建物引渡しおよび土地明渡しの限度で請求を認容したのち，被告が依然として建物抵当権の登記の抹消をせず，したがって前訴判決の実現のためになすべきことをせず，債務不履行を継続して信頼関係破壊を強めているという新たな事情が加わっているのであるから，このような事実は前訴当時に存在した事実の単なる継続を超えた意味を有したと評価することができる。このような場合に理論的には前訴当時すでに停止条件付き売買契約を債務不履行により解除しえたことをもって，後訴を既判力により不適法とした［20］の第一審裁判所や，訴えの利益を欠くとして却下した原審の措置は全く不当である。最高裁判所は訴えの利益を否定した原判決の誤りを指摘して原判決を破棄し，その限りで原審の誤った判断を是正したが，標準時後の解除権の行使と再訴の問題について検討せず，最高裁の見解を示す機会とはしなかった。［21］では，標準時後の解除権行使を主張して移転登記を求めるＸの訴えを既判力の失権効を理由に不適法として却下した第一審判決に対し，控訴裁判所が訴えは信義則に反するとして同じく不適法却下すべきものとしたのに対して，最高裁判所は，本件における原審の信義則の具体的な適用の誤りを指摘して原判決および原判決と同旨の結論をとる第一審判決を取り消し，事件を第一審裁判所に差し戻している。ここでも，最高裁判所は標準時後の解除権の行使と再訴の問題について検討せず，最高裁の見解を示す機会にしなかった。所有権に基づく登記抹消請求訴訟の訴訟物と贈与契約の解除に基づく原状回復としての移転登記請求の訴訟物を異なるものと解すれば，標準時後の解除権行使に基づく移転登記請求は，確定判決の判断を先決的法律関係とする後訴でない限り，既判力により排斥されないのは当然である。問題は，新訴訟物理論や二分肢説のように，両請求を同一訴訟物をもつ訴訟と解する場合である。この場合にも，贈与契約に伴う負担にかかる給付義

---

22)　寒竹・前掲注18) 259頁。

務およびその不履行は、標準時後にも継続している。したがって標準時後に新たに具体化する給付義務、その不履行およびこれに基づく負担付き贈与契約の解除は、標準時後の新事実として主張できなければならない。この意味で第一審裁判所が既判力の失権効を肯定したのは全く誤りであった。この場合、二分肢説では前訴と後訴の事実関係が異なり、したがって訴訟物も異なる後訴と解される場合もあろう。

(4) **白地補充権**　白地手形の白地補充権について下級審の裁判例では、[22]大阪地裁昭和49年10月30日判決（判時764号89頁＝判タ320号288頁）[23]および[23]東京高裁昭和53年10月27日判決（高裁民集31巻3号533頁）[24]が形成権成立時説を採用したが、最高裁判所は[24]最高裁判所昭和57年3月30日第3小法廷判決（民集36巻3号501頁）において同じく形成権成立時説＝失権説に依拠することを明らかにした。

[24]　最高裁判所昭和57年3月30日第3小法廷判決（民集36巻3号501頁）[25]

（事案の概要）

約束手形の所持人Ｘは既に前訴において振出人Ｙに対して振出日白地の約束手形に基づき手形訴訟を提起し、白地手形では手形上の権利を行使できないという理由で請求棄却判決を受け、異議申立てをしたが、Ｘの訴訟代理人である弁護士は異議を取り下げ、Ｙの同意を得て、請求棄却判決は確定した。その後、Ｘが振出日欄を補充した上で再度手形金請求の手形訴訟を提起したのが本訴である。第一審ではＹが口頭弁論期日に欠席したため、ＹはＸ主張の請求原因を自白したものとみなされ、Ｘの請求を認容する手形判決が下された。手形判決に対する異議

---

23)　評釈として、竹下守夫・金商477号（1975年）2頁, 3頁；小林秀之・ジュリ641号（1977年）130頁。

24)　評釈として、渋谷光子・判タ411号（1980年）226頁。

25)　解説・評釈として、『最高裁判所判例解説民事篇昭和57年度』（1998年・法曹会）〔伊藤榮子〕308頁、同・ジュリスト773号（1982年）84頁；吉野正三郎・昭和57年度重要判例解説（ジュリスト792号、1983年）129頁；上田徹一郎・民事訴訟法判例百選Ⅱ〔新法対応補正版〕（別冊ジュリスト146号, 1998年）322頁, 坂原正夫・法学研究56巻8号（1983年）1604頁（同・前掲注10))106頁以下所収）；高橋宏志・法協100巻11号（1983年）2129頁；高見進・判評288号（1983年）38頁（判時1061号192頁）；永井紀昭・民商89巻2号（1983年）199頁；田邊光政・判タ505号（1983年）193頁；前田重行・手形小切手法判例百選〈第5版, 1997年・有斐閣〉82頁；堀内仁・手形研究26巻12号（1982年）45頁など。

訴訟において手形判決の認可判決が下されたので（民集36巻3号514頁；高民集31巻3号537頁），Yが控訴。控訴裁判所は，白地手形上の権利と完成後の手形上の権利とは連続性ないし同質性があり，前訴と本訴の訴訟物は同じである，白地補充権は形成権の一種であるが，「白地補充権を前訴判決の既判力の標準時（事実審の口頭弁論終結時）以前に行使しえない特段の事情があれば格別，これを行使しえたのにしなかったため手形金請求を棄却されたXは，前訴判決の既判力によりその標準時後に白地補充権を行使し後訴において手形金債権の存在を有効に主張しえないものと解するのが相当」（民集36巻3号515頁，517頁；高裁民集31巻3号533頁，536頁）との理由で請求を棄却した。Xの上告に対して，最高裁判所は次の理由で上告を棄却した。

（判旨）
「手形の所持人Xが，手形要件の一部を欠いたいわゆる白地手形に基づいて手形金請求の訴え（以下「前訴」という）を提起したところ，右手形要件の欠缺を理由として請求棄却の判決を受け，右判決が確定するに至ったのち，その者が右白地部分を補充した手形に基づいて再度前訴の被告Yに対し手形金請求の訴え（以下「後訴」という。）を提起した場合においては，前訴と後訴とはその目的である権利または法律関係の存否を異にするものではないといわなければならない。そして，手形の所持人において，前訴の事実審の最終の口頭弁論期日以前既に白地補充権を有しており，これを行使したうえ手形金の請求をすることができたにもかかわらず右期日までにこれを行使しなかった場合には，右期日ののちに該手形の白地部分を補充しこれに基づき後訴を提起して手形上の権利の存在を主張することは，特段の事情の存在が認められない限り前訴判決の既判力によって遮断され，許されないものと解するのが相当である。」（傍線は引用者）

　(5)　**建物買取請求権**　　建物買取請求権について下級審の裁判例において見解の著しい対立があった。[25] 浦和地方裁判所昭和33年8月14日判決（下民集9巻8号1612）[26]，[26] 甲府地方裁判所昭和昭和33年10月28日判決（下民集9巻10号2160頁），[27] 東京高等裁判所平成2年10月30日判決（判時1379号83頁＝判タ763号277頁）[27]は形成権行使時説＝非失権説に立った。それに対して形成権成立

---

26) 評釈として，畑郁夫・神戸法学雑誌10巻2号（1960年）252頁がある。
27) 解説として，河野正憲・平成3年度重要判例解説（ジュリスト1002号，1992年）124頁；松丸伸一郎・平成3年度主要民事判例解説（判タ790号）210頁。なお判例の概観として，小林秀之・金法1287号（1991年）16頁以下がある。

時説＝失権説に立つものとして，[28] 東京地方裁判所昭和43年12月25日判決（判時555号58頁）があった。形成権行使時説＝非失権説に立つものも，その理由は決して一様ではない。[26] は，請求異議事由が「本件の如く借地法第10条（借地借家法14条に対応する——引用者）の規定に基づく建物買取請求権のような形成権の行使である場合には，事実審の口頭弁論終結前に既に形成権を行使することが期待される以上，右事由は民事訴訟法第545条第2項にいわゆる口頭弁論終結後に生じた原因に該当しないけれども，終結前右形成権の行使が期待されないときは，右事由をもつて口頭弁論終結後に生じた原因に当るものと解するを相当とする。本件について考えてみると，成立に争いのない乙第6号証によれば，原告は，右建物収去土地明渡請求事件の口頭弁論において，終始原告に本件建物の所有権のなかつたことを主張していたことが認められるから，右事件の事実審における口頭弁論終結当時においては建物買取請求権を行使するに由なく，従ってこの事実は，右形成権の行使を期待し得ない場合に該当するものと解するを相当とし，原告のなした右形成権の行使は適法な異議の事由に当るものといわねばならない。」とする。[27] は，「買取請求権が建物の社会的効用を保護する目的のもとに設けられたものであることからすると，明渡請求訴訟の判決が確定した後においてもなお，その行使を許容することが制度の趣旨に沿う」ことを理由とする。そして最高裁判所は，[29] 最高裁判所平成7年12月15日第2小法廷判決（民集49巻10号3051頁）により形成権行使時説＝非失権説に立つことを明らかにした。

[29] 最高裁判所平成7年12月15日第2小法廷判決（民集49巻10号3051頁）[28]

（事案の概要）

　Xらは建物所有の目的で本件土地をYから賃借していたが，Yは期間満了を理由としてXらを被告として建物収去土地明渡請求の訴えを提起した（前訴）。前訴

---

28) 解説および評釈として，『最高裁判所判例解説民事篇 平成7年度（下）』（1998年・法曹会）1017頁〔井上繁規〕；垣内秀介・法協115巻2号（1998年）291頁；坂田宏・判評452号（1996年）（判例時報1573号204頁）；春日偉知郎・平成7年度重要判例解説（ジュリスト1091号，1996年）115頁；畑郁夫・私法判例リマークス14号（1997年）134頁；同・民商115巻4・5号（1997年）707頁；原強・法教188号（1996年）76頁；上原敏夫・NBL603号（1996年）62頁；渡部美由紀・法学61巻2号（1997年）223頁；栗田陸雄・法学研究70巻7号（1997年）136頁；三上威彦・民事訴訟法判例百選〔第3版〕（別冊ジュリスト169号，2003年）178頁がある。

ではY勝訴判決が確定した。その後に，Xらが建物買取請求権を行使してYに対し請求異議の訴えを提起した。これが本訴である。第一審裁判所も控訴裁判所も，建物退去土地明渡を超える限度で確定判決の執行力は失効し，賃料相当額の損害金の支払を命じた確定判決の部分は一部はその効力を保持すると判断し，Xらの請求を一部認容した。Yは，「本件では建物収去土地明渡請求訴訟においてXより買取請求権の行使ができたにもかかわらず，これをせずに放置した結果請求認容の判決があり確定したもので，土地の賃貸借契約が期間満了による終了となれば，当時建物買取請求権の発生が予想されているもので，同権利は確定判決後あるいは同訴訟の事実審の口頭弁論の終結後突如発生したものではないものである。……10年近い長期間建物買取請求権を行使せず損害金を支払い続けてきたという事実はすでにY，X間には建物収去土地明渡請求権並びに義務を容認し，建物買取請求権の行使による権利関係の変動を好まないという関係が形成されていると見るべきものである。長期間にわたる損害金の支払いのほかに放棄を認めるに足る証拠がないというのはYに過度の証拠を求めるもので不当と言うべきで，放棄の主張を認めないのは経験則を全く無視するもので，到底判決を認めることはできない」と主張して，上告した。最高裁判所は次の理由により上告を棄却した。

（判旨）

「借地上に建物を所有する土地の賃借人が，賃貸人から提起された建物収去土地明渡請求訴訟の事実審口頭弁論終結時までに借地法4条2項（借地借家法13条1項に対応——引用者）所定の建物買取請求権を行使しないまま，賃貸人の右請求を認容する判決がされ，同判決が確定した場合であっても，賃借人は，その後に建物買取請求権を行使した上，賃貸人に対して右確定判決による強制執行の不許を求める請求異議の訴えを提起し，建物買取請求権行使の効果を異議の事由として主張することができるものと解するのが相当である。けだし，(1) 建物買取請求権は，前訴確定判決によって確定された賃貸人の建物収去土地明渡請求権の発生原因に内在する瑕疵に基づく権利とは異なり，これとは別個の制度目的及び原因に基づいて発生する権利であって，賃借人がこれを行使することにより建物の所有権が法律上当然に賃貸人に移転し，その結果として賃借人の建物収去義務が消滅するに至るのである，(2) したがって，賃借人が前訴の事実審口頭弁論終結時までに建物買取請求権を行使しなかったとしても，実体法上，その事実は同権利

の消滅事由に当たるものではなく（最高裁昭和52年(オ)第268号同52年6月20日第2小法廷判決，裁判集民事121号63頁)，訴訟法上も，前訴確定判決の既判力によって同権利の主張が遮断されることはないと解すべきものである，(3)そうすると，賃借人が前訴の事実審口頭弁論終結時以後に建物買取請求権を行使したときは，それによって前訴確定判決により確定された賃借人の建物収去義務が消滅し，前訴確定判決はその限度で執行力を失うから，建物買取請求権行使の効果は，民事執行法35条2項所定の口頭弁論終結後に生じた異議の事由に該当するものというべきであるからである。」（傍線は引用者）

「原審の適法に確定した事実関係の下において，Xが本件各建物買取請求権を放棄したものとはいえないとした原審の判断は，正当として是認することができ，その過程に所論の違法はない。」

この最高裁判決は形成権行使時説＝非失権説に立ち，標準時後の建物買取請求権行使効果の主張を許し，これによって建物退去土地明渡請求の限度を超える部分に限り債務名義が失効するとしたが，請求異議訴訟において，建物買取請求権の行使に伴う売買代金請求権との同時履行の抗弁権または留置権の抗弁権が賃借人に帰属するか否かについては，この判決は態度を明らかにしていない。この事案では建物は任意に土地所有者に引渡されていたので，裁判所はこの点を判断する必要がなかった。

2 判例の分析

(1) 判例を見ると，標準時後に形成権を主張して，その結果，債務名義に表章された請求権が消滅したことを主張して債務者が請求異議の訴えを提起した事案と，その他の訴訟（債務不存在確認訴訟や給付訴訟）を提起した事案が区別される。当然のことながら前者では，請求異議事由の制限に関する民事執行法35条（またはこの規定の前身たる民事訴訟法旧545条）の適用の有無が論じられ，後者では前訴確定判決の既判力の失権効が論じられている。その際，判例は請求異議訴訟の場合と，その他の訴訟の場合とで差異が生じるのか，そうではなく判例の立場は両者で共通なのかを明かにしていない。つまり，請求異議訴訟は何を目的とする制度なのかを明確にすることなく事案毎に結論が示されている。個別事件の判断を示す判例の任務から見て，このことは止むを得ないのかも知れないが，もし請求異議訴訟における異議事由の制限が既判力の失権効の範囲を超えることがあるのだとすれば，この点は重要な関連をもつことになる。

(2) これらの判例についての個々の分析は個別の形成権を扱うところで触れることにして、ここでは判例の全体の傾向を見ておこう。まず確認すべきことは、初期の判例には相殺権の行使につき形成権成立時説（失権説）を採るものも存在したし、取消権について形成権行使時説（非失権説）を採るものも存在したことである。

　形成権行使時説に立つ判例は、当然のことながら形成権は存在するだけでは法律関係を変動させる効果をもたらすのではなく、形成権者の形成権行使の意思表示があって初めて法律状態の変動が生じることを強調している。これに対して、形成権成立時説を採る判例は、前訴の事実審の最終口頭弁論終結前に客観的には形成権を行使できたことを強調する。しかし、この論拠だけで個々の形成権によって取扱いに差異がでることは不合理である。相殺権であれ、建物買取請求権であれ、前訴中に（少なくとも予備的に）主張しておくことは期待できないわけではなく、なぜこれらの形成権について形成権行使時説＝非失権説が妥当するのか明確でないからである。判例は、[29] に至って、「建物買取請求権は、前訴確定判決によって確定された賃貸人の建物収去土地明渡請求権の発生原因に内在する瑕疵に基づく権利とは異なり、これとは別個の制度目的及び原因に基づいて発生する権利」であることに照準を合わせた。これは、法律行為の無効事由が訴訟上抗弁であって、訴訟上主張しておかないと判決確定後はその既判力効により失権することとの対比に基づくものであろう。この基準は今日の判例を統一的に捉えるのに便利かもしれない。しかし、当該形成権が前訴で確定された権利の発生原因に内在する瑕疵に基づく権利であれば、なぜ失権し、そうでなければ、なぜ失権しないのかが十分根拠づけられていないのではなかろうか。確定判決によって確定した権利の発生原因に内在しない形成権であっても、前訴中に行使することは極めて容易なものもある。形成権が一定の要件（形成要件）に結びつけられているのでなく、約定解除権のように単に権利行使の意思表示にのみ結びつけられている場合がそうである。また、相殺権や建物買取請求権だって、その行使自体は極めて容易である。これらの形成権は訴訟上予備的抗弁の形で行使することができ、他の防御方法が役立たない場合に初めて斟酌してもらうことができるからである。逆に確定判決によって確定した権利の発生原因に内在する形成権であっても、詐欺や強迫が訴訟中も続いている場合のように、前訴において行使しておくことが極めて困難であり、規範的にもこれを前訴において行使することを要求し得ない場合もある。無効事由との対比は、一般論としてほんとうに説得力のあ

る論拠なのであろうか。法がある一定の事由を無効事由でなく，取消事由等とする場合，その理由は一律に無効とするのではなく，取消権行使期間の制限があるにせよ無効とするか否かを取消権者等の意思決定に委ねることにあると解される。それゆえ，形成権行使時説＝非失権説が主張するように，形成権行使の意思決定の猶予を与える必要があるのではないかという点も問題になる。その際，取消権行使期間の制限には，浮動状態の終結に対する相手方の利益を考慮する意義もある。このような事情をどう評価するかが問題となる。法定解除権も，これを行使するか否かは解除権者の意思に委ねられている。また，解除権は法律行為の内在的な瑕疵に基づくものでもない。それゆえ，判例が「確定判決によって確定された権利の発生原因に内在する瑕疵に基づく権利」であるかどうかを基準として解除権または解除権行使効果の主張の失権の有無を決するとするならば，解除権行使効果の主張は失権されないことになろう。しかし前訴においてすでに契約の無効や意思表示の取消しを主張している当事者がすでに成立している解除権を前訴において行使し，その行使効果を主張するよう求められても，決して不当とは言えないであろう。それゆえ [29] の掲げる基準は，一般論として不十分である。のみならず，この基準はすぐ前に述べたように，当該事案に関しても説得力ある理由づけとなっていない。判例 [29] が示した基準の合理性に疑いがある所以である。

III 請求異議事由の制限と既判力の失権効との関係

1 既判力の失権効

判例の考察から明らかになったように，標準時後に行われた形成権行使の効果を後訴において主張することの適否は，実務上，請求異議の訴えとの関連で問題になることが多い。民事執行法35条2項は，「確定判決についての異議の事由は，口頭弁論の終結後に生じたものに限る」と規定しており，確定判決に対する請求異議の訴えについては標準時前の異議事由の主張を許さない。そこで，この失権規定と，確定判決の既判力による失権（遮断）効とは一体いかなる関係に立つのかが，まず問題になる。

この点について支配的見解は，前訴確定判決の既判力ある判断に請求異議訴訟の裁判官が拘束されることを承認する[29]。もっとも，その理由づけが問題である。既判力が後訴に及ぶのは，前訴と後訴の訴訟物が同一の場合[30]，および，

前訴の訴訟物が後訴請求の先決的法律関係をなす場合である。

　まず，前訴たる給付訴訟と請求異議訴訟の訴訟物は同一か否かを検討しよう。請求異議訴訟の法的性質とその訴訟物が何であるかについては，周知のように激しい見解の対立がある。多数説は，請求異議の訴えを債務名義の執行力の排除を求める訴訟上の形成の訴えと解している[31]。この見解の内部においても，請求異議訴訟の訴訟物をどのようなものと解すべきかについて争いがあるにせよ[32]，いずれにせよ請求異議訴訟の訴訟物は前訴たる給付訴訟の訴訟物と同一ではない。それゆえ，訴訟物同一の場合の既判力は後訴に及ばず，後訴はこの関係では不適法ではない。

　確定判決の既判力は，既判力をもって確定された事項が後訴の訴訟物の先決的法律関係をなす場合にも，後訴に及ぶ。この場合には，後訴裁判所は確定判決の既判力ある判断を自己の裁判の前提にしなければならず（既判力の積極的作用），その結果，当事者も前訴の事実審の最終口頭弁論終結時にすでに存在した事実を後訴において主張し，または証拠方法を提出して確定判決の判断が誤りであるとしてこれを争うことは許されない（既判力の消極的作用）。請求異議訴訟は前訴と異なる訴訟物をもつが，前訴判決の既判力は先決関係として後訴たる請求異議訴訟に及ぶ。請求異議訴訟の裁判所は，前訴確定判決の判断を自己の判決の基礎にしなければならないことが既判力の内容である。なおこの場合，標準時前にすでに存在した事実の主張は既判力の失権効により排斥されるが，標準時後の新事実によって事実関係に，したがって法律関係に変動が生じ，後訴においてこのような新事実が主張され，それゆえ訴えが適法な場合には，標準時にすでに存在した事実の主張も排斥されない。

---

29)　反対：*Gilles*, Vollstreckungsgegenklage, sog. vollstreckbarer Anspruch und Einwendungen gegen die Zwangsvollstreckung in Zwielicht prozessualer und zivilistischer Prozessbetrachtung, ZZP 83（1970），61ff.

30)　前訴請求と後訴請求とが矛盾関係にある場合は，訴訟物同一の場合と同じように扱われるべきである。松本＝上野・前掲注2）507頁。

31)　中野貞一郎『民事執行法〔新訂4版〕』（2000年・青林書院）214頁以下参照。

32)　伝統的には執行力の排除を求める手続上の形成権としての異議権を訴訟物とする見解が主張されてきたが，最近では執行力の排除を求められている債務名義の単複異同が請求異議訴訟の請求の単複異同を決するという見解が主張され，その場合の訴訟物は「原告たる債務者が特定の債務名義につき執行力の排除を求めうる地位にあるとの法的主張」と定義する見解が有力である。中野・前掲注31）218頁。

2　請求異議事由の制限は既判力の失権効の範囲を越えるか

(1)　以上の既判力の失権効を越えて、民事執行法35条2項により請求異議事由の制限が認められるべきかという問題について、民事執行法35条2項は何らの指示をも与えていない。

そのため、民事執行法35条2項の趣旨・目的をどう解するかという点が重要性をもつ。請求異議事由の制限の目的が既判力の保護に尽きるのであれば、民事執行法35条2項による異議事由の制限は既判力の失権効によって必要とされる範囲に限られることになるが、この規定が既判力の保護以外の目的をも有する規定であるならば、それとの関連で、既判力の失権効の範囲を越える拡大された異議事由の排除が必要になるか否かを検討することが肝要となる。

(2)　ドイツ連邦通常裁判所は、固定判例において、民事執行法35条2項に対応するZPO 767条2項について、この失権規定の目的を、確定判決の既判力を請求異議訴訟における攻撃から守ることに求めている[33]。文献においても同様である[34]。このような請求異議訴訟の趣旨・制度目的の理解に対しては、反対の見解も一部で主張されている。

たとえば*Weinzierl*（ヴァインチール）は、請求異議訴訟は既判力ではなく、むしろ執行力の保護を目的とする制度と理解すべき旨を主張する[35]。彼女が根拠として挙げるのは、①ZPO 767条2項2文、②1877年ドイツ民事訴訟法(CPO)草案理由、および、③請求異議訴訟の目標と適用領域についての考慮である。

第1に、「異議は、この法律の規定により遅くとも主張されなければならなかった口頭弁論の終結後になって初めて発生し、かつ故障によってはもはや主張し得ない理由に基づくときに限り許される」と規定するZPO 767条2項が、欠席判決後の異議事由の主張制限を定めていることに、*Weinzierl*は注目する。ドイツ民事訴訟法は、欠席判決主義を採っており、当事者欠席により判決が下された場合には、前訴の最終口頭弁論終結後、故障提起期間内に生じた異議事由は、故

---

[33]　RGZ 24, 368 (371); BGHZ 85, 65 (74); 124, 164 (172); 131, 82 (83):「請求異議の訴えは、判決の既判力の侵害を許さない。」

[34]　*Rosenberg/Gaul/Schilken*, Zwangsvollstreckungsrecht, 12. Aufl., München 1987, § 40 2a; *Schellhammer*, Der Zivilprozess, 9. Aufl., Heidelberg 2001, Rdnr. 60; *Thron*, Die Vollstreckungsgegenklage nach § 767 ZPO, JuS 1995, 1111, 1114; MünchKommZPO/*K.Schmidt*, a.a.O. (Fn. 8), § 767 Rdnr. 73; *K. Schmidt*, Vollstreckungsgegenklage, a.a.O. (Fn. 8), S. 498.

[35]　*Weinzierl*, a.a.O. (Fn. 8), S. 150 ff.

障によって主張すべきものであり，これを主張する請求異議の訴えを不適法とする。ところが故障期間内は，判決は未だ確定していないので，既判力は生じておらず，それゆえ，この場合には請求異議の訴えが既判力の保護を目的とすることはあり得ない，と論じるのである[36]。

第2に，*Weinzierl* は，1877年ドイツ民事訴訟法（CPO）の草案理由が「債務者により主張さるべき抗弁の正しい取扱いは，無益なシカーネと遅滞が執行手続の無力化を招かないようにするために，喫緊の必要である」としたことを指摘する。草案理由のこの記述が強制執行における多様な救済手段についての序論的コメントであることに注意しなければならないとしながらも，*Weinzierl* は，強制執行におけるいかなる救済手段も，したがって請求異議の訴えもまた，執行の効率性を危うくしてはならず，執行の無意味なシカーネと遅滞が生じることが阻止されるべきとの命題が，草案理由書の右の記述から引き出され得ると見る。これを基礎にすると，CPO の立法者は ZPO 767条2項を規定する際に既判力でなく，執行力を保護しようとしたと見るのがもっともである，と述べる[37]。

第3に，請求異議の訴えによって債務者は債務名義それ自体の除去を得ることができず，この手続ではその執行力が争われるだけであり，原告勝訴の場合，債務名義の執行力の排除が得られるに過ぎない。請求異議の訴えの提起は債務名義の執行力の危殆化を意味するから，この執行力の保護のために，ZPO 767条2項が請求異議訴訟で主張することのできる抗弁（異議事由）の範囲を制限するのだと見る。このように解して初めて，債務名義が未確定の仮執行宣言付判決である場合の，ZPO 767条2項の意義が明らかになると言う。請求異議訴訟における異議事由の制限の目的が既判力の保護にあるとすると，仮執行宣言付判決のように既判力のない債務名義にあっては，既判力の必然的な効果としての異議事由の制限という図式は，当てはまらないからである。また，この場合に ZPO 767条2項による古い抗弁の排除も，すでに判決手続に由来するその他の失権の表現でもない。そのことは，債務名義が第一審判決である場合，古い抗弁も控訴により主張できることから明らかである[38]。

以上の *Weinzierl* のそれ自体興味ある論述は，しかし，少なくとも日本の法状態に合致しない部分がある。日本法では，欠席判決制度は大正15年の民事訴訟

---

36) *Weinzierl*, a.a.O. (Fn. 8), S. 151 ff.
37) *Weinzierl*, a.a.O. (Fn. 8), S. 154.
38) *Weinzierl*, a.a.O. (Fn. 8), S. 155 ff.

法改正によってすでに廃止されており，その後の改正によっても復活することはなく，現行民事訴訟法上久しく存在しない。また，民事執行法35条1項かっこ書きは，仮執行宣言付き判決（民執22条2号）および仮執行宣言付き支払督促（同22条4号）を請求異議の訴えの対象となる債務名義から明文規定により除外している[39]。それゆえ，Weinzierlの執行力保護説のうち，日本法で関係するのは一般的な請求異議訴訟とシカーネ防止の関係についての議論だけである。

以上の考察により，民事執行法32条2項の請求異議事由（抗弁）の制限は原則として（すなわち控訴期間内に生じた請求異議事由という例外的な場合を除き）既判力の失権効を越えるものでないことが，明らかになった。したがって以下の議論は，標準時後の訴えが請求異議の訴えであるか，消極的確認の訴え，不当利得返還請求の訴えその他の訴えであるかを問わず妥当する。

Ⅳ　学説の展開

1　形成権成立時説＝失権説

(1)　学説の多数説は，取消権や，白地手形の白地補充権のように，請求権自体に付着する「瑕疵」に基づく形成権は，前訴の事実審の最終口頭弁論終結前に行使して前訴において主張しておかなければ判決確定後は既判力により失権するとし，相殺権は請求権に付着する「瑕疵」によるものではないので既判力による失権を否定する。相殺の自働債権は訴求債権と別個に存在するものであり，かつ相

---

[39]　もっとも民事執行法下でも，控訴審判決に対する上告期間内に生じた抗弁（請求異議事由）に関しては，上告審は事実審でないので上告によって主張することができないから，例外的に未確定の控訴審判決を請求異議の訴えの対象として認めざるを得ないのではないかという問題がある。2，3の見解（中野貞一郎「請求異議訴訟の訴訟物」同『強制執行・破産の研究』(1971年・有斐閣) 1頁, 29頁；同・前掲注31) 212頁；香川保一監修『注釈民事執行法(2)』(1985年・金融財政事情研究会) 388頁（宇佐見隆男）；東京地判平成9年11月12日判タ979号239頁）は，これを適法とする。そして，この判決は，仮執行宣言付判決に基づく強制執行として控訴審の最終口頭弁論終結時の前後にわたって債権差押命令による取立てが行われた場合，債務者が控訴審においても容認された債権者の請求債権を争わないとして上告せず，右取立てをもって請求債権の弁済に当て，不足分を送金により弁済した上で，右判決に対して請求異議の訴えを提起しているという事実関係の下においては，右取立てはいずれも控訴審の口頭弁論終結後の請求債権の弁済と見ることができ，請求異議の事由に当たるとした。その限りで，このような未確定判決に対する請求異議の訴えは，例外的に既判力の保護を目的とするとは言えないが，これは例外的なケイスであろう。

殺権の行使があって初めて自働債権の消滅の効果を伴うことを重視する。

　このような見解の理由として，兼子一博士は口頭弁論終結の「前に取消権が発生して居り且行使できた以上，提出することのできた抗弁事由と認めなければならない」[40]とのみ述べる。新堂幸司教授は，債務負担行為の取消権および解除権について，「債務負担行為の効力を主要な争点として攻防をしているときには，その有効性を主張する側は，その効力について最終決着を求めるのは当然であり正当な要求と見られるのに，その効力を争う側が取消権・解除権の行使に思い至らなかったとすれば，その他の抗弁と同様の扱いを受けてもおかしくはない。取消権の存続期間（民126条）は，訴訟による争いがない場合に，取引交渉上いつまで取消しができるかを規定しているものにとどまると解することができる。訴訟で債務負担行為の効力が中心的争点になった場合にはそれらの権利を行使するかどうかの判断を迫られても，実体法上取消権の存続期間を定めた趣旨に反するとは考えにくい。この場合，公平の観点から，基準時点において，その争点につき主張可能な防御方法を尽くすべき義務（行為規範としての提出義務）を被告に負わすのが公平と考えられる」と述べる[41]。

　(2)　しかし，これらの理由づけには大いに疑問がある。実体法上当事者に与えられた形成権との関係でも，債務負担行為の有効性が争いになる以上は，有効性を争う当事者は最終決着を求められることが正当化されるかが，まさに問われているからである。原告が訴えを提起するだけで，被告が不十分な証拠状態のまま形成権の行使を強いられ，形成権の成立要件を証明できないために形成権行使効果の主張を排斥され，事実上，形成権を失う結果になることは——形成権の行使を期待可能ならしめる特別の事情があるなら別であるが，そうでない限り——不当であろう。債務不履行による解除権や約定解除権は債務負担行為に内在する瑕疵に基づくものではない。債務負担行為の効力が主要な争点となっているからと言って，訴訟係属中の解除権行使義務は一体どこから生じるのであろうか。また，取消権の存続期間は訴訟に至らない場合の取引交渉にのみ適用があると定められているのであればともかく，そうでないのに，どうして取引交渉に限定した取消権の存続期間と言えるのであろうか。実体法は評価規範として訴訟でこそ適用があるのではないか。形成権の行使期間の定めは，形成権行使の可能性によって相手方に生じる浮動状態を早期に解消し，法的安定性を確保することを目的と

---

40)　兼子一『新修民事訴訟法体系〔増訂版〕』（1965年・酒井書店）340頁。
41)　新堂幸司『新民事訴訟法〔第3版〕』（2004年・弘文堂）626頁以下。

しながらも，形成権者の利益の顧慮を行っている。民法 126 条は，意思表示の取消権の時効期間は追認をすることができる時から 5 年と定める。この比較的長い時効期間は取消権者に取消権行使の利害得失について慎重な熟慮を可能にする趣旨であるが，たとえば詐欺・強迫による取消権の場合だと，詐欺を行い，または違法に強迫を行う取消相手方が法的安定性を要求する利益を有さず，保護に値しないとの評価も基礎になっている。このように実体法が比較的長い行使期間を定めている場合に，実体法が行った利益の評価考量が既判力の失権効に対していかなる影響を及ぼすかを検討しないで，訴訟中に早急に形成権を行使して債務負担行為の有効性の終局的確定に協力すべき義務が形成権者にあると直ちに断定することはできないであろう。既判力により失権する法律行為の無効事由に基づく抗弁との対比から，無効事由が既判力の失権効を受ける以上，形成権も既判力によって遮断されなければならないと論じられているが，無効事由と取消事由に与えられる法効果の強弱だけを決定的なものと見ることは不十分であり，少なくとも，実体法が形成権の行使を当事者の自治的意思決定に委ね[42]，比較的長い熟慮期間を認めている場合，この熟慮期間を訴訟によって短縮することは許されないのではないかと[43]問うて見る必要があるのではなかろうか。

(3) また，現時の判例の結論を正当化する議論も行われている。

(a) 伊藤眞教授は，第 1 に，形成権の行使が遮断されるか否かは，形成権行使効果の主張が確定判決の既判力に「触れる」ものであるか否か，第 2 に「形成権行使の効果が既判力ある判断と矛盾・抵触するものであれば，その要件事実の一部が基準時後のものであっても，他の一部が基準時前のものであれば，後者の主張は既判力によって遮断されるから，結局形成権の行使の効果を主張することは許されない」という 2 つの基準によって，標準時後の形成権行使効果の主張の許否を決すべきだと主張される。たとえば取消権の行使によって確定判決によって認容された事項（権利・請求権）は事後的に遡及的に消滅させられるから，取消権行使効果の主張は遮断され，標準時後の相殺の場合には確定判決によって認容された訴求債権の存在を前提にして判断がなされるから，既判力に「触れず」，

---

42) *Gaul*, a.a.O. (Fn. 8), S. 142; *Flume*, Allgemeiner Teil des Bürgerlichen Rechts, Bd. 2, 3. Aufl., Berlin 1979, § 3 I 1.

43) このように見るのは，中野貞一郎「形成権の行使と請求異議の訴」同『強制執行・破産の研究』(1971 年・有斐閣) 36 頁, 46 頁（初出は 1965 年), *Gaul*, a.a.O. (Fn. 8), S. 143 f.; *Flume*, a.a.O. (Fn. 42), § 3 I 1.

標準時後の相殺権の行使とその行使効果の主張は既判力効によって妨げられないと主張されている。標準時後の解除権の行使については，解除の効果についての直接効果説を前提にしても，契約の解除は標準時における契約上の権利関係の存在を前提としており，その遡及的消滅は解除の実体法上の効果に過ぎないから，解除の意思表示による権利関係の遡及的消滅は既判力に矛盾・抵触するものではない，とされる[44]。

　伊藤教授の狙いは，「期待可能性という多義的な基準により問題の解決を図る必要」を否定することにあるようであり[45]，その点は同意できる[46]。しかし，以上の議論は明らかにおかしい。たとえば標準時後の取消権の行使によって債務名義に表象された請求権が消滅したと主張して請求異議の訴えが提起される場合，請求異議訴訟は通説によれば債務名義の執行力を排除する訴訟上の形成の訴えであり，その請求認容判決は確定判決の既判力を消滅させることはないのである。また標準時後の取消権行使効果を主張して提起される債務不存在確認の訴えが適法であると仮定して，その場合，請求が認容される場合にも，後訴の裁判所は前訴確定判決がした，標準時において被告の権利または請求権が存在しているという判断が誤りであったと判断するのではない[47]。この訴えが適法であるならば，後訴裁判所は確定判決の判断に拘束され，これを前提に判断しなければならないが，なお標準時後の取消権の行使により権利または請求権が事後的に消滅するので，後訴の最終口頭弁論終結時における判断としては，前訴判決が認容した権利が消滅していることになるに過ぎない[48]。伊藤教授が解除権について述べることは，そのまま取消権にも当てはまるのである。この点で取消権と相殺権

---

44) 伊藤眞『民事訴訟法〔第3版〕』(2004年・有斐閣) 471頁以下。
45) 伊藤・前掲注44) 472頁。
46) 期待可能性による失権効の調整に対する批判として，松本・前掲注2) 法学雑誌49巻3号495頁以下参照。
47) 伊藤・前掲注44) 472頁は，標準時後の「取消しにもとづく法律効果は，基準時，すなわち口頭弁論終結時において法律行為に基づく権利関係が存在しなかったことを意味し，既判力ある判断と矛盾・抵触する」と言う。標準時後の取消権行使効果の主張が既判力に抵触するとする前掲[16]最判昭和55年10月23日も同じ考えであるようである。しかし，これは取消権の遡及効に伴う実体法レベルでの話しである。後訴判決の既判力は後訴の事実審の最終口頭弁論終結時を基準とし，この時点での請求に対する判断に生じるのであるから，取消権の行使効果に基づく後訴判決は前訴確定判決の既判力に抵触するものではない (山本和彦・前掲注6)『民事訴訟法の基本問題』198頁以下も同旨。なお，高橋・前掲注1) 548頁も参照)。
48) 中野・民商84巻6号914頁参照。

を区別する理由はない。相殺権の場合は，後訴裁判所は前訴判決の判断を前提として相殺の効力について判断するから既判力に抵触しないとされるが，すでに述べたように取消権の場合も前訴判決の判断を不当として取消権行使の効果について判断されるのではないのであるから，標準時後の取消権行使効果の主張が既判力に抵触するというのであれば，相殺権の場合にも既判力に抵触するはずである。結局，伊藤説では，別の基準で得られた結論を正当化するために前述の2つの基準が示され，適用されていると見るほかないであろう。たしかに標準時後の取消権行使効果の主張が既判力に「触れる」とするのが判例の見解であるが，以上述べたところから明らかなように，この判例の見方にそもそも問題がある。問題は標準時後の形成権行使効果の主張が既判力に触れるか否かではなく，既判力効（失権効）が標準時後の形成権行使効果の主張を排斥するか否かである。

　また，言うところの第2の基準にも問題がある。既判力の失権効は，それ自体標準時に存在した事実や証拠方法を確定判決の既判力ある判断を争うために後訴において主張し，または提出することを当事者に対して禁止することを内容とするものでなく，標準時後の新事実の主張が確定判決を担う理由に関するものでなければ再訴について改めて審理裁判してはならないという後訴裁判所を名宛人とする禁止規範であり，第一次的には当事者を名宛人とする規範ではないことに注意しなければならない[49]。それはともかく，新事実が再訴を適法ならしめる場合には，再訴の当事者は標準時前に存在した事実を改めて主張することを許されなければならない[50]。したがって，問題は新事実による再訴が適法であるかどうかであり，これと無関係に標準前の事実の主張がそれ自体として既判力により排斥されるということではないのである。

　(b)　山本和彦教授も——判例と全く同じ結論を導くのではないが（たとえば，建物買取請求権については，判例と異なる結論が導かれている）——基本的に判例に近い結論を導く。山本教授は，形成権一般について「他の攻撃防御方法に関する既判力の一般論と整合的な形で，可及的に統一的な理論を……構成すべく試みる」べきだとの立場に立ち，標準時前に成立した形成権も防御方法である以上，既判力の遮断効によって遮断されるとの原則（「全面的遮断の原則」と言う）を掲げる[51]。そ

---

[49]　松本・前掲注2）法学雑誌49巻3号493頁；ガウル（松本編訳）・前掲注7）105頁以下。
[50]　松本・前掲注2）法学雑誌49巻3号491頁以下参照。
[51]　山本・前掲注6）『民事訴訟法の基本問題』202頁。

の上で,「形成権とされるものの中には,過去の一回的な事実の存在を形成原因とするものと,複数の事実または継続的な一定の状況を形成原因とするもの」があり,前者の形成権はその原因事実が標準時前に発生している限り既判力により当然に遮断されるが,後者の形成権は「基準時後の状況や事実を形成原因とする形成権の行使は,基準時後の新たな事由として別途主張が可能である」[52]とする。

　それでは,一回的な形成原因と継続的な「状態型」形成原因の区別の基準は何に求められるのであろうか。論者によれば,ある形成権が一定の時間の経過によって時効消滅するか否かが基準となると言う。消滅時効のない形成権は「当該状況の存在する限り,永遠に行使できるものとして,状態型形成原因に分類できるものと見られる。……取消権,債務不履行による解除権,建物買取請求権,白地補充権等はいずれも時効消滅が予定されているのに対し,相殺権については,時効消滅は予定されておらず,相殺適状が存続する限り,永久に相殺が可能であるとされるようである。これは相殺権が状態型の形成原因によることの徴表であると見られる。また解除権については,当事者の約定などで状態型解除原因に基づく解除権を創設することが可能であることに加え,基準時後に存在する状態がそれ自体として債務不履行を形成する場合もあり」得るとされる[53]。

　一回的形成原因と「状態型」形成原因の区別を基準に,標準時後の形成権行使効果の主張の許否を決めようとする山本(和彦)説は,形成原因たる事実の存在時期が既判力の標準時の前にあるか,標準時の後にも続いているかにこだわる見解であり,行使効果の主張の許否が問題になっているのが単なる事実でなく,形成権という実体権であることを重視せず,その意味で基本的に形式的な基準を優先させる見解と見られよう。また,2つの種類の形成要件を区別する基準とされる消滅時効の成否も,さほど説得力のあるものではないようである。なぜなら,消滅時効に罹らない形成権だからといって,永遠に権利行使が許されるとは限らない。相殺の自働債権の消滅時効は当然問題になるし,消滅時効がなくても権利失効の原則の適用も問題になり得る。他方,消滅時効の定めのある形成権もその期間内は自由に行使することができると見ることも可能だからである。したがって,消滅時効の有無による区別には疑問を拭うことができない。さらに,一回的形成原因と「状態型」形成原因の区別自体が合理的かどうかも,疑問である。形

52)　山本・前掲注6)『民事訴訟法の基本問題』204頁。
53)　山本・前掲注6)『民事訴訟法の基本問題』205頁。

成権も他の攻撃防御方法と基本的に異ならないという出発点に立つならば、状態型とされる形成原因にあっても、前訴ですでに行使し、その行使効果を主張できた以上、その形成原因が標準時前のそれと法的意味を異にする場合でない限り、後訴においては原則として行使効果の主張を遮断されるというのも十分成り立つ立論であろう。加えて、既判力の失権効を標準時前に存在する事実の主張の失権と解している点で、山本（和彦）説には根本的に疑問がある。筆者が別稿で明らかにしたように、既判力の失権効は、標準時前の事実の主張それ自体排斥するものではなく、当事者が既判力の及ぶ後訴請求との関係で、前訴裁判所の既判力のある判断を争うために標準時前の事実を主張することを排斥するのであるからである。

したがって、山本（和彦）説にも従うことはできない。もっとも、山本（和彦）説が当該形成権の行使期間の限定を問題にしていること自体は検討すべき1つの観点かもしれない。ただ比較的長い行使期間が定められているのに、期間の定めのない形成権と決定的に異なる扱いをする根拠がどこにあるか明らかでないし、行使期間の有無により形成権の遮断を左右することが法律上の基礎をもつかどうか疑問である。

(4) 以上、形成権成立時説＝失権説は十分な理由づけを与えていないことを確認することができよう。

2 形成権行使時説＝非失権説

(1) この見解は、形成権の性質、すなわち形成権は存在するだけでは法律関係の変動を生じさせず、当事者がこれを意思表示によって行使して初めて法律関係が変動するということを強調し、標準時後に形成権行使の意思表示がなされる限り、法律関係の変動は標準時後の新たな事情と見るべきだとの見解である[54]。

この見解は、しばしば形成権の行使時が既判力の標準時後であれば、標準時後に法律関係の変動が生じるという形式的な点を非常に重視する見解のように誤解されがちであり、そのことが形成権者は前訴において形成権を行使しておくべき地位にあったかどうかによって問題の解決を図るべしとする、次に述べる諸見解によってしばしば批判されてきたけれども、それは的外れであろう。実際には、

---

[54] 中野・前掲注43)『強制執行・破産の研究』36頁以下；同「既判力の標準時」同『民事訴訟法の論点Ⅰ』(1994年・判例タイムズ社) 243頁、250頁以下（初出は、判タ809号、1993年)；同・前掲注31)『民事執行法〔新訂4版〕』228頁以下。

形成権行使時説＝非失権説はそのような形式的な議論に終始して結論を出しているのでないことを注意しなければならない。

　既判力により遮断される法律行為の無効事由に基づく抗弁との対比によって，標準時後の形成権行使効果の主張を既判力の失権効によって排斥することは，実体法が形成権の行使を当事者の自治的意思決定に委ね，比較的長い熟慮期間を認めている場合に，この熟慮期間を訴訟によって短縮することは許されないという，実体法上形成権者に与えられる法的地位が訴訟上も尊重されなければならないという認識が基礎に横たわっているのである[55]。このような認識からは，債務負担行為の効力について最終的な決着を求めることは，必ずしも権利主張者の正当な要求であるとは言えないであろう。債務負担行為の効力を争う側が取消権・解除権の行使に思い至らなかった場合に，その他の抗弁と同様の扱いを受けてもおかしくはないと言い切ることもできない。なぜなら，詐欺・強迫による取消しが問題になる場合，訴訟中に詐欺に気づかず，また強迫が続いている場合があり得るのであり，このような状況を無視することはできないからである。しかし他方では，取消権の行使が可能な事実関係においては，意思表示の無効事由が存在し得ることもあり，現実の訴訟では取消権者は取消権を行使して債務の消滅という法効果を抗弁として主張していないけれども，無効事由の方は訴訟上主張して意思表示の効果を自ら否定する態度に出ていることもある[56]。このような事案では，法律関係を解消しようとする取消権者たる当事者の意思は極めて明瞭であるから，法律関係を覆滅させるか否かの熟慮期間の要請というようなものは殆ど問題にならないこともまた明らかである。

　(2)　もっとも，日本の形成権行使時説（非失権説）の代表的主張者である中野貞一郎教授が，他方で，比較的安易に信義則による具体的妥当性を図るという見解を主張したことを見逃してはならないであろう[57]。すなわち，「前訴当時に取消権を行使して取消の抗弁を提出することができ，また，それが紛争の効果的・一回的な解決のために要請されるところであったのに，与えられた十分な機会を放置して弁論終結後に持ち越し，請求異議訴訟における異議事由として主張することによって，勝訴確定判決を得た原告の強制執行の腕をとり押えることを許してはならないし，新訴の提起による恣意的な争訟の蒸返しを封ずる必要がある。

---

55)　中野・前掲注43)『強制執行・破産の研究』46頁；Gaul, a.a.O. (Fn. 8), S. 143 f.
56)　前掲判例[16]参照。
57)　中野・前掲注43)『強制執行・破産の研究』52頁

そのためには，……前訴の弁論において当事者がその主張を提出しておくべきであった——ということは，当然，提出できたことを前提とする——のかどうか，という当為の要請から，後訴における主張を排除する例外的措置が要求されるのである。このような当為の要請を当事者の提出責任とよぶにしても，それは，法的安定要求に基づく既判力とは切り離して観念すべきではなかろうか。この要件の具体的限定その他，理論構成は今後の検討にまたなければならないが，一般的な根拠を訴訟上の信義則に求めることができよう」[58]と主張された。

　この見解は既判力の失権効による形成権行使効果の主張の失権の否定と，信義則の適用による形成権行使効果の主張の失権の肯定を主張するものであり，既判力の意味を相対化するものである。既判力の失権効の否定には，既判力の失権効とほぼ同じ失権効が当事者に及ぶことの否定が含意されているはずである。一方で既判力による失権を否定して形成権行使効果の主張を許容し，他方で相当広い範囲で信義則により形成権行使効果の主張を排斥することは，既判力の制度目的と相容れないのではなかろうか。信義則は極端な例外的場合に対処する制度であるが，ここではむしろ原則的に適用を予定されているように見え，極端な例外的なケースでの適用を予定される信義則の射程範囲を越えているように思われる。また，この見解の主張は，実体法が形成権の行使を当事者の自治的意思決定に委ね，比較的長い熟慮期間を認めている場合に，この熟慮期間を訴訟によって短縮することは許されないという形成権行使時説＝非失権説の出発点と相容れるのかどうか疑問なように思われる。

3　「提出責任」説

(1)　上田徹一郎教授は，当事者が前訴において当該主張（提出）をすることはできた場合（当事者権の保障が充足した場合）に，かつ，その当事者の実体法上の地位との関係で前訴において提出しておくべき「責任」が認められる場合（すなわち「実体関係的手続保障が充足する場合」）にのみ，標準時後の形成権の行使による法律関係の変動の主張は前訴判決の既判力により遮断されるとの命題を提示する。

　具体的には，取消権について，除斥期間内は取り消しうる実体法上の地位にある取消権者には標準時後の形成権行使効果の主張を許すべきであるとの手続保障要求が働くが，取消権は前訴の対象たる法律行為自体の瑕疵に関し，前訴で提出

---

58)　中野・前掲注14）民商84巻6号914頁。

すべきであるから法的安定要求が働き，その結果，一律に遮断効を肯定または否定できない緊張関係にあるとする。そこで取消権者たる債権者が取消権を行使しないで本来の履行を請求した場合には，前訴での取消権の提出責任はなく，既判力の遮断効は生じないのに対して，取消権者たる債務者は本来の履行をも求め得る地位にはないので取消権の提出責任が認められ，遮断効が働くとする[59]。

　解除権については，上田教授は，解除原因が履行遅滞による場合には相当の期間を定めての催告が必要であり，解除原因が存在しても解除権自体につき手続保障は充足していないため遮断効は生じないと言う。標準時前に解除権が発生している場合にも，原告たる債権者には履行請求か，解除による原状回復請求かの選択権があることを根拠に，前訴で履行請求をしたからと言って後訴で解除権行使効果の主張を遮断される実体法上の地位にはないとし，被告たる債務者の方は原告の請求を争う以上，実体上の地位との関係で手続保障は充足されているので，後訴での解除権行使効果の主張は遮断されると言う[60]。たとえば，前訴において売買契約の買主が目的物の引渡請求訴訟において勝訴したが，口頭弁論終結後，すでに訴訟中に目的物は滅失していたことが明らかになるという事案では，上田説は債権者の選択権を理由に標準時後の解除権の行使とその効果の主張は遮断されないとされるのであろう。

　相殺権について，上田教授は，実体法上相殺権の行使は全く相殺権者の自由に任されているので，前訴での相殺権行使機会の保障による法的安定要求にもかかわらず，標準時後の相殺権行使効果の主張を許すべき「実体関係的手続保障要求」が極めて強く，遮断効は否定されるとされる[61]。

　(2)　上田説では，債権者側が取消権・解除権を有する場合については，「実体関係的手続保障」を理由に，本来の履行請求を選択するか，取消権や解除権を行使するかの選択権があることが重視されるのに対して，債務者の取消権・解除権についてはこのような選択権を否定される。しかし，これは武器対等の原則上問題であろう。取消権や解除権を行使するか否かについて選択権を有することが重要なのであれば，同じことは被告についても当てはまるのではなかろうか。被告も契約を取り消しまたは解除すると，契約によって取得された権利または法的地位を事後的に失うのであるから，選択権を行使できなければならないからであ

---

59)　上田徹一郎『民事訴訟法〔第4版〕』（2004年・法学書院）469頁。
60)　上田・前掲注59) 469頁以下。
61)　上田・前掲注59) 469頁。

る。したがって，この説は，実体法が当事者に認めた取消権，解除権について，債権者のそれか，債務者のそれか（のみ）によって異別の扱いをするものであって，武器対等の原則に反すると考えられる。

次に，実体法上は，形成権の行使は形成権者の意思に委ねられているのに，なぜ相殺権については相殺権者の意思の自由が重視されるのに対して，それ以外の形成権についてはこれが重視されないのか，明らかでない。相殺の場合には，自働債権（反対債権）は訴求債権とは別の債権であることと，相殺権行使が相殺権者の任意とされることは，このような違いを正当化する事情であろうか。相殺するか否かが相殺権者の任意である反対債権についての手続保障としては，標準時後に提起される反対債権の履行を求める訴訟において与えられる手続保障でどうして十分でないのであろうか。

以上のような疑問があるので，上田説は別の基準で導かれた結論を「実体関係的手続保障」により説明するものであるとの印象を禁じ得ない。

4 「形成権行使責任」説

(1) 河野正憲教授は，既判力の標準時前の形成権行使か，標準時後の形成権行使かによって失権効の有無を判断するのは，既判力の失権効の根拠を正しく見ない立場であると批判し，失権効の根拠を「当事者の訴訟手続における一連の行為にもとづく自己責任であると理解し」，その上で価値原理として「権利失効」の観点から問題の解決を図ろうとする。「既判力の遮断効は，両当事者が自己の権利の行使および防御にとって重要な事項を訴訟手続において行使することができたこと，そして，当事者はこのような権利行使の可能性を相手方の利益のためにも行使すべきであったと評価されうる場合に，そしてその限りで生じるといえよう。このような訴訟の機会を利用しなかった者は，相手方の利益のために自己の権利をさらに行使する権限を失ってしまう（権利失効）と考えられる」[62]とする。

この見解は，同じく権利失効の原則を主張する Henckel[63] と同じく，既判力の失権効の根拠を「権利失効の原則」に求めるものであるので，Henckel 説に対する基本的な疑問と同じ疑問を免れない。Henckel は，既判力の理由づけを「説

---

62) 河野正憲「形成権の機能と既判力」同『当事者行為の法構造』（1988年・弘文堂）121頁，136頁。なお，渡辺美由紀「判決の遮断効と争点の整理(2)(3)」法学 63 巻 2 号（1999年）251頁，261頁以下；64 巻 3 号（2000年）306頁，331頁以下も参照。

63) Henckel, Prozeßrecht und materielles Recht, Göttingen 1980, S. 96 ff.

明」するために相手方の信頼保護を伴う失効思考を援用する。すなわち，彼は訴訟目的を権利保護ではなく，権利行使の手段と見，訴訟において各当事者は自己の有する可能性を相手方の利益のためにも利用しなければならないのであり，そうしておかなければ相手方の利益保護のために後の権利行使は失効する，と主張する。既判力に関しては，敗訴当事者が自己に有利な事実または証拠方法を提出しなかった場合，その当事者は訴訟上十分与えられた審問の機会を利用しなかったのであり，両当事者がそれぞれの立場を主張し得た後は，相手方は訴訟が最終的かつ拘束的に裁判されていると信頼してよい。したがって，既判力の遮断効 (Ausschlußwirkung) は，両当事者が訴訟上重要な事項を主張できたが，この可能性を相手方の利益のためにも利用しなければならなかったのに，この訴訟チャンスを利用しなかった当事者の一方が保護に値する相手方の利益のために自己の権利のさらなる行使を失権することに基づくと言う[64]。

(2) しかし，この失効思考に対しては，当事者がすべての訴訟上の可能性を尽くした場合にも，当事者は不当判決に拘束されるのであり，しかも裁判所による誤った事実判断または法適用の結果不当判決がなされ得るのであるから，当事者に対してその訴訟追行が不備であったから既判力を受け，以後，権利行使を失効するのだという説明は，全く説得力をもたないと批判されている[65]。この批判は極めて正当である。

このように権利失効の観点から既判力の失権効を根拠づけることはできないので，権利失効の原則により形成権行使責任を理由づけることもできない。

5 「要件プログラム」説

(1) 池田辰夫教授は，形成権一般として抽象的に問題を取り上げる意味を否定し，前訴のプロセスにおける形成権者の形成権行使に関する行為規範を，各種の形成権の実体的性格（当事者間での合意内容を含む）を踏まえた上で基準化すべきであるとし，「当事者にとって予測可能な状況を作出していく前提となる要件プログラムを豊富化し措定していく作業こそは，理論の側に課された大きな任務」だ

---

64) Henckel の失効説の詳細な分析および批判として，ガウル（松本編訳）・前掲注 7) 125 頁以下が詳しい。

65) Gaul, Die Entwicklung der Rechtskraftlehre seit Savigny und der heutige Stand, Festschrift für Flume, Bd. 1, Köln 1978, S. 443, 455（ガウル〔松本編訳〕・前掲注 7) 19 頁以下）; ders., Rechtskraft und Verwirkung, Festschrift für Henckel, Berlin/New York 1995, S. 235, 256（ガウル〔松本編訳〕・前掲注 7) 134 頁）。

とする[66]。そして，とくに標準時後の解除権の行使について，「攻撃型（債権者行使型）」と「防御型（債務者行使型）」を分かち，後者について「身の証をたてる立場に追い込まれており，そうした『場』に形成権行使を持ち込むべき責任が一応あるとはいえる。しかし，当該形成権（解除権）保障の実体的な趣旨からみて早期の行使を要求し得ない場合には，もはやそうした責任は生じないというべきであろう」とし，前者について，「相手を追い込むべき立場にあり，どのように追い込んでいくかについては選択の余地が認められるべきであるうえ，当該形成権（解除権）保障の実体法的な趣旨からみても，基本的に形成権の行使責任は生じない。不行使について相手方の正当な信頼が生じた場合にのみ，そうした責任が肯定される」と言う[67]。

(2) この見解に対する疑問は，何よりも，解除権の攻撃的行使と防御的行使を区別し，既判力の失権効に関し異なる扱いをすることにある。しかし，そのような区別に重大な法律効果を結びつける法律上の基礎が存在するかどうか，甚だ疑問である。たとえば契約の無効の主張や取消しなどにより前訴において原状回復義務の履行として物の返還を求めていた原告が請求棄却判決を受けた後に，契約を解除して後訴において再度物の返還を請求するような場合，これは解除権の攻撃的行使に当たるのであろう。解除権の攻撃的使用には既判力の失権効が及ばないとすると，右のような再訴も許されそうであるが，原告は前訴においてすでに契約の効力を争っているのであるから，契約を無効化する事由である解除権の行使を求められても不当とは言えないであろう。また，相手方を追い込むのであれば，標準時の前後で異なる追い込み方ができるというのも問題がありそうである。むしろ，相手方を追い込み一定の要求をするのであれば，要求を基礎づける事由はすべて提出すべきだとも言うことができよう。

6 ドイツにおける理論展開

(1) 形成権成立時説＝失権説に対する批判は，ドイツにおいて同じくこの説に立ったライヒ裁判所の判例に対するv. Tuhr（フォン・ツール）[68]やLent（レント）[69]の批判に典型的に現われているので，これを先ずここで紹介しておこう。

---

66) 池田辰夫『新世代の民事裁判』（1996年・信山社）195頁。
67) 池田・前掲注66) 229頁以下。
68) v. Tuhr, Der allgemeine Teil des Deutschen Bürgerlichen Rechts, Berlin 1953, S. 199 f.
69) Lent, Ausübung von Gestaltungsrechte nach einem Prozeß, DR 1942, 868 ff.

ライヒ裁判所は1903年11月20日の判決[70]において，標準時後の相殺権の行使による執行債権の消滅を主張して請求異議の訴えを提起した事案に関し，「もっとも文献においてしばしば主張を見出しているこの見解（＝相殺権行使時説）は，だが，ZPO 767条2項を正しく評価しておらず，それゆえ適切とは見なすことができない。ZPO 767条の訴えの相手方たる債権者は，判決によって確定された請求権を有すること，問題となっているのが強制執行における抗弁（Einwendungen）であること，および，767条の規定が——2項のみならず3項も——執行のエネルギッシュな進行のために債務者のシカーネと引延しに出来る限り対抗することを明らかに目指していることが，同条の解釈に当たり考慮に入れられるべきである。……相殺の取扱いにおいて，民法典は普通法の比較的新しい発展に従った（vgl. Motive, Bd. II S. 107）。これによっても，プロイセン一般ラント法によるのと同じく，相殺の裁判外の意思表示は有効と見なされ，一般的に，相殺の効力はそれに向けられた意思表示なしには生じなかったことが承認されている。旧法の支配下においては，しかし，文献および実務上，前訴手続において主張し得た相殺のZPO 767条2項による排除に疑いがなかったのであり，この関係において民法典の導入によって何らの変更も意図されていないことは，第一委員会の未印刷の議事録 Bd. 1 S. 1413-1415 から明らかになる。」

　(2)　このように判示するライヒ裁判所の判例に対して，*v. Tuhr* は，失権説は民法に手掛かりがないわけでなく，また相殺においては我慢できる結果になることを認めるが，その他の取消権（Aufhebungsrechte）においてはZPO 767条2項による失権は，ライヒ裁判所が強調したエネルギッシュな執行という目的によって埋め合わされ得ない，債務者にとっての苛酷を意味すると指摘する[71]。

　Lent は，形成権成立時説＝失権説は実体法の規律に反すると見た。曰く，「権利の滅却は，形成権の成立およびこれを基礎づける法律状態によって，すなわち，形成権行使の可能性によってすでに発生するのではなく，実際に行われた行使によってはじめて発生するのである。2つの相殺可能な債権は相殺の意思表示によって滅却されるまで存続し，取り消しうる法律行為によって基礎づけられた権利は取消しの意思表示があるまで存続する。民法は，形成権が行使されるまでは，形成権者がその行使前の権利に基礎づけようとする抗弁（Einrede）をすべて

---

[70]　RGZ 64, 228.
[71]　*v. Tuhr*, a.a.O.（Fn. 68），S. 199.

拒否することまで進み，単なる行使の可能性は無視される」[72]。「（形成権の行使に関する実体法の規定を駄目にするような——引用者）訴訟法のそれほど広範な権能は，私見によれば，根拠づけられ得ない。承認できるのは，被告が敗訴を免れるために形成権を行使するよう訴訟が被告にとくに勧めることだけである。しかし，被告は（形成権を知らない場合を全く別にすれば），それをしない理由をも持ちうる。被告は，たとえば，取引きにとどまるのと，取引きから離れるのとで，どちらが有利かを確実に見通すことができない。この不確実性を考慮して，まさに民法は被告に期間を与えている。被告は，形成権の行使によって相殺，取消しおよび解除の場合のように，相手方の債権のみならず，しばしば自己の債権をも消滅させる。形成権の基礎についての証拠も，被告にはまだ確実に十分とは思われないかもしれない。そのようなことは，たとえば詐欺の嫌疑のある場合に容易に起こりうる。このような特別の場合には，行使の不作為に権利の喪失を結び付けるのは不公平であろう。」[73]「このような特別の場合を別にしても，なぜ，原告は単に訴えによって相手方に即時に形成権を行使するよう強い，すべての期間を無視することができるかという問題が一般的に生じる。実体法が権利の行使に一定の期間を結び付けている場合，実体法は，それによって，行使するかどうかを慎重に熟慮し得る権利者の利益と，自己に不利な浮動状態の終了に対する相手方の利益との間で利益考量を行っている。この利益調整の原因を訴訟によって変えるものは何もない。法律が一度相手方にかなり長い待ちを要求し，浮動状態の不愉快を相手方に課する場合，相手方は訴えを提起する場合にも，これに堪えなければならない。訴えは被告が何らきっかけを与えていなくても勝訴となりえ（ZPO 93条），したがって，権利者に早期の権利行使を強い，または権利を失わせることを相手方が手中にするが，そのいずれも実体法の規律に反するということから，いつも目を離してはならない。」[74]

　この Lent の見解は，今日ドイツの文献における支配的な見解[75]が形成権行使

---

72) *Lent*, a.a.O.（Fn. 69），S. 869.

73) *Lent*, a.a.O.（Fn. 69），S. 871.

74) *Lent*, a.a.O.（Fn. 69），S. 871.

75) *Baur/Stürner*, Zwangsvollstreckungs-, Konkurs-, und Vergleichsrecht, 11. Aufl., Heidelberg 1983, Rdnr. 750; *M. Becker*, Gestaltungsrecht und Gestaltungsgrund, AcP 188 (1988), 24, 48; *Brox/Walker*, Zwangsvollsteckungsrecht, 5. Aufl., Köln/Berlin/Bonn/München 1996, § 767 Rdnr. 1346; *Musielak/Musielak*, Kommentar zur Zivilprozessordnung, 3. Aufl., München 2002, § 322 Rdnr. 39; MünchKomm/*Gottwald*, 2. Aufl., 2000, § 322 Rdnr. 152; *Rosen-*

時説＝非失権説を支持する理由の原型をなす。すなわち，① 形成状態の存在によってではなく，形成権行使の意思表示によって形成権が行使されて初めて新たな法律状態がもたらされること，請求異議の訴えについて言えば形成権の行使によって抗弁（異議の事由）が生じること，② 実体法の定める形成権行使期間が形成権成立時説＝失権説によって実際上切りつめられること，および，③ 形成権成立時説＝失権説によると，債務者たる形成権者が十分に訴訟資料および証拠方法を集める前に形成権の行使を強いられ，形成権者の地位が損なわれること，この場合，形成権者が形成要件の主張・証明に失敗する結果，形成権行使効果の主張が裁判所によって認められず，そのことによって債権者は形成権の負担のない地位を認められるという形成権者にとって酷な結果を生じること。とくに相殺権の場合には，相殺は実体法上，弁済，免除，供託などと並んで債務を消滅させるための等価値的な原因であるにもかかわらず，事実審の最終口頭弁論終結後も弁済，免除，供託は可能であるが相殺は不可という説明のつかない結果をもたらし，実体法が相殺に与える「実際的および体系的な関連」が無視されることを強調する[76]。

(3) これに対して，*Wolfram Henckel*（ヴォルフラム・ヘンケル）は，ライヒ裁判所判例の理由付けを支持する。*Henckel* は相殺権について，制度の沿革および立法者の意思を重視する。曰く，「1877 年の民事訴訟法の立法者は――1898 年改正法の法文における民事訴訟法と同様に――被告は相殺を主張するとは述べず，彼は抗弁により反対債権を提出すると述べた。したがって明らかに立法者は，反対債権はそれが訴訟において抗弁により提出されたことによりまだ消滅したのでなかったことから出発したのであり，むしろ判決まで反対債権がなお存在するものとして扱った。……単独意思表示による相殺を許す BGB の施行によって，しか

---

berg/Gaul/Schilken, Zwangsvollstreckungsrecht, 11. Aufl., München 1997, § V 2 b; *Rosenberg/Schwab/Gottwald*, Zivilprozessrecht, 16. Aufl., München 2004, § 154 Rdnr. 4; *Stein/Jonas/Münzberg*, Kommentar zur Zivilprozessordnung, 22. Aufl., Bd. 7, Tübingen 2002, § 767 Rdnr. 32; *Thomas/Putzo*, Zivilprozessordnung, 25. Aufl., § 767 Rdnr. 22a; *Wieczorek/Schütze/Salzmann*, Zivilprozessordnung und Nebengesetze, 3. Aufl., Bd. 4, 1. Teilband, Berlin/New York 1999, § 767 Rdnr. 55. 異なる見解を主張するのは，たとえば *Zöller/Vollkommer*, Zivilprozessordnung, 23. Aufl., Köln 2002, vor § 322 Rdnr. 64（ただし，一定の契約上の形成権おび消費者保護を図る撤回権については形成権行使の意思表示の時を基準とする）; *Schuschke/Walker*, Vollstreckung und vorläufiger Rechtsschutz, Bd. 1, Zwansvollstreckung, 2. Aufl., Köln/Berlin/Bonn/München 1997, § 767 Rdnr. 31.

76) たとえば，*Stein/Jonas/Münzberg*, a.a.O.（Fn. 75），§ 767 Rdnr. 37.

し，ZPO 767条2項の効力領域の変更は意図されなかった。このことは，すでに1900年1月1日以前にプロイセン法において，かつ裁判所の見解によれば普通法の法域においても，相殺は単独意思表示により実施され得たが，それにもかかわらず1877年民事訴訟法の686条（＝1898年改正民事訴訟法767条）の適用につき相殺適状の時点が決定的と見なされたことからまず明らかになる。それゆえ立法者は，単独の相殺実施を法律上承認することにより，ZPO 767条2項の解釈について疑問が生じ得るとは考えもしなかった。しかし他方，ZPO 767条2項の失権効の限界をずらすことは，相殺の実施についての民法典の規定の目的ではなかった。……相殺権者が相殺を決断した場合，彼は相殺の効力の時点に影響を及ぼすものではない。それゆえ，彼がいつ相殺を決断するかは，実体法上はどうでもよい。法律は彼に期間を設定していないが，熟慮期間も与えていない。債務者は，債権者が彼を立たせ，彼に履行を要求する場合，債務者は決断しなければならない。時間的な固定にとって決定的なのは，したがって，相殺の効力だけであり，相殺の意思表示ではない。相殺と法的に重要な時点および期間との関係を定める法律規定のすべてが，このことを確認する。」[77]

(4) *Henckel* に対し，*Hans Friedhelm Gaul*（ハンス・フリードヘルム・ガウル）は，形成権行使時説＝非失権説を強力に主張する。したがって *v. Tuhr* および *Lent* の見解に好意的である。彼は，相殺権と取消権（古典的形成権）の考察において，形成権の事後的行使が既判力原則（Rechtskraftprinzipien）と調和することを強調する[78]。これらの形成権の失権のドグマーティシュな理由づけが「既判力制度の保持」に求められる場合，これはすでに既判力原則の誤認に基づくと明言する。まず，相殺は一般的な既判力原則により失権しない。形成権は独立の権利としてZPO 322条2項の意味での提起された請求に対する裁判によって把握されておらず，請求認容判決の既判力は訴求債権が存在するという内容であり，訴求債権が将来形成権の行使により遡及的に消滅し得ないことを内容とするものではない，とする。

詐欺・強迫による取消権の事後的主張の場合にも，請求認容判決は将来の取消しの意思表示によって請求が遡及的に除去され得ないことを含意するものではない。裁判所は取消権者による取消権行使行為がなければ，取消権を発生させる事

---

77) *Henckel*, Materiellrechtliche Folgen der unzulässigen Prozeßaufrechnung, ZZP 74 (1961), 165, 171 ff.
78) *Gaul*, a.a.O. (Fn. 8), S. 141 ff.

実を考慮してはならないので，取消権者だけが法律行為の妥当または不妥当を決定する権限を有することが取消しの本質に属すると言う[79]。そこから，既判力の失権効により遮断される無効事由との対比により失権を理由づけることも根拠を欠くとの結論が導き出される。

　もっとも最近では，形成権行使時説＝非失権説も，債務者の濫用および重大な過失には，相殺権については ZPO 533条1号の類推適用により適切な場合にのみ相殺の主張を許し，その他の形成権については当事者が前訴において形成権の行使を怠ることにより自己の訴訟促進義務に違反した場合に ZPO 296条2項の類推適用により失権を行うことにより対処しようとする[80]。

7　近時のドイツにおける中間説

(1)　*Karsten Schmidt*（カールステン・シュミット）の見解　　*Karsten Schmidt* は，請求異議の訴えにつき基本的に形成権成立時説＝失権説に立つが，一定の形成権については既判力による失権を否定する[81]。彼は形成権行使時説＝非失権説の主張，すなわち，形成権能という法技術は形成権者に判断権能を認め，実体法上の形成効果を形成権能の行使によって初めて発生させるものであることを明確に認める。その上で，彼は，そのことは，形成権が前訴から見て防御方法であることを変えるものではなく，重要なのは ZPO 767条2項の自立的解釈（eine autonome Auslegung）であるのに，形成権行使時説＝非失権説に立つ論者はこのことを考慮していないと批判し[82]，次のように論じている。

　「決定的な問題は，形成権を認めることによって実体法により承認された決定自由に対し，ZPO 767条2項が訴訟上の限界を画していないかどうかである。この問題提起は，実体法上の決定自由と2項の規範目的の考量を必要ならしめる。その際，判例のように法律上根拠づけられる形成権と契約上のそれとを区別すべきではない。決定的な区別は形成権自体の性質にのみ存しうる。形成権が閉ざされた法律要件，たとえば，取消原因，相殺適状，解除原因，物の瑕疵，告知原因に基づかなければならない場合には，債務者は法律上当然に効力を生じる抗

---

79)　*Gaul*, a.a.O.（Fn. 8), S. 142.
80)　*Jauernig*, Zwangsvollstreckungs- und Insolvenzrecht, 21. Aufl., München 1999, § 12I ; *Lüke*, Zivilprozessrecht, 8. Aufl., München 2003, Rdnr. 591; *Musielak/Musielak*, a.a.O.（Fn. 75), § 322 Rdnr. 42; *Wieczorek/Schütze/Salzmann*, a.a.O.（Fn. 75), § 767 Rdnr. 55.
81)　MünchKommZPO/*K.Schmidt*, a.a.O.（Fn. 8), § 767 Rdnr. 80 ff.
82)　*Karsten Schmidt*, a.a.O.（Fn. 8), Vollstreckungsgegenklage, S. 500 ff.

弁（Einwendungen）の場合と同様に，この法律要件を必要な方法で——すなわち，ここでは形成権の（予備的）行使により——有名義債権に対して適時に持ち出さなければならない。形成権という法技術は，債務者をこの責務から解放しない。形成の意思表示の効果が時間的に固定しうる（fixierbar）形成原因，たとえば取消原因，相殺適状，物の瑕疵，履行不能の発生，契約違反等にかかる場合，この効果は2項の失権に服する。形成権が法律に基づくか，契約に基づくかは，そのためには重要でない。任意に，かつ一定の客観的法律要件を援用せずに行使され得る形成権（たとえば，オプション権，通常解除権または通常告知権）の場合は，事情が異なる。このような権利の行使は2項により失権しない。このことは，このような権利の行使が連邦通常裁判所と異なり解除権のように扱われる場合，訪問販売撤回法1条1項[83]，消費者信用法7条1項[84]，住宅用建築物の一時的利用権譲渡法5条1項[85]，隔地販売法3条1項[86]による撤回権にも当てはまる。なぜなら，この撤回権は，撤回権者が時間的に制限されて契約効の有利または不利に動くことを可能にするからである。この，将来民法361a条により解除権と形成される撤回権は，したがって2項により失権しない。この差別化は，結果のコントロールにも耐える。詐欺または違法な強迫に基づく取消権の劣悪な地位が不公正と非難される場合，次のように反論できる。すなわち，よりよい形成原因か，より悪

---

83) §1 Abs. 1 HaustürWG：「有償の給付を目的とする事業者との契約で，消費者が，1. 彼の仕事場又は私宅での口頭による交渉により，2. 契約の相手方又は第三者によって少なくともその者の利益のためにも実施された余暇の行事の際に，又は，3. 交通手段又は公的にアクセスできる交通路における不意の話しかけに続いて，これを締結するよう規定された場合，消費者には民法361a条による撤回権が帰属する」；2002年債務法改正による§312 Abs. 1 BGB：「有償の給付を目的とする企業と消費者間の契約で，消費者が，1. 彼の仕事場又は私宅での口頭による交渉により，2. 企業又は第三者によって少なくとも企業の利益のためにも実施された余暇行事の際に，又は，3. 交通手段又は公的にアクセスできる交通路における不意の話しかけに続いて，これを締結するよう規定された場合（訪問販売），消費者には民法355条による撤回権が帰属する。」

84) §7 Abs. 1 VerbrKG：「消費者には民法361a条による撤回権が帰属する」；2002年債務法改正による§495 Abs. 1 BGB：「消費貸借の借主には消費者消費貸借契約の場合，355条による撤回権が帰属する。」

85) §5 Abs. 1 TzWrG：「消費者には民法361a条による撤回権が帰属する」；2002年債務法改正による§485 Abs. 1 BGB：「消費者には一時的な居住権契約の場合，355条による撤回権が帰属する。」

86) §3 Abs. 1 FernAbsG：「消費者には民法361a条による撤回権が帰属する」；2002年債務法改正による§312d Abs. 1 BGB：「消費者には隔地販売契約の場合，355条による撤回権が帰属する。」

い形成原因か (bes-sere oder schlechtere Gestaltungsgründe) が問題なのではなく，形成権者に浮動状態を保証しようとする形成権と，完結した法律要件の形式主義的な援用と同視されるような形成権の区別が問題なのである。詐欺や強迫を受けた者（民法 123 条）は，良俗に反して不利益を受けた者（民法 138 条）と同様に失権に服する」[87]，と。

　この K. Schmidt の見解に対しては，Gaul（ガウル）が的確な批判を述べる[88]。Gaul はまず，事実関連的な形成権と無効原因に基づく権利障害的抗弁との等置という前提が維持できないことを強調する。すなわち ZPO 322 条 1 項による請求の確定的認容は，請求が将来の出来事（形成権行使の意思表示）によってもはや遡及的に除去され得ないことを含意するものでないこと，形成権は法律行為を妥当させるか否かの決定を形成権者にさせることを本質とするので，形成行為がないのに裁判所が形成権を根拠づける事実を顧慮することは許されないこと，K. Schmidt 自身も，「現行法は形成権の効果をその行使に結び付けていることから出発しながら，事実関連的な形成権と無効原因に基づく権利障害的抗弁との等置をしており，一貫しない」ことを指摘する。次いで，「『任意に』行使しうる形成権の方が，法律が被害者に，法律上用意された期間内は『任意の』行使を委ねる，詐欺または違法な強迫に基づく形成権のような，法律上特別に正当化された形成権よりも容易に実現できるべきだという結論は，奇異な印象を与えざるを得ない」と，Gaul は言う。

　(2)　**Weinzierl の見解**　　Weinzierl は，K. Schmidt と部分的に似た見解を主張する。すなわち，Weinzierl は，失権問題の解決が対応しなければならない要求として，失権に対する実体法上の疑念と，請求異議の排除を支持する訴訟上の論点とを考慮に入れた折衷的な解決が不可欠だとする。その際，彼女は，既判力の意義の大きさから見て，失権の有無を個別訴訟における裁判官の決定に委ねることはできないこと，および，個々の形成権ごとの解決も説得的でなく，形成権の類型化が必要だとする。形成権の類型化は種々の基準により可能であるが，当面の問題では，基礎となる評価に関して，失権が統一的に肯定または否定されるよう形成権がカヴァーされるような類型を明らかにする課題が生じるとする。その際，扱いやすい基準によりグループを限界づけ，彼女の論文で扱われない形成権をも組み込みうることが不可欠である，との見方が示される。

---

87) MünchKommZPO/*K.Schmidt*, a.a.O.（Fn. 8），§ 767 Rdnr. 80 ff.
88) *Gaul*, a.a.O.（Fn. 8），S. 150.

このような出発点から，彼女は，実体法は，債務関係の効力が当事者の意思表示以外の何にも依存しないことを特徴とする「単純な形成状態（eine einfache Gestaltungslage）」を要件とする形成権と，「制限的な形成状態（eine qualifizierte Gestaltungslage）に連結された」形成権を区別する。前者は，形成権の成立が一定の原因を必要とせず，むしろ形成可能性がもともと債務関係に内在する制限をなしており，これによって当事者の法律行為による拘束が緩められる。ここでは債務関係を除去しまたは維持する形成権者の意思が決定的であると言う。これに属する形成権の例は，訪問販売撤回法1条1項または消費者信用法7条1項による撤回権（Widerrufsrecht）や契約延長のオプション権であるとする。後者にあっては，形成権は一定の原因があって初めて発生するのであり，この場合に立法者は，そうしようと思えば決定的な事情に法上当然に効力の生じる法律効果を与えることもできたのであるが，債務関係の存続か否かを一方当事者の自由な決定に委ねることによって，債務関係に根差すのでない特別の事情を要件としてこの事情に考慮を払う。したがって，ここでは第一次的には法律関係を一定の出来事に適合させる可能性を当事者に与えることが重要であり，債務関係の効力を取引当事者の一方の任意にすることが重要なのではないとする。後者に属する典型的な形成権として，錯誤による取消権（ドイツ民法119条），詐欺・強迫による取消権（ドイツ民法123条），相殺権（ドイツ民法387条以下）が挙げられる。単純な形成状態を要件とする形成権の場合，決定的な要素は当事者の意思決定であり，標準時前に形成権に連結される制限的な形成状態は問題にならないから，標準時後の形成権の行使はZPO 767条2項によって失権せず，これに対して「制限的な形成状態に連結された」形成権の場合には，結局はZPO 767条2項による失権効を受けると言う[89]。

もっとも Weinzierl は，この結論を導くのになお慎重であって，とくに制限的形成状態に連結される形成権が失権に服する場合に実体法上いかなる疑念が残るかを調査すべきだとして，実体法が定める形成権の除斥期間との関係へと考察を進める。つまり，失権によって事実上除斥期間が短縮されることになるし（これは非失権説が強調する論点である），実体法上の期間が進行を開始する前に失権が生じることも考えられ，実体法との抵触が生じ得る。問題は，この実体法との抵触が訴訟上の失権の必要性と，制限付き形成状態をもつ形成権の特殊性とを援用す

---

89) Weinzierl, a.a.O. (Fn. 8), S. 114.

ることによって正当化されるか，それともここで問われている失権を断念することが必要なのかどうかという観点が重要だとする。だが，この問題に答える前に，実体法上の形成権行使期間が追求する目的，その際，実体法は形成権者の利益保護にいかなる意義を認めているか，とりわけ既判力による失権と比較できる価値決定がこの行使期間の問題において確定できるかという，従来軽視されてきた問題の解明を要するとして[90]，まず実体法上の形成権行使期間の意義が検討される。

　実体法が形成権の行使に時間的リミットを設定する理由は，*Weinzierl* によれば，相手方に不利な浮動状態を終結させ，期間経過後にはもはや形成権を行使できないようにするということである。そこには法取引の安定性・容易さに対する社会の利益への配慮が見られる。加えて，個々の形成権の特殊性に対応した行使期間の特別の目的も示され得ると言う。期間のいくつかは時の経過によって事実関係が変り，そのため証明の困難が生じるという事情に考慮を払っていると言う。他方，形成権者の利益の顧慮も問題になるが，ここでは認められた行使期間の長さが重要であるとする。結論的には，単純な形成状態に連結された形成権のほか，制限的な形成状態に連結された形成権の場合でも，相対的な，すなわち知不知に依存した行使期間に連結されている形成権，または，相対的な行使期間に加えて 30 年の絶対的な，すなわち知不知に依存しない行使期間に服する形成権が標準時後かつ期間経過前に行使されて生じる権利の滅却または行使阻止は，既判力によって失権しないとする[91]。

　Weinzierl の見解は，形成権成立時説＝失権説に立つ判例の見解と比較すると柔軟な扱いを目指すものとして興味深い。しかし，法律は形成権の効果を形成権者によるその行使にかからしめているのであり，形成権行使前は攻撃防御方法または請求異議訴訟の異議原因は生じないのであるから，単純な形成状態と制限的な形成状態を区別し，後者の大部分を無効原因に基づく権利障害的抗弁と同じように扱う *Weinzierl* の見解は法律上の基礎を欠くように思われる[92]。また，権利実現の引延しの防止という訴訟法の関心との関係でも，両者を区別する意義は認められないであろう。単純な形成状態に連結された形成権を行使することは形成権者にとって極めて容易であって，他に特別の理由がない限り，このような形成

---

90) *Weinzierl*, a.a.O.（Fn. 8），S. 115-116.
91) *Weinzierl*, a.a.O.（Fn. 8），S. 124 ff., 133.
92) Vgl. *Stein/Jonas/Münzberg*, a.a.O.（Fn. 75），S. 615 Fn. 290.

権の行使効果の主張を標準時後も認めなければならない理由が明らかでないからである。

8 私　見

(1) **個々の形成権についての個別的評価の必要性**　　まず，問題検討の方法として個々の形成権の内容に即した検討が妥当なのか，それとも形成権一般に妥当する理論が追及されるべきなのかが問われなければならない。形成権は形成権者の意思表示によるその行使によって法律関係が新たに形成されることに目的と特徴があり[93]，これはすべての形成権に共通するから，既判力効の問題についても形成権一般について共通の理論展開がなされうるならば，それ自体として非常に望ましいことに違いない。しかし，個々の形成権は，本稿の冒頭にも述べたように，法的に種々の存在理由を有しているし，除斥期間の制限に服するものもあれば，そうでないものもある。形成要件が法律によって定められているものもあれば，そうでない形成権もある。そのため形成権が問題になっているということから，標準時後の形成権行使効果の主張について一律に問題解決を図ることは決して合理的でないと考えられる。そこから一部の学説は，類型的考察を主張する。前に見た *Karsten Schmidt* や *Weinzierl* の見解もこれに属する。もっともその場合には，グループ形成の基準が妥当であるか否かが，直ちに問題になる。形成権が閉ざされた形成要件に連結されている場合と，形成要件への連結がなく形成権者の意思表示のみによって形成の効果が生じる場合とを区別し，前者については無効事由と同じく標準時前の行使とその効果の主張が要求されるとすると，形成権行使時説＝非失権説が主張するように，訴訟という相手方の決めた時点で形成権を行使することを強いられ，形成権者が形成要件についての訴訟資料と証拠方法を十分に収集することができないために不十分な主張立証により排斥されてしまうという不当な結果が生じ得る。逆に，形成要件に連結されていない形成権の場合には，形成権者はいつでも容易に形成権を行使して，その効果を防御方法として主張することができるにもかかわらず，前訴においてこれをしなかった場合に標準時後に形成権行使効果を主張できるというのは，果たして合理的なグループ形成であるのか，はなはだ疑問である。

それゆえ，当該形成権の標準時後の行使が既判力の保護または迅速な執行とい

---

[93] Vgl. *Arens*, JZ 1985, 751（752）; *Musielak/Musielak*, a.a.O.（Fn. 75），§ 322 Rdnr. 41.

う目的と合致し得るか否かについて，当該形成権の内容，存在理由および訴訟状況に即した個別的評価に基づき明らかにすることが必要であると考える[94]。Weinzierl は個々の形成権ごとの解決は説得的でないとする。しかし，たとえば相殺権と取消権はいずれも法律の定める限定的な形成状態に連結されているが，相殺権は反対債権の自力救済的実現の機能を有する点で非独立的な形成権である取消権とは異なる特性をもつ。この点を考慮しないのは不当である。それゆえ個々の形成権の内容に即した個別的評価の重要性を確認することができる。

(2) **親実体権的解釈** 訴訟法規範の適用に当たり，可能ないくつかの訴訟法規の解釈のうち実体権（実体法）の実現を最もよく保証する解釈を優先させるべきだとする訴訟法解釈理論として，ドイツで有力に主張されているのが親実体権的解釈である。この原則は，実体法（実体権）に奉仕するという民事訴訟法の機能から導かれる。すなわち，実体法の命令を妨げ，または消去することは民事訴訟法の使命でないので，親実体権（親実体法）的解釈が要請される，とされるのである。

この原則は，ドイツ連邦通常裁判所も採用しているものである。曰く，「手続法上の規律（verfahrensrechtliche Regelungen）は，権利追求者に権利の追求を容易にする目的に仕えるのであり，それを困難にするのに仕えるのではない。それゆえ訴訟法上の規制の解釈に当り，概念的考慮は，当事者に争訟の裁判のため，法的平和の回復のため迅速で確実な道を開くという要請の背後に退かなければならない」[95]。「手続規定は結局，訴訟関係人の実体権の維持（Wahrung）に奉仕する。したがって，訴訟法規はすべての関係人の権利の維持による訴訟の異論のない実施を確保すべきであり，これを阻止すべきでない」[96]。

親実体権的解釈によれば，形成権行使効果の主張を既判力によって失権させることは，表面的には親実体権的解釈の原則に全く反するかに見える。このことを

---

94) 同旨，*Gaul*, a.a.O.（Fn. 8），S. 138 ; *Rosenberg/Gaul/Schilken*, a.a.O.（Fn. 75），§ 40 V 2b.

95) BGHZ 34, 64. 親実体権的解釈については，*Schumann*, Die materiellrechtsfreundliche Auslegung des Prozeßgesetzes, Festschrift für Larenz, München 1983, 571 ff.; *Stein/Jonas/Schumann*, Kommentar zur Zivilprozessordnung, 20. Aufl., Tübingen, Einl. Rdnr. 68; *Sein/Jonas/Brehm*, Kommentar zur Zivilprozessordnung, 22. Aufl., Bd. 1, Tübingen 2003, Einl. Rdnr. 92 ff.; *Zöller/Vollkommer*, Zivilprozessordnung, 23. Aufl., Köln 2002, Einl. Rdnr. 92 ff. を参照。

96) GmS-OGB BGHZ 75, 340 ff.（348）. 他に，BGH 101, 134 ff.（137）; 105, 197 ff.（201）を参照。

主張する見解も現に存する[97]。たしかに，親実体権的解釈は訴訟法の解釈に当たり尊重されるべきそれ自体非常に重要な視点の1つであることには疑いがない。しかし，この解釈原則は当面の問題を決定的に支配するものであるかは，非常に疑わしい[98]。留意すべきは，親実体権的解釈は訴訟法規解釈基準の1つであり，全部でないことである。民事訴訟法自身，たとえば擬制自白に関する規定のように，実体権の実現に反し得る規定を置いており，それは実体権の実現とされる訴訟の機能と合致しない評価や目標設定を基礎としている。既判力はその典型例である。既判力は，実体法状態と合致しない危険を犯してでも，確定判決の判断に内的存続性を付与するものであり，それによって勝訴当事者の保護，法的安定性，法的平和の保持，および訴訟経済の確保を図ることをその基本思考とする。さらに，時機に後れた攻撃防御方法の却下のように，訴訟促進を目指す手続内の失権規定も存在する。このような規範のすべてについて親実体権的解釈の原則を直ちに優先させようとすると，一定の特別の訴訟状態に合わせた詳細な規定が親実体権的解釈のためつねに最小限にまで縮減されることになるという不合理な結果になる。親実体権的解釈を無制限に貫けば，既判力や訴訟内の失権というような訴訟法上の制度は存在を許されなくなるのであるから，民事訴訟法はいかなる犠牲を払ってでも実体法の実現を追及しているとは言えないことは，否定し難い。このことは個々の訴訟法規の解釈の際，考慮されるべきである。親実体権的解釈原則が他の訴訟上の解釈基準との関係でどのような重みが持つかが，個々の場合に評価的考察によって明らかにされるべきである。とくに調査されるべきことは，既判力による形成権の失権に対する実体法上の疑念が体系的，目的論的考量を飛び越え得るほど重大かどうかということである。

　Weinzierl は，さらに既判力による失権が実体法と衝突するのは被告に実際に形成権が帰属している場合であり，不当に形成権が主張される場合には失権は実体法の利益になるが，失権が一般的に否定されることによって既判力はあらゆる場合に減価されること，失権が事実上形成権を遮断する場合には，実体法上の疑念は重大であり，遮断は被告にとって著しい過酷となること，および，被告がたとえば不当利得返還請求の訴えを提起する前に，著しい費用リスクに鑑み形成権の有無を確かめるので，過失によって不当利得返還請求や損害賠償請求の訴えが

---

97) 現にこれを主張するのは，*Schumann*, a.a.O.（Fn. 95），S. 571 ff.; *Gaul*, a.a.O.（Fn. 8），S. 145 である。
98) 以下については，*Weinzierl*, a.a.O.（Fn. 8），S. 81 ff.

提起される危険はさほど大きくないことを指摘する。

いずれにせよ既判力による形成権の失権の問題において，既判力の保護や法的安定性の確保というような訴訟法上の基準にも，親実体権的解釈にも等しく重みが認められるべきであって，そのいずれか一方をして決定させることはできないと言うべきである。形成権には種々のものがあるから，個々の形成権の内容に即して，実体法，既判力の制度の目的およびその他の体系的考慮を正当に評価することが試みられるべきであろう。

(3) **武器対等の原則との関係** 非失権説が訴え提起の時期を自由に選択できる原告と較べ，被告は訴え提起後に防御の準備をしなければならないため，形成権の成立要件に該当する事実を具体的に主張し，必要に応じてこれを証明することができず裁判所により形成権行使の実体法上の効果の発生が認められず，その結果形成権が無意味に失われるのと同じ結果が生じることは武器対等の原則に反するということを強調していることは，すでに指摘した[99]。この視点も極めて重要であることは疑いを入れない。しかし，この観点もどのような形成権についても，またどのような状況においても一律に妥当すると見ることはできないであろう。たとえば，取消権や解除権者が初めから原告の主張する法律行為の成立を争い，または法律行為の無効を主張する場合のように，被告が法律行為を維持することを視野に入れていない場合には，取消権や解除権を行使するか否かの熟慮期間を与え形成権者を保護しなければならないという議論は現実性を失う。このような場合には，取消権や解除権の行使を前訴において求められても不合理とは言えず，武器対等の原則に反するとまでは言えないであろう。これに対して相殺権については，この形成権が訴求債権と全く異なる事実関係から発生している限り，被告が自己に不利な時点に相殺権の行使を強いられることは不合理であり，不当と評価されなければならない。それゆえ，ここでも個々の形成権の既判力による失権の有無に関して，武器対等の原則を侵害しないような解釈が要請されると言うべきであろう。

(4) **私見** 実体法上の問題としては，形成権は法律上，法定追認や相手方からの行使催告が認められているような場合を除き，除斥期間内は自由に行使できることが認められなければならない。訴えの提起が形成権行使催告と同視できるというような解釈も，形成権の実体権性から見て安易すぎる。確定判決による

---

99) 前述52頁以下参照。

請求の認容は，将来の出来事（形成権の行使）によって遡及的に除去されえないということまで含意するものではない。これが出発点である。その上で，形成権の行使が訴訟と関わりをもつとき，何らかの訴訟上の行使の制約が生じるか否かが問われるべきである。この点で考慮すべきは，民事訴訟法が充実した審理と迅速な手続の進行のために定める措置である。民事訴訟法は，当事者に訴訟促進に協力すべき義務を課し（民訴2条），攻撃防御方法の適時の提出を要求し（同156条），準備的口頭弁論終了後や弁論準備手続終了後に初めて攻撃防御方法の提出があった場合，相手方はこれを提出する当事者に対して説明を求めることができるとし，この場合当事者は相手方に対してこれらの手続の終了前に提出できなかった理由を説明しなければならないとしている（同167条・174条）。

　標準時後の形成権の行使による法律関係の変動の主張が後訴において無制限に許されるとすると，訴訟審理の迅速化を図った民事訴訟法の意図に反して，請求異議の訴えによって債権者の権利実現の引延しを図る手段として債務者によって利用され得るほか，不当利得返還請求の訴えによって権利実現の結果の覆滅を図る手段に用いられる危険が生じる。また，一方において係属中の訴訟における形成権の行使効果の主張が時機に後れた防御方法として却下されるが，他方において，標準時後に形成権を行使した場合には既判力によって失権せず，後訴において無制限に主張できるというのは，甚だ不均衡であり，奇異であることは否定できないであろう。前訴における訴訟促進義務は，一般論としては標準時後の形成権行使の場合にも及び得ると解すべきである。

　そこで，確定判決が言い渡された前訴手続における訴訟促進義務が形成権行使効果の主張の既判力による失権を要請するか，要請するとすればいかなる理論的根拠によってであるか，かついかなる範囲においてであるかという問題について，個々の形成権ごとに検討する必要がある。以下では章を代えて，この問題を検討しよう。

V　標準時後に行使された形成権の行使効果の主張と既判力 ——個別的検討

1　標準時後の相殺権の行使

(1)　標準時後の相殺権の行使について，多数説は相殺適状が標準時前にすでに発生していた場合にも，標準時後に形成権を行使して債権者の債権の消滅を後訴

(たとえば請求異議の訴えや債務不存在確認の訴え)において主張することは適法とする。その理由として，①被告の反対債権は訴求債権の成立原因に付着する「瑕疵」ではなく，また相殺によって被告も自己の債権の消滅という犠牲を被るので標準時前に行使するよう期待することができないといった理由が挙げられる。また，②標準時後の相殺による訴求債権消滅の主張の既判力による失権を認めても，前訴被告(Y)が提起した反対債権の履行請求訴訟において前訴原告(X)が相殺の抗弁を提出すれば，Yの債権は消滅し，Yは敗訴することになるが，Yはこの訴訟におけるXの相殺権行使によるXの債権の消滅を標準時後に生じた異議事由としてXを被告として請求異議の訴えを提起することができる。それゆえ，既判力によりYの相殺権行使の効果の主張を遮断しても，結局は以上のように請求異議の訴えの提起が許されるため，Yの相殺権行使を許したのと変らなくなること，また，XがYの提起した訴訟で相殺の抗弁を提出しない場合にはYがXに対して債務名義を取得することになり，その結果，相互に執行手続を残すことになり簡易な決済機能をもつ相殺制度の存在理由に反すること[100]，③標準時後の相殺権の行使による訴求債権消滅の主張は，標準時に訴求債権が存在するという確定判決の判断と全く抵触するものではないから，既判力により遮断されないという理由づけ[101]が主張されている。

最近では反対に，相殺権行使の効果の主張は既判力によって失権することを肯定する見解も主張されている。後者は失権が認められても，反対債権は別訴によって主張できるから，被告にとって必ずしも重大な不利益が生じないことが強調されている[102]。

(2) 標準時後の相殺権の行使については，相殺の防御機能だけ見ていると，むしろ形成権成立時説＝失権説も十分成り立つ見解であるように思われる。相殺に供される反対債権が訴求債権との関連性を有しない債権である場合にも，被告は訴求債権の存在を争いつつ，裁判所が訴求債権の存在を肯定する場合のために予

---

100) 都築弘「既判力の遮断効」法律のひろば295号（1981年）23頁，28頁。
101) 伊藤・前掲注44) 475頁（ただし，信義則による相殺の主張の制限の余地を認める）。
102) 塩崎勤「既判力の標準時後の形成権の行使に関する一試論」司研75号（1985年）1頁，31頁以下；坂原正夫・前掲注10) 11頁，33頁。また，古くは，雉本朗造「請求に対する異議の訴え」同『民事訴訟法の諸問題』（1955年・有斐閣）391頁以下；松岡義正『強制執行要論上巻』（第2版，1925年・清水書店）644頁以下が，標準時後の相殺権の行使を請求異議の訴えの原因とすることはできないとしていた（雉本博士は，相殺権についての考えをその他の形成権に推及する）。

備的に相殺の抗弁を提出することは被告にとって容易だからである。このように容易に予備的相殺の抗弁を提出できるのに，これを怠り判決において相殺が顧慮されなかった場合に，標準時後の相殺権行使効果を主張することが既判力により遮断されるとしても，反対債権を行使して相手方に対して給付を請求することができるから，甚だしい不利益はないとも言うこともできる。したがって，多数説の①の理由づけは十分とは言えない。

③の理由づけは，あまりにも形式的である。相殺の抗弁により被告の反対債権が訴訟物となるのではないから，標準時後の相殺の効果を主張する後訴が確定判決の既判力ある判断を否定していないことは当然である。しかし，問題は既判力自体ではなく，既判力の作用としての失権効である。標準時後の相殺による訴求債権消滅の主張が許されると，相殺による対当額での訴求債権の消滅は相殺適状の発生時に遡って生じるので，確定判決が既判力により確定した訴求債権の存在も結果として事後的に否定されることになる。

それでは，②の理由づけはどうか。前訴被告が提起した反対債権の弁済を求める訴えに対して被告（前訴原告）が前訴の訴求債権を自働債権とする相殺の抗弁を提出する場合には，たしかに標準時後の相殺権行使効果の主張を許す場合と同じ結果になることがあるかもしれない。しかし，常にそうなるとは限らない。前訴原告が先に訴求債権の満足を得ていたような場合には，もはや相殺の可能性はないし，また前訴原告はまだ自己の債権の満足を得ていない場合でも相殺の抗弁を提出しないでおくことができる。そして，前訴原告は自己の権利の迅速な実現を得ることに利益を有する。

相殺権について法律が行使期限を設けていないことは，日本の文献では，債務者がいつでも，したがって既判力の標準時後でも相殺権を自由に行使できる根拠とされるけれども，この点は反対に考えることも可能である。すなわち，相殺権の期間を設定していない法律は，相殺権者に熟慮期間も与えていない。債権者が被告に債務の履行を要求する場合，債務者は相殺権を行使するか否かを決断しなければならない。したがって，時間的な固定にとって決定的なのは，専ら相殺の効力であり，相殺の意思表示ではない，と論ずることも論理的には可能である[103]。

(3) 以上のように相殺の防御機能だけを視野に入れると，形成権成立時説＝失

---

103) *Henckel*, a.a.O. (Fn. 77), S. 172 f. はこのような論述を展開している。

権説にも一理あるように見える。しかし，この説にも問題がある。すなわち，この説によると，原告の訴え提起に応じて，相殺権者は十分に訴訟資料，証拠方法を収集する前に相殺権行使を強いられる可能性があり，その結果，相殺をしたものの反対債権の成立を証明できない場合には証明責任法則の適用により相殺の抗弁が排斥され，民訴法114条2項に従い，反対債権の不存在が既判力により確定してしまう危険に晒される[104]。民法は相殺を，弁済，供託，免除とならぶ債務消滅の同等の手段として位置づけているにもかかわらず，口頭弁論終結後の弁済や供託を抗弁として主張することは許されるが，相殺はもはやできない理由は明らかでない[105]。また，債権者の資力がその間に悪化していたなら，相殺権者（債務者）は，自働債権が消滅しないといっても，それに劣らない不利益を受けるので，相殺の権利実現機能や担保的機能が害されることになる。しかし，担保的機能の軽視は許されないであろう[106]。

(4) 問題の解決は，したがって相殺権行使時期の選択についての相殺権者の利益および相殺の権利実現機能・担保的機能の面を考慮に入れたものでなければならない。

　訴求債権と異なる事実関係から生じる反対債権（関連性のない反対債権）と，訴求債権と同じ事実関係から生じる反対債権（関連性のある反対債権）を区別すべきであろう。後者については原則として前訴において相殺権を行使しておくべきである。同一事実関係から生じる反対債権である以上，反対債権の成立に関する訴訟資料も訴求債権に対する防御活動から得られるので，訴訟資料の収集面において相殺権者に不利益が生じないからである。もっとも，この場合にも，相手方が無資力になったというような特段の事情がその間に発生した場合には，相殺権の担保的機能に鑑み，後訴における相殺の主張もなお許されると解すべきであろ

---

[104] *Lent*, a.a.O. (Fn. 69), S. 870 f.; *Otto*, Die Präklusion, Berlin 1970, S. 164; *Stein/Jonas/Münzberg*, a.a.O. (Fn. 75), § 767 Rdnr. 37; *Rosenberg/Gaul/Schilken*, a.a.O. (Fn. 75), S. 471.

[105] もっとも，ドイツ法について *Schilken* が指摘するように，相殺は事後的な弁済と直ちに同視することはできない。相殺は2つの債権相互の犠牲によってのみその消滅をもたらすのに対して，弁済は直接支払いによって債権の全面的な満足をもたらすからである。せいぜい反対債権に争いがないか，または直ちに証明できる場合（つまり liquid な場合）に，そのような反対債権による相殺だけが弁済に近いと言うことができる。だが，ある事由が請求異議事由としての適格性を有するか否かは，訴訟における証明可能性に依拠するものではない。

[106] *Stein/Jonas/Münzberg*, a.a.O. (Fn. 75), Rdnr. 37.

う。これに対して，関連性のない反対債権による相殺の場合には，事情は異なる。この場合には，相殺権者には相殺権行使時期の選択が許されるべきであり，それゆえ既判力効により遮断されないと解すべきであろう。

2 標準時後の取消権の行使

(1) 民法に定められている，いわば古典的な取消権について，すでに見たように今日の判例および学説の支配的見解は，取消権の要件が標準時前に存在する限り，標準時後にこれを行使して後訴（たとえば請求異議の訴え）を提起することは不適法だとする。その理由として，取消原因は法律行為自体に付着する瑕疵であり，より重大な瑕疵である無効事由が既判力によって失権する以上，それより軽い瑕疵である取消事由が既判力によって失権すべきは当然であることが挙げられている。また，訴訟との関連での取消権の実体的消滅の可能性も指摘されている。すなわち，民法が定める追認または法定追認による取消権の消滅（民法122条・125条），相手方のイニシアティブによる取消権の消失（民法19条1項・2項）のほか，これと同視できる場合には取消権行使責任を負わせてよいとし[107]，したがって，取消権の行使期間内であっても取消原因のある法律行為に基づき債務の履行を求める訴えが提起され，訴訟が係属すると，原告である取消権者については法定追認（民法125条2号）を認め，取消権者が成年被後見人や未成年者である被告の場合には相手方の履行請求の訴えが取消権行使の催告を含み，口頭弁論の終結によって相当期間の経過があると認められれば取消権が実体上消滅することを認めてよいとされる[108]。

このように，取消権について標準時後の権利行使とその効果の訴訟上の主張が既判力によって排斥されないとする見解は，今日の日本の学説では影を潜めたようである。

(2) 詐欺や強迫による取消しは既判力により遮断されるとするが，詐欺や強迫が継続しているため取消権者が取消権の行使を妨げられた場合には，詐欺や強迫が止んだ時が基準となるとする見解も主張されている[109]。すなわち，*Ernst*（エ

---

[107] 中野・前掲注1）論点Ⅰ 259頁；河野・前掲注62）135頁。

[108] 中野・前掲注1）論点Ⅰ 259頁。

[109] 小山・前掲注14）判評 271号 49頁；*Ernst*, Gestaltungsrecht im Vollstreckungsverfahren, NJW 1986, 401, 404; *Zöller/Herget*, Zivilprozessordnung, 20. Aufl., Köln 1997, § 767 Rdnr. 12.

ルンスト）は，この場合には，詐欺・強迫のため前訴において取消権を行使できなかった被告が執行に対して防御できなければならないことは疑問の余地のないことであり，問題はその方法にあるとする。判例は，強制執行の差止めを求めるドイツ民法826条による悪意の訴え（Arglistklage）を許すことにより救済を図る[110]。他の方法は，言うまでもなく，請求異議の訴えである。ここでは，被告がもはや強迫のもとになく，または欺罔を発見した場合に，取消原因が発生するとされる。*Ernst*は，請求異議の訴えを許す場合にも，詐欺または強迫が前訴原告に帰せしめられること，およびそれが判決と因果関係にあること，したがって悪意の訴えと同じ要件を要求されるべきだと主張する[111]。また，山本和彦教授は，欺罔または強迫が続いている間は時効も進行しないこと（民法126条・124条1項）に鑑み，「法律が定型的に権利行使を不能と認めている場合として，既判力が縮小し，例外的に遮断されないものと解すべき」[112]だとする。

(3) 私見は基本的に形成権成立時説＝失権説に立つ。債務者は実体法上，取消権の行使を差し控え，取消権を行使するか否かをなお熟慮することができる場合であっても，前訴において取消権を行使しなかった合理的な事情を説明できない限り，後訴における取消権行使効果の主張は顧慮され得ないと解すべきである。取消権は訴求債権と同じ事実関係を基礎とする権利であり，訴求債権の存否が争われる場合，訴求債権の成立原因，権利障害的抗弁および権利滅却の抗弁について主張しておくことが求められる以上，前訴において取消権の行使を求められても通常は取消権者に酷とは言えないであろう。

これに対して詐欺が継続しまたは強迫が続いていたため取消権の存在を知らず，または取消権を行使し得なかったときは，取消権者はこのことを弁明できれば，後訴において取消権行使効果の主張を許されなければならないと解すべきである。山本(和彦)説のように，欺罔または強迫の継続をもって既判力の範囲の縮小事情とすることは既判力を不安定ならしめ，既判力制度の根幹を揺るがすものであり，支持することはできない。

(4) 以上の結果は消費者契約法上の取消権についても妥当する。

消費者契約法は，まず，誤認による消費者の意思表示について次の3つの場合に，事業者から誤認させられたため契約の申込みまたは承諾の意思表示をした消

---

[110] RGZ 61, 359 (365); BGHZ 50, 115; BGH NJW 1983, 3217 f.
[111] *Ernst*, a.a.O. (Fn. 109), 405.
[112] 山本・前掲注6)『民事訴訟法の基本問題』211頁注 (20)。

費者に自己の意思表示を取り消す権利を与えている。すなわち，重要事項の不実告知による告知内容が事実であるとの誤認（消費契約4条1項1号），断定的判断の提供による断定的判断内容が確実であるとの誤認（同条同項2号）および不利益事実の故意の不告による当該事実が存在しないとの誤認（同条2項）である。次に，事業者が消費者契約の勧誘の際に，当該消費者が当該事業者に対してその住居またはその業務を行っている場所（職場）から退去すべき旨の意思を示したのに退去せず（不退去），または勧誘場所から退去する旨の意思を当該消費者が示したのに退去させず（監禁），消費者を困惑させて申込みまたは承諾の意思表示をさせた場合には，消費者は意思表示を取り消すことができる（困惑による意思表示の取消権，同4条3項）。さらに，事業者から消費者との契約締結の媒介の委託を受けた第三者（仲介業者）が消費者を誤認させる行為や困惑させる行為を行った場合，事業者自身が行ったのと同様に，消費者は意思表示を取り消すことができる（同法5条1項）。消費者の代理人，事業者の代理人および仲介業者の代理人は誤認による取消権や困惑による取消権に関して，それぞれ消費者，事業者または仲介人と見なされる（同法5条2項）。

　以上は，消費者と事業者との間の情報の質および量ならびに交渉力の格差の存在を正面から認めて，事業者がこの格差を濫用して消費者と契約を締結した場合に消費者の正当な利益の擁護を図ることを目的とするものである（同法1条参照）。

　取消権は，消費者が意思表示を追認することができるとき，したがって誤認させられたことを知ったとき，または困惑状態を脱したときから6ケ月行使しないと時効により消滅する。契約締結から5年を経過した場合も同様である（同法7条1項）。取消権は意思表示によって行使される。意思表示が取り消されると，民法上の取消権と同じように，意思表示（契約）は初めに遡って無効となる。取消しによって両当事者に原状回復義務が生じる。したがって，代金の支払いや商品の引渡しがすでに行われている場合には，代金や商品の返還が必要となる。

　前訴である債務の履行請求訴訟において被告たる債務者がこの消費者契約法上の取消権を行使せず，したがって，その行使効果である契約の無効を主張せず，確定した敗訴判決を受けたのち取消権を行使し，債務が消滅したことを主張してたとえば請求異議の訴えを提起して執行力の排除を求めることができるか。消費者保護のために特別に認められた取消権であることから当然に既判力による失権の余地はないとする解釈は，形成権行使時説＝非失権説に立たない限り，民法上の取消権との整合性を欠く。もちろん，消費者契約法上の取消権は，その要件か

ら明らかなように、消費者と事業者との間の情報および交渉力の格差を濫用して事業者が消費者と契約を締結または一方的に有利な契約を締結した場合に消費者の権利を回復するという消費者保護目的を有する。既判力による失権が認められる場合には、この法律の消費者保護目的が容易に挫折してしまうのではないか、それゆえ、既判力にもかかわらず標準時後の行使効果の主張を許すべき必要性が大きく、またこのような取引方法を用いる事業者が相手方の訴訟促進義務に依拠できる基礎を有していないのではないかという疑問もある。しかし、前訴時点では被告が誤認させられたことを知らなかったこと、または困惑状態を脱していなかったことを主張する場合には、私見によっても、消費者契約法上の取消権を標準時後に行使して、その効果を主張する請求異議訴訟において取消しの効果を主張することは既判力の失権効によって遮断されないので、消費者契約法の目的が害されることもない。

3 標準時後の解除権の行使

(1) 学説を見ると、山本和彦教授は、法定解除権および「事実原因型解除権」について原則として「後訴での解除権の主張」の失権を肯定し、当事者が「状態型の解除権」を合意により創出している場合、または標準時後に新たに解除権が発生している場合には既判力効を否定する。なお、山本（和彦）説において特徴的なのは、解除権の主張の既判力による失権が酷な場合にも、それは解除権に特有の問題ではなく、「既判力の縮小論」の問題として処理するとされる点である。

伊藤眞教授は、前述のように、契約の解除は標準時における契約上の権利関係の存在を前提としており、その遡及的消滅は解除の実体法上の効果に過ぎないから、解除の意思表示による権利関係の遡及的消滅は既判力に矛盾・抵触するものではないとする。

上田徹一郎教授は、前述のように、標準時前に解除権が発生している場合にも、原告たる債権者には履行請求か、解除による原状回復請求かの選択権があることを根拠に、前訴で履行請求をしたからと言って後訴で解除権行使の主張を遮断される実体法上の地位にはないとし、他方、被告たる債務者の方は原告の請求を争う以上、実体上の地位との関係で手続保障は充足されているので、後訴での解除権行使効果の主張は遮断されるとする。

(2) 標準時後の解除権の行使効果の主張の適否は、困難な問題である。これについては、種々の場合を区別して論じるべきであろう。① 債権者側が標準時前

に契約を解除できたにもかかわらず解除権を行使せず，相手方に債務の履行を促し，本来の履行請求を選んだ場合，②他の理由（たとえば契約の不成立，無効の主張や取消し，契約期間の満了など）により前訴において物の返還や家屋の明渡しを求めていた原告が請求棄却判決を受けた後に，契約を解除して後訴において再度物の返還を請求する場合，③被告債務者が自己の解除権を行使しないで他の防御方法（契約の取消しや無効の主張）により原告の請求に対して防御したものの，原告の請求を認容する確定判決を受けたのち，解除権を行使して請求異議の訴えなどを提起する場合である。

　私見によれば，③の場合には，被告は初めから契約を維持する意図を有していないので，熟慮期間を考慮する必要はなく，前訴において解除権の行使を求められても特段の不利益はないので，判決確定後に解除権を行使し，その効果を主張して請求異議の訴えを提起することは既判力の失権効を受ける。当事者間で解除権を留保する合意がなされていた場合についても同じである。この関係で約定解除権と法定解除権を区別する理由はない。

　同様に②の場合は訴訟物理論とも関係するが，新訴訟物理論，二分肢説または，旧実体法説に立ちながら賃貸借の終了原因のいかんを問わず賃貸借契約の終了に基づき１つの債権的明渡請求権が発生するとする見解によれば，訴訟物は１つである。そして，原告は，契約の成立を否定しまたは契約を維持する意図を初めから有していないのであるから，解除権を行使するのであれば前訴において行使しておくべきであり，請求棄却判決を受けたのちに更に解除権を行使して，その行使効果を主張することは既判力の失権効を受けると解すべきである。前掲判例［21］では新訴訟物理論または二分肢説によれば，前訴と後訴の訴訟物は同一と判断される。したがって前訴の標準時前に行使できた解除権行使効果を後訴において主張することは，既判力の失権効を受ける余地がある。ただし，本件では負担付贈与の負担たる義務の履行遅滞が前訴の標準時前から標準時後まで継続していた。［21］の事案において原告が標準時後に具体化する負担について債務不履行を主張して契約を解除することは，標準時後の事実による解除権の発生とその行使，行使効果の主張と解することができる。履行遅滞の事実が標準時の前後を通して存在することは，解除権の発生を否定する事情ではない。標準時後の履行遅滞は，標準時前の履行遅滞を補充する事実ではなく，それ自体として新たに解除権を発生させる事実だからである。

　もっとも問題なのは，①の場合である。この場合には，債権者側が本来の履行

請求を選んだことは非難されるべきものではない。民法は債務者の債務不履行がある場合，債務の履行を求めるか，解除権を行使するかの選択を債権者に許しており，解除権の行使は義務ではないからである。のみならず，解除のためには債務者の履行遅滞だけでは十分でなく，民法は催告により債務履行の機会を債務者に与えることを要求する。したがって，標準時前に履行遅滞があっても債権者は債務の履行を請求することができるのであり，確定判決で肯定された債務者の債務が履行されない場合，標準時前から継続している履行遅滞に基づき履行を催告し，それでも履行がなされなければ契約を解除することを既判力により排斥されるべき理由はないと言えよう。ここでは，③の場合のように有名義債権に対する解除権の行使という状況は存在しない。この解除権の行使によって発生すべき法律状態が標準時前に成立していた解除権を行使することによっても惹起し得たことは，既判力の失権効の問題ではない。既判力は標準時後の新事実の主張を遮断しないからである。判例［20］の事案においては，たしかに第一審の段階でXは解除権を行使することはできたけれども，Xは解除権を行使する義務を負っていなかったのであり，債務者の履行を期待することができた。建物引渡土地明渡判決の確定後も，抵当権登記の抹消がなされず相手方の債務不履行の状態が継続しており，この事態が土地利用関係に関して当事者間の信頼関係の破壊を増幅させている以上，Xは解除権を行使して再び建物収去土地明渡しを求める訴えを提起することは既判力の失権効によって排斥されないと解される。

4 標準時後の建物買取請求権の行使

(1) 標準時後の建物買取請求権の行使について，多数説は種々の理由を挙げて形成権行使時説＝非失権説を理由づけようとする。前述のように，最高裁判所は，建物買取請求権は前訴確定判決によって確定された賃貸人の建物収去土地明渡請求権の発生原因に内在する瑕疵に基づく権利ではなく，別個の制度目的および原因に基づいて発生する権利であること，賃借人が前訴の事実審口頭弁論終結時までに建物買取請求権を行使しなかったとしても，実体法上，その事実は同権利の消滅事由に当たらず，訴訟法上も，前訴確定判決の既判力によって同権利の主張が遮断されることはないことを理由に形成権行使時説＝非失権説を採る。また，建物の社会的効用を保護する目的のもとに設けられた権利であるから，標準時後の行使と行使効果の主張が許されるべきものとする見解もある。

(2) これに対して，建物買取請求権が借地契約の存続期間の満了と契約更新が

ないという標準時前の一回的事実を形成原因とする形成権であるとして既判力の失権効を認めるのは，山本和彦教授[113]である。建物の社会的効用の維持という視点に対しては，現在の社会経済情勢のもとでは過度に重視すべきでないと主張する。もっとも山本和彦教授によれば，このことは，建物買取請求権が実体法上行使できなくなることを意味するものではなく，この権利の行使効果の主張が既判力により遮断されるだけであるとする。したがって，借地人は建物収去義務を負い取壊費用を負担しなければならないが，建物買取請求権の標準時後の行使により建物の売買契約成立の結果として売買代金請求の訴えを提起することは既判力によって阻止されないと言う[114]。しかし，山本説は，建物の社会的効用の確保をあまりにも軽視するほか，一方で借地人・建物所有者は標準時後の買取請求権の行使により収去義務を終局的に免れることができないとしながら，他方で借地人・建物所有者がみずから建物の買取りを請求でき，代金請求権を取得できるという実体的に分裂した奇異な結果を招くため，支持を集めることはできないであろう。

「形成権行使責任」説を主張する河野正憲教授は，「建物の社会的効用の維持という一般的なレベルの問題からストレートに判断すべきでなく，建物買取請求権が形成権として構成されていること，建物収去土地明渡請求手続で建物買取請求権を行使することが，どの程度相手方によって期待されているのかという行使のレベルでの事情が考慮されるべきであろう」[115]とする。そして，建物買取請求権の行使は賃借権の消滅を前提とするものであるから，その行使には心理的負担があるにしても，この負担は予備的主張一般に伴うものであり，それ以上の不利益でないのに対して，建物買取請求権が遮断されないとすると建物収去についての争いが第2の訴訟に先送りされるという事情から見て，建物買取請求権の行使責任が生じるとされるようである。この見解は，建物買取請求権の予備的行使は借地人に期待できることを重視するものであるが，建物買取請求権の社会的意義から見て大きな問題を含むように思われる。

(3) 私見は，建物買取請求権は実体法上の形成権として既判力によって消滅させられることはないと解する。建物買取請求権は確定判決によって消滅しないのであるから[116]，建物収去土地明渡請求訴訟で敗訴した被告は，標準時後もこれ

---

113) 山本・前掲注6)『民事訴訟法の基本問題』210頁。
114) 山本・前掲注6)『民事訴訟法の基本問題』210頁以下。
115) 河野・前掲注27) 平成3年度重要判例解説125頁。

を行使することができる。問題は，買取請求権の行使の効果を主張して請求異議事由とすることができるかどうかである。その際，請求異議の訴えによって強制執行の著しい遅延が生じうることが考慮に入れられなければならない。強制執行の遅延は，主として建物代金請求権と建物退去義務との同時履行の抗弁によって生じる。同時履行の抗弁に基づき代金の支払いと引換えに建物退去土地明渡しの限度で強制執行が許される旨宣言するためには，引換給付を命じられる建物代金額について当事者間で争いがある場合には，鑑定人による鑑定などのために相当の時間を要するからである。それゆえ，強制執行の遅滞を避けるための方策が確保される必要がある。

　建物買取請求権の行使により建物所有権が土地所有者に移転したことを主張して，債務者が建物収去土地明渡しのための債務名義の執行力の排除を求めて請求異議の訴えを起すことそれ自体は許される。裁判所は，有効に建物買取請求権が行使されていて，請求に理由があると判断する場合には，建物退去土地明渡しの限度でのみ執行が許される旨を宣言する判決を下すべきである。しかし，建物の代金請求権と建物退去義務との間の同時履行の抗弁は，強制執行の遅滞を避けるため認められるべきではないであろう。建物買取請求権の行使によって生じた代金請求権の行使は，独立の訴えによって行うべきものと解すべきであろう[117]。この解釈によって請求異議の訴えが執行を麻痺させることを回避することができ，したがって建物の収去を避け得ない山本（和彦）説と異なり，建物の効用も維持できるという利点がある。

---

[116] 最判昭和52年6月20日金商846号34頁も同じ見解であろう。この判決は，「借地上の建物の譲受人が，地主から提起された右建物の収去及び敷地の明渡を請求する訴訟の事実審口頭弁論終結時までに，借地法10条の建物買取請求権があることを知りながらその行使をしなかったとしても，右事実は実体法上建物買取請求権の消滅事由にあたるものではなく，したがって，建物譲受人はその後においても建物買取請求権を行使して地主に対し建物の代金を請求することができるものと解するのが相当である」と判示し，また，東京高判昭和53年7月26日高裁民集31巻3号484頁も同旨である。これらの判決は，直接には，建物収去土地明渡請求訴訟における建物買取請求権の不行使の効果のみを論じており，既判力効による建物買取請求権の失権，遮断については論じていないが，これを否定することを前提としていると考えられる（同旨，山本克己・民事訴訟法判例百選Ⅱ〔新法対応補正版〕325頁参照）。

[117] 同旨，新堂・前掲注1）『新民事訴訟法〔第3版〕』628頁注(1)；浦和地判昭和33年8月14日下民集9巻8号1612頁；東京高判昭和53年7月26日高民集31巻3号484頁参照。

5　標準時後の白地手形の白地補充権の行使

(1)　標準時後の白地補充権の行使効果を主張する後訴の適否について，前掲判例［24］は形成権成立時説＝失権説を採っている。

周知のように，この判例について見解は分かれている。標準時後の白地補充は標準時後の履行期の到来と同じく口頭弁論終結時後の新事実として再訴が可能だとする見解[118]，訴求債権に付着する事情である点で前訴において白地補充をしておかないと後訴での白地補充の主張は既判力に阻止されるという見解[119]，および白地未補充のため要件欠缺手形であることを知りながら標準時までに白地補充をしなかった場合か否かによって失権効の有無を決すべきものとし[120]，または原則として失権するが，原因関係債権を有しない場合や遡及権や利得償還請求権が手形所持人にない場合に例外的に失権効は排除されるとする[121]折衷説がある。白地補充権の性質については，それが形成権であるか否かについても議論があり[122]，標準時後の白地補充権の行使問題一般をここで十分に扱うことはできない。請求の一時的棄却の問題に関連する限度で若干の考察を行うことができる

---

118)　大森忠夫「白地手形」鈴木竹雄ほか編『手形小切手法講座第 2 巻』(1965 年・有斐閣) 57 頁, 79 頁注 (8)；竹下守夫・前掲注 6) 3 頁；池田辰夫「形成権遮断と既判力」同『新世代の民事裁判』(1996 年・信山社) 171 頁, 178 頁；同「基準時後の形成権の行使と既判力」同『新世代の民事裁判』232 頁注 (61), 吉野正三郎・昭和 57 年重要判例解説 (ジュリスト 792 号, 1983 年) 129 頁；高見進・判評 288 号 (1983 年) 38 頁 (判時 1061 号 192 頁)；兼子＝松浦＝新堂＝竹下・前掲注 1) 602 頁, 638 頁〔竹下〕；中野・前掲注 1) 265 頁；伊藤・前掲注 44) 476 頁以下。なお, 上田徹一郎・民事訴訟法判例百選Ⅱ［新法対応補正版］(別冊ジュリスト 146 号, 1998 年) 322 頁参照。

119)　上野泰男・名城法学 29 巻 3 号 (1980 年) 59 頁, 75 頁；高橋宏志・法協 100 巻 11 号 (1983 年) 2129 頁；坂原正夫・法学研究 56 巻 8 号 (1983 年) 1604 頁；永井紀昭・民商 89 巻 2 号 (1983 年) 199 頁；田邊光政・判タ 505 号 (1983 年) 193 頁；河野正憲「形成権の機能と既判力」吉村徳重＝井上正三編『講座民事訴訟第 6 巻』(1984 年・弘文堂) 109 頁, 132 頁；住吉博「民事訴訟による救済と既判力」同『訴訟的救済と判決効』(1985 年・弘文堂) 244 頁, 313 頁；新堂・前掲注 1) 584 頁注 (1)；高橋・前掲注 1)『重点講義民事訴訟法〔上〕』545 頁；小林秀之＝原強『民事訴訟法 (論点講義シリーズ)』(2000 年・弘文堂) 165 頁；松本＝上野・前掲注 2) 553 頁。

120)　渋谷光子・判タ 411 号 (1980 年) 229 頁。

121)　前田重行・手形小切手法判例百選〈第 5 版, 1997 年・有斐閣〉82 頁。

122)　Vgl. *Hueck/Canaris*, Recht der Wertpapiere, 12. Aufl., München 1986, S. 119 ff. Canaris は，形成権行使の効果は形成権者と相手方の間で生じるのが常であるのに対し，補充権行使の効果はしばしば補充権者自身と白地手形交付者 (Blankettgeber) との間ではなく，第三者と白地手形交付者との間で生じることは形成権と解することに不利な事情だと指摘し (S. 119), 原則としていわゆる自益的代理権と同視すべきであるとする (S. 120)。

だけである。

(2) 非失権説を力説する竹下守夫教授は、次のように主張する。すなわち、標準時前にすでに存在した形成権を標準時後に権利者側が権利発生要件の充足のために行使する場合と、義務者側が防御方法として形成権を行使する場合とは区別されなければならず、前者の場合には既判力の失権効が及ばないが、後者の場合には失権効が及ぶと主張する。その理由は、前者の場合には「基準時前に存在した形成権を基準時後に行使することを認めても、元来一回の訴訟で権利の確定を得られた者が、みずからの落度により二度手間になるだけ」であるが、「一度の訴訟で紛争を解決してもらう」相手方の利益は「基準時後に改めて権利発生の要件を充足し、権利を取得した者の、権利行使を妨げることをも是認させるほど大きくはない」のに対して、後者の場合には、「相手方の権利の発生要件は具備しており、その限りで義務を負うべき者が（そうでなければ、形成権を行使しなくとも、相手方の請求は棄却される筈である）免責を求めようというのであるから、相手方の権利行使をいたずらに妨げることのないよう、一度の訴訟で勝敗をつけさせるのが相当であると解される」ことに求められるとされる[123]。これにより竹下教授は、白地手形の白地補充権を標準時後に行使して再度手形金請求の訴えを提起するのは、前訴確定判決の既判力との関係で全く問題がないとされる。さらに、竹下教授は、確定判決が白地未補充だから請求し得ないと判断しているのに、白地を補充しても請求し得ないという効果を結び付けるのは前訴判決の趣旨に反するとされる[124]。吉野正三郎教授は、履行期未到来による請求棄却の考え方を援用して、前訴確定判決は請求権を根拠づける法律要件要素の1つを欠くため請求を棄却しているのだから手形金請求権それ自体の不存在を既判力によって確定しているのではないから、具体的事情により再訴が信義則違反として不適法とされることがあることを別とすると、再訴は適法だとする[125]。

しかし、いずれの理由づけについても疑問がある。竹下説は形成権の攻撃的利用と防御的利用で失権効の取扱いを全く変えるのであるが、攻撃的利用を優遇する法律上の根拠が全く明らかでなく、それは当事者間の武器対等の原則に明白に反するように思われるからである[126]。のみならず、相手方を訴訟に巻き込んで

---

123) 竹下・前掲注6) 5頁。
124) 竹下・前掲注6) 10頁。
125) 吉野・前掲注118) 131頁。
126) 既判力の点で形成権の攻撃的行使と防御的行使で失権効に差異を設けることに対する

自己の請求権を訴訟上追求しようとする以上，被告よりも原告に慎重な行為が要求されるのはむしろ当然であり，加えて，権利者側が形成権，とくに本件の白地補充権を行使するのは極めて容易であることも看過されてはならない[127]。吉野教授の見解については，未完成手形による請求であるため手形金請求権の成立が認められない場合と，期限未到来による請求の一時的棄却とをなぜ同視することができるのかという疑問がある。白地手形は未完成手形であり，履行期未到来の手形金請求権を発生させ得るものではない。白地手形に基づき手形金請求を行う原告は，手形金請求権の成立原因に該当する事実のすべてを陳述しているのではないのである。それゆえ，原告の事実主張が全部正当だと仮定しても請求権が発生しない場合である。たとえば貸金返還請求訴訟において，原告が請求権根拠事実を主張しないために主張責任により事実主張の十分性 (Schlüssigkeit) を欠くとして請求棄却判決がなされるのと変わりはない。裁判所は，釈明権の行使によりこの点を原告に注意したにもかかわらず，原告が白地補充をしない限り，請求を終局的に棄却するのが正しい[128][129]。期限未到来の場合は，債権者は自ら独力で期限を到来させることができないのであり，前訴で期限未到来を理由に請求が棄却された場合は，後に期限が到来すれば棄却理由にかかわる標準時後の新事実として既判力がいわば解除されるが[130]，これに対して，白地手形の白地補充権は

疑問は，すでに提出されている。上野・前掲注119）75頁；高見・前掲注118）41頁以下；都築弘・民事研修295号（1981年）23頁，33頁注（16）；永井・前掲注119）220頁；梅本吉彦『民事訴訟法』（2002年・信山社）866頁。

127) 他の形成権についてはその成立要件の証明が必要であり，場合によってはこの証明を即時に行うことが困難であるため形成権の行使を留保することも必要と考えられることがあるが，白地補充をするのは全く容易であり，白地補充権の成立とその行使を証明することも格別の困難を伴わないのであるから，白地補充権が形成権であるとしても，その行使につき時機の選択を認める理由は全くない。

128) 非失権説に立つ池田・前掲注118）『新世代の民事裁判』232頁注（61）は，失権効が生じるかどうかは，相手方の信頼の程度の問題だとし，通常は，相手方は白地部分の補充権不行使の趣旨とは受け取らないし，また受け取るべきではないと言う。しかし，失権効の発生の有無をこのように信頼保護の問題に取り替えることは根拠がないし，また個々の相手方の受け止め方を問題にすることなく補充権が行使されないと信頼するものでないと，どうして措定することができるのであろうか。

129) 判例は口頭弁論終結までに白地補充権を行使しえない特段の事情がある場合には例外的に失権効を否定する旨の判示をしている。調査官解説はそのような特段の事情は極めて例外的な事情を言うとされるが（伊藤・前掲注25）ジュリスト773号85頁），前述の期待可能性による失権効の否定の議論と同様に疑問である。

130) 詳しくは，松本・前掲注2）法学雑誌49巻3号491頁以下。

所持人自身，白地を補充して完成手形にする権利であるから，期限未到来による請求棄却と同列に論じることはできない。

折衷説も支持することができない。当事者の知・不知によって既判力の失権効が左右されるべきでないことは当然であるし，他に手形所持人の救済方法があるか否かによって既判力の失権効が左右されるという議論は，争訟の蒸返しを排除し法的安定性に資する既判力の制度目的に相応しくないからである。

VI むすび

標準時後の形成権行使および行使効果の後訴における主張の適否について，法律は明確に定めていない。このため問題の解決に迫られる裁判所は，ここでも利益考量により解決を見出そうとする傾向がある[131]。また文献においても，このような方向を方法論として積極的に主張する見解も存在する。しかしドグマーティシュな理由づけを伴わない裸の利益考量が説得力のある解釈論を提示することができるかは甚だ疑問である。いわゆる利益考量論は，考量される利益のいずれもが保護に値することから出発する以上，いずれか一方が重大な結果の差異をもって保護され，他方は保護されないという結論を明瞭な判断基準をもって示すことができないからである。また，利益考量論による個別的解決によって法的安定性が失われるほか，解釈者の主観的意図が利益考量の名において持ち込まれる危険の存することも看過しえない[132]。

現代の民事訴訟は，権利主張者に対し自力救済を禁止して裁判所の裁判を受けるべきことを指示し，これに対応して当事者に裁判を受ける権利を保障する（憲32条）憲法秩序の支配のもとに実施される。憲法は，法治国原則と平等原則のもと裁判所の公正な手続を保障していると解される[133]。民事訴訟法の解釈としては，①憲法適合性，②武器対等の原則（der Grundsatz der Waffengleichheit）などの一般的訴訟原則の顧慮，③親実体権的解釈（die materiellrechtsfreundliche Auslegung），

---

131) このことをはっきり述べる裁判例として，浦和地判昭和33・8・14下民集9巻8号1612頁（前掲［**19**］）がある。曰く，「建物収去土地明渡事件の口頭弁論の終結後に買取請求権を行使し得るか否かは買取請求権制度が認められた法意と，これを許容することによって生ずる当事者の利害等を較量して決する外はないと考える」。

132) 松本＝上野・前掲注2) 30頁。

133) 憲法と民事訴訟法の関係については，中野貞一郎「民事訴訟と憲法」同『民事手続の現在問題』（1989年・判例タイムズ社）1頁以下を参照。

Ⅵ むすび

④実効的な権利保護（der effektive Rechtsschutz），⑤訴訟経済の原則など民事訴訟法に特有の観点の考慮を必要とする[134]。このような観点からすると，まず明確にされなければならないことは，既判力は標準時後の形成権自体を消滅させるものでないことである。したがって，既判力発生後も形成権自体は既判力によって影響を受けないで存続する。本稿の課題と武器対等の原則や親実体権的解釈の関係はすでに論じた。もちろん，親実体権的解釈を無制限に貫けば，既判力や訴訟内の失権というような訴訟法上の制度は存在を許されなくなる。それゆえ，民事訴訟法はいかなる犠牲を払ってでも実体法の実現を追及しているとは言えず，これは個々の訴訟法規の解釈の際，十分考慮されなければならないファクターであること，および，親実体権的解釈原則が他の訴訟上の解釈基準との関係でどのような重みをもつかは個々の場合に評価的考察によって明らかにされるべきであり，既判力による形成権行使効果の後訴における主張の失権に対する実体法上の疑念が体系的，目的論的考量を飛び越え得るほど重大かどうかが検討されなければならないことを指摘した。もっとも，訴訟経済の原則を重視して形成権成立時説＝失権説を主張することは，親実体権的解釈に真向から対立する。武器対等の原則に関しては，この原則は訴訟法規の解釈上十分な考慮を要することは当然であるが，取消権者や解除権者が初めから原告の主張する法律行為の成立を争い，または法律行為の無効を主張する場合に見られるように，当事者自身が初めから法律行為を維持することを視野に入れていない場合があり，このような場合には取消権や解除権を行使するか否かの熟慮期間を与え形成権者の意思決定を重視しなければならないという議論はその前提や合理性・現実性を欠き，この意味で，そしてその限りで形成権行使時説＝非失権説の主張に疑問があることを指摘した。

決定的に重要なのは，標準時後に形成権が行使され，行使効果が後訴において新事実として主張される場合に訴訟上の観点が阻止的に作用するか否かである。本稿はこのような観点から当該形成権の内容，存在理由および訴訟状況を考慮に入れて個々の形成権ごとに失権の有無を検討した。その結論はかなりの点において，多数説と異っている。

134）　松本＝上野・前掲注2）30頁以下。

◯ 欧州司法裁判所における訴訟物の捉え方
——申立一般を要素としない訴訟物概念の可能性と
そのドイツ訴訟法学への影響について——

越 山 和 広

細目次
I　はじめに
II　欧州司法裁判所における訴訟物の捉え方
　1　EC管轄・執行条約21条・22条
　2　Gubisch 対 Palumbo 事件（判例1）
　3　The Maciej Rataj（The Tatry）事件（判例2）
　4　欧州司法裁判所判例への各国の反響
III　欧州司法裁判所における訴訟物概念とドイツ法における訴訟物概念との対比
　1　欧州司法裁判所における訴訟物概念・重複訴訟概念
　2　ドイツ法における訴訟物概念・重複訴訟概念
　3　両者の相違とその原因
IV　欧州司法裁判所における訴訟物概念はドイツ法に影響を与えうるか
　1　先制的消極的確認訴訟の規制方法
　2　関連請求の規制方法
　3　議論状況のまとめ
V　今後の展望
　1　先制的消極的確認訴訟の扱い方
　2　国際的訴訟競合について
　3　おわりに

I　はじめに

　A法廷地で債務不履行または不法行為に基づく損害賠償請求権に関する消極的確認の訴えがいわば先制的に起こされた後で、B法廷地においてそれに遅れて同じ損害賠償を求める給付の訴えが提起された場合、両者の訴えはどのような関係に立つのだろうか。また、A法廷地で売買代金支払い請求の訴えが提起された後に、B法廷地でそれに対抗して同じ売買契約無効確認の訴えが提起された場合、この2つの訴訟はお互い無関係に並行審理されるのだろうか。このような問題

は，仮にA・B法廷地がいずれも内国であれば重複（二重）訴訟の成否という問題となり，A・B法廷地が異なる国であれば国際的訴訟競合の問題として論じられる。

本稿は，このような問題に関して欧州司法裁判所（European Court of Justice, Europäischer Gerichtshof）が1968年9月27日の「民事事件及び商事事件に関する裁判管轄と判決の執行に関する条約」（以下，EC管轄・執行条約とする）21条[1]）について打ち出した解釈論と，それに対するドイツ民事訴訟法学の反応を紹介するものである。

ヨーロッパ域内の統一国際民事訴訟ルールであるEC管轄・執行条約の解釈権限を持つ欧州司法裁判所は，1987年と1994年に，EC管轄・執行条約21条によって規制されるべき国際的重複訴訟（国際的訴訟競合）の成立要件である請求の同一性について，ドイツ法の基本的な発想とかけ離れた判決を相次いで下している[2]）。これに対して，ドイツの学界では，欧州司法裁判所が提示した考え方をひとつの新しい請求（訴訟物）概念として理解した上で，それがドイツ法の訴訟

---

1) この条約はすでによく知られていると思われるので，叙述の煩雑さを避ける意味でも一般的な説明は一切省略する。さしあたり，中西康「民事事件及び商事事件における裁判管轄及び裁判の執行に関するブリュッセル条約（1）（2・完）」民商122巻3号134頁以下，122巻4・5号254頁以下（2000年）の最新条文と重要判例の紹介，関西国際民事訴訟法研究会「民事事件及び商事事件における裁判管轄及び裁判の執行に関するブラッセル条約公式報告書」際商27巻7号（1999年）752頁から28巻2号（2000年）192頁まで毎号連載されたジュナール報告書の翻訳，関西国際民事訴訟法研究会「民事事件及び商事事件における裁判管轄及び裁判の執行に関するブラッセル条約公式報告書」際商28巻3号（2000年）312頁から29巻3号（2001年）360頁まで毎号連載されたシュロッサー報告書の翻訳を参照。

2) したがって，本稿の主題として用いられている「訴訟物」とは，（国際的な）重複訴訟として規制の対象となる複数の訴訟の同一性を判断するための基準を意味するし，これから紹介する司法裁判所の判例も訴訟物という言葉を用いていない。それゆえ，本稿の表題はミスリーディングなのかもしれない。確かに，訴訟物（Streitgegenstand）という概念を創造し，それが重複訴訟，既判力の範囲，訴えの併合，訴えの変更などの場面で統一的な判断基準を提供するかどうかを論じているのは，おそらくドイツ系訴訟法学だけであろう（この点を指摘するのが，ロルフ・シュテュルナー（越山和広訳）「20世紀末におけるドイツ民事訴訟法学者」法研71巻4号（1998年）83頁，88頁）。しかし，重複訴訟を規制する場合，訴え相互間にどのような共通性があれば重複しているといえるのかは必ず問題としなければならず，そうであれば，訴訟上の請求をどのように特定するか，審判対象をどのように設定するのかといった問題はいかなる法圏であっても必ず論じられなければならない。その意味で，あえて「訴訟物」という言葉を用いることも許されよう。

物論，重複訴訟論としても受け入れることができるのかどうか，あるいはそれが自国の解釈論転換のための契機になりうるのかどうかについて議論が沸騰している。なお，右条約を共同体法化することを目的として，2000年12月22日にEU理事会は「国際管轄と判決の相互承認に関するEC規則」を定め，これは2002年3月1日に施行された[3]。本稿で扱う問題に関しては右規則27，28条で規定されているが，実質的な変更点はない。したがって，ここでの議論は右規則にもそのまま当てはまる。

筆者は，先にEC管轄・執行条約21条の解釈論の現状について公にする機会を得たが[4]，本稿では，右の機会に十分には検討できなかった問題である，欧州司法裁判所が提示した考え方をドイツ法の解釈論として受け入れることができるのかどうかという議論に重点を置いて論じることにする。したがって本稿は，EC管轄・執行条約21条とそれを承継するEC規則の解釈論あるいは国際的訴訟競合の問題だけを扱うものではない。

II 欧州司法裁判所における訴訟物の捉え方

1 EC管轄・執行条約21条・22条

議論の端緒となったEC管轄・執行条約21条と22条（1989年の第3改正による条文）は以下のような内容であった[5]。

21条

① 同一の対象を有しかつ同一の原因に基づく同一当事者間の訴えが，相異な

---

[3] 規則は，その全体において拘束力があり，すべての加盟国において直接適用されることができるから（デイヴィド・エドワード／ロバート・レイン（庄司克弘訳）『EU法の手引き』（1998年・国際書院）75頁，岡村堯『ヨーロッパ法』（2001年・三省堂）180頁，山根裕子『新版EC/EU法』（1995年）65頁），EC管轄・執行条約のコンセプトはよりいっそう実効的に実現されることになる。

なお，右規則の邦訳として中西康・際商30巻3号311頁，30巻4号465頁（2002年）がある。

[4] 越山和広「ヨーロッパ民事訴訟法における国際的訴訟競合規制の動向──ドイツ民訴法とEC民訴法との相克をめぐって」石川明・櫻井雅夫編『EUの法的課題』（1999年・慶應義塾大学出版会）281頁以下，「国際民事訴訟における裁判の矛盾抵触とその対策」民商113巻2号（1995年）235頁，267頁以下。

[5] 中西・前掲注1）民商122巻3号454頁と456頁を参考に訳出した。

る締約国の裁判所において係属している場合には，後で訴えが係属した裁判所は，先に訴えが係属した裁判所の管轄が確定するまで，職権によりその手続を中止しなければならない。

② 先に訴えが係属した裁判所の管轄が確定したならば，後で訴えが係属した裁判所は，先に訴えが係属した裁判所のために管轄不存在を宣言しなければならない。

22条

① 関連する訴えが相異なる締約国の裁判所に係属しており，いずれの訴訟も第1審段階である場合には，後で訴えが係属した裁判所はその手続を中止することができる。

② 後で訴えが係属した裁判所は，その法律によれば関連する訴訟の併合が認められ，かつ先に訴えが係属した裁判所がいずれの訴えについても管轄を有する場合には，当事者の申立てに基づき，管轄不存在を宣言することができる。

③ 本条に定める関連する訴えとは，相互の訴えが密接に関連するため，別々に判決がなされたならば矛盾する解決が生じるのを避けるために，同時に審理され判決されることに利益を有するようなものをいう。

2　Gubisch 対 Palumbo 事件[6]（判例1）

EC管轄・執行条約では，各国語で作成された正文はすべて同等の拘束力を有するものとされているが，21条のフランス語文によれば「同一の対象を有しかつ同一の原因に基づく訴え (des demandes ayant le même objet et la même cause)」となっている部分は，ドイツ語文によれば，「同一の請求による訴え (Klagen wegen desselben Anspruchs)」となっており，英文によれば，「同一の訴訟原因を含む訴訟 (proceedings involving the same cause of action)」となっており，これらの間には微妙な相違がある。

このように，各国語で21条の中心的な適用要件の表現は異なるが，EC管轄・承認条約が締約国間の国際民事訴訟ルールの統一化を目標とする以上は，形式的

---

[6] Case 144/86, [1987] ECR 4861. IPRax 1989, 157 に掲載されている独文と，Rev.crit. d.i.p. 1988, 370 に掲載されている仏文を併せて参照した。なおこの判決は，以下では判例1という。ちなみに，この判決は，ライポルド（松本博之訳）「国内民事訴訟法からヨーロッパ民事訴訟法へ」石部雅亮ほか編『法の国際化への道――日独シンポジウム』（1994年・信山社）91頁，97頁以下などでも紹介されている。

な表現の相違を超えて同一の意味内容が与えられなければならないであろう。そこで，欧州司法裁判所は，1987 年 12 月 8 日の Gubisch 対 Palumbo 事件判決で，フランス語正文を出発点として，複数の訴訟の同一性を判断する基準についての解釈を統一するという方向を打ち出すと同時に，ドイツ法が前提とする「訴訟上の請求」概念や重複起訴の抗弁論を逸脱する発想を採用したのである。

（事案の概要）

X（ドイツの工作機械会社）は，Y（ローマに住所を持つイタリア人）に対して，ドイツのフレンスブルグ地裁で工作機械の売買代金支払いを求める訴えを提起した。これに対抗して，Y は X に対して，イタリアのローマ地裁において，売買の申込が X に到達する前にこれを撤回したことに基づく契約無効確認の訴えを提起し，予備的に，錯誤または詐欺による取消し，売主の履行遅滞による取消しを主張した。X は，EC 管轄・執行条約 21 条（当時）に基づいて第 2 法廷地の管轄不存在を宣言するように求めたが，ローマ地裁は，21 条の要件を欠くと判断してこれを拒否した。イタリアの破毀院は，21 条の訴訟係属概念は本件のような場合も包含するのかどうかを明らかにするために，先決裁定を求めるべく事件を欧州司法裁判所へ付託した。

（判旨）

欧州司法裁判所は，イタリアにおける第 2 訴訟を契約の無効確認または契約の取消し（解除）を求める訴えと理解したうえで，21 条の適用を肯定した。

EC 管轄・執行条約 21 条は，矛盾対立する裁判が加盟国間で生じることを防止し，それによって矛盾対立する裁判の承認が拒否されること（条約 27 条 3 号）を予め排除する目的の規定でる[7]。また，重複訴訟についての各国の規制はまちまちであり，各国の規制方法を対比させることによって共通の訴訟係属概念を作り出すことはできない。以上のことを考慮すれば，条約独自の立場から訴訟係属概念の内容を定めるべきである。

21 条のドイツ語の正文は，両訴が「同一の請求による訴え」であることを要件としている。このドイツ語正文はフランス語の正文のように対象と原因という形での区別をしていないけれども，このような区別を行っている他の言語による法文と同じ意味に解釈しなければならない。すなわち，対象と原因が同一な場合

---

[7] 27 条 3 号については，越山・前掲注 4）民商 113 巻 2 号 253 頁以下で詳述した。

に，21条が適用される。

　本件では，同一の当事者が同一の原因（cause）つまり同一の売買契約に基づく訴訟を追行している。対象（objet）については次のようにいうことができる。契約の履行を求める訴えは契約の効力を実現する目的を有するものであり，確認の訴えは契約の効力を否定することを目的とする。したがって，2つの事件の核心・中心争点（Kernpunkt, centre, heart）をなすのは契約の効力である。契約無効確認の訴えが後で起こされた場合は，給付の訴えに対する別な国における訴えという形を借りた単なる防御方法にすぎないともいえるのである。以上を考慮すれば，21条にいう対象の同一性は，2つの訴えが形式上同一である場合に限られない。

　本件のようなケースで先に契約の履行を求める訴えが係属した国に判断権限を一元化できないとするならば，一方の国が契約の効力を肯定し他方の国が契約の無効を確認した場合に，契約の履行を求めた当事者は自己に有利な判決の承認を拒否されてしまう危険がある。これは条約の目的に反する。よって，21条は本件のような場合も包含するものと解されるべきである。

3　The Maciej Rataj（The Tatry）事件[8]（判例2）

　次に欧州司法裁判所が問題としたのは，給付訴訟の提起に先立って，同一の権利関係について先制的に消極的確認の訴えが提起されていた場合にも，EC民訴条約が適用されるかどうかということであった。この問題を扱ったのが，1994年12月6日の The Maciej Rataj（The Tatry）事件判決である。

（事案の概要）

　Tatry 号という運搬船によって，ブラジルからロッテルダム及びハンブルグに運ばれた大豆油が，ディーゼル油で汚染されたとして，荷主が，船主に対してイギリスで損害賠償の訴えを提起した。ところが，それ以前に，船主は，オランダで本件油の汚染について責任がないことの確認を求める訴えを提起していた。船主側は，イギリスでEC管轄・執行条約21条または22条（当時）による訴訟中止ないし管轄不存在の宣言を求めたが，1審はこれを否定したので控訴した。控訴

---

[8]　Case 406/92,［1994］ECR 5439.JZ 1995,616 に掲載されている独文と，Rev.crit.d.i.p. 1995,588 に掲載されている仏文を併せて参照した。なおこの判決は，以下では判例2という。

院は事件を欧州司法裁判所に付託した。

（判旨）

21条の適用を肯定。

EC管轄・執行条約21条の英語の正文は，対象と請求の原因を明確に区別していないが，このような区別をしている他の言語による正文と同じ意味に理解しなければならない。

請求の原因とは，事実関係と訴えを基礎付ける法規定（Rechtsvorschrift; la règle juridique; rule of law）とを含む概念である。自らに責任がないことの確認を求める訴えと損害賠償の訴えは，同一の事情の下に損害を受けた同じ積荷に関するものであるから，同一の原因に基づく訴えである。

訴えの対象とは，その訴訟が求めている目的をいう。責任の存否の確認を求めた部分についていえば，責任の存否が2つの手続の中心問題であるから，対象は同一である。その際，第1の訴えが消極的確認の形式であり，第2の訴えが積極的な給付請求であっても，2つの訴えの対象は異ならない。損害賠償の支払いを求める部分についていえば，損害賠償を求める第2の訴えの申立ては，責任の存在を確定することを前提とし，その当然の帰結であるから，訴えの主要な対象を変えることにはならない。また，責任の不存在確認を求めたという事実は，一切の損害賠償義務を争うことを暗黙のうちに含んでいる。

4 欧州司法裁判所判例への各国の反響

以上の2つの判決は，ドイツを含めたEC管轄・執行条約加盟各国ではあまり肯定的には受け止められなかった。この点はすでに別稿で紹介したので[9]，要点のみをあげておく。

(1) 最初の批判は，EC管轄・執行条約21条のメルクマールである「同一の対象を有しかつ同一の原因に基づく（同一当事者間の）訴え」をどのようにして具体化するのかという解釈手法のあり方に関するものである。

判例1が出された当時のドイツ学説によれば，21条にいう請求の同一性は，

---

[9] 越山・前掲注4）『EUの法的課題』294頁以下参照。なお，これらの判決に対する反響に関しては，Otte, Verfahrenskoordination im EuGVÜ: Zur angemessenen Gewichtung von Feststellungs- und Leistungsklage, in: Festschrift für Rolf A. Schütze, 1999, S.619, 621, Fn. 8f. で文献が網羅的に紹介されている。

問題となっている2つの法廷地の訴訟法を重畳的に適用することによって判断すべきだとされていた。しかし，ここで紹介した欧州司法裁判所の判決は，関係加盟国の国内法を準拠法としてはいない。その結果として採用されたのは，条約加盟国の国内法と切り離して，条約独自の立場から統一的な概念内容の決定を行うという考え方である。加盟国の司法機関から先決裁定（Vorabentscheidung; décision préjudicielle; preliminary rulings）を求められた欧州司法裁判所は，条約独自の立場から条約の用いる法的概念の意味内容を定めることが多い。このような司法裁判所の解釈手法は，問題となっている法的概念を，それぞれの法廷地訴訟法または法廷地国際私法によって指定された準拠法を基準として解釈するのでなく，条約の目的に従って独自の意味内容を付与するという自律的な解釈（autonome Auslegung; interprétation autonome; independent interpretation）という考え方である。すなわち，ある一定の法的概念について，各加盟国法上の概念規定の相違に左右されないヨーロッパ共通の法的概念を作り出すことがその目的であるということができるだろう。これによって条約の適用結果の統一性が確保できることになる。

　このように，条約独自の自律的な解釈手法によって21条の規範内容を具体化すべきだということそれ自体に対して明確に反対する見解は少ないようである[10]。しかし，ここで紹介した判例のように比較法的な考察を一切拒否して「同一の対象を有しかつ同一の原因に基づく（同一当事者間の）訴え」，あるいは「同一の請求」（ドイツ語正文）の中身を決定することに対しては，強い批判がある。この批判的見解は，欧州司法裁判所とは異なって，各国の訴訟物論，国際的訴訟競合・重複訴訟理論に共通する要素を比較法的に十分に考察することで，各国に共通する法原則を探求するべきだとする[11]。現時点では，当事者・訴えの

---

10) Vgl. *Bäumer*, Die ausländische Rechtshängigkeit und ihre Auswirkungen auf das internationale Zivilverfahrensrecht, 1999, S.132,149. 自律的解釈に反対するものとして，*Dohm*, Die Einrede ausländischer Rechtshängigkeit im deutschen internationalen Zivilprozessrecht, 1996, S.74ff., S.95, S.311. これは係属国の法廷地法を基準とすべきだとする。

11) この立場を鮮明に表明するのが*Isenburg-Epple*, Die Berücksichtigung ausländischer Rechtshängigkeit nach dem EuGVÜ, 1992, S.152-156である。この論文は，ドイツ，イタリア，フランス，ベルギー，ルクセンブルグ，イギリス，アイルランドについてそれぞれの国の訴訟物概念，重複訴訟概念を比較法的に考察した上で（S.157-192），全体として多くの加盟国では訴訟物の特定要素として，当事者，訴えの申立て，訴えの原因の3つが挙げられており，争点の共通性だけで訴えの同一性を肯定する国は英国を別にすれば見当たらず，申立ての同一性が不可欠の要素となっていることを確認する。その上で，欧州司法裁判所の採用した訴訟物論はほとんどの加盟国の理解と合致しないとする（S.193-195）。こ

申立て・事実関係の同一性を基準とする考え方が有力である[12]。

(2) 上記判例に対しては，さらに，関連請求について後で係属した手続を中止できるとするEC管轄・執行条約22条との体系的整合性を損ねる解釈であるとの批判も強い。すなわち，22条が2つの訴えの密接な関連性だけを要求しているのに対して，21条は2つの訴えの同一であることを要求している。このような法文上の相違を乗り越えて，外延の不明確な「中心争点」の同一性という判断基準によって21条を拡大解釈すると，条約が二重の訴訟係属と関連請求とを区別した意味が失われるおそれがあるということである。

(3) 最後に，EC管轄・執行条約の枠内で先制的な消極的確認訴訟の優先性を認めると，債務者側のフォーラム・ショッピングを誘発し，条約が定める管轄規則を損ねる危険性が高いことが指摘されている。このことは，換言すれば，不法行為地の裁判籍などにおいて債権者側に保障された管轄選択権が債務者のいち早い訴訟提起によって行使できなくなることへの疑問ということになる。

Ⅲ 欧州司法裁判所における訴訟物概念とドイツ法における訴訟物概念との対比

次に，以上のようなEC管轄・執行条約21条の解釈論の当否から離れて，ヨーロッパ民事訴訟法における訴訟物（訴訟対象）概念とドイツ民事訴訟法における訴訟物の捉え方とを重複訴訟規制との関連で対比して検討する。

1 欧州司法裁判所における訴訟物概念・重複訴訟概念
(1) まず，欧州司法裁判所の2つの判例は次のようにまとめることができる。
第1に，EC管轄・執行条約21条の適用要件は，訴え（請求）の対象と原因が同一であることとされている。すなわち，当事者のほかに訴えの対象と原因によって21条の意味における訴え（請求）は特定されることになる。

れに対して欧州司法裁判所の考え方に賛成する最近の文献として，*Bäumer*, a.a.O.（Fn. 10), S. 136-138, 152-154.

[12] 前掲注11)の*Isenburg-Epple*論文は，当事者，訴えの申立て（Klageantrag），訴えの原因（Klagegrund）が一致する場合にのみ21条にいう請求の同一性を認めるべきであるとしている（S.212-214）。ちなみに，この見解がいう訴えの原因とは訴えの基礎となる生活事実関係の総体ということである（S.260）から，ドイツ法が基準となるわけであろう。

第2に，事件の核心あるいは中心争点（判例2では訴えが追求する目的）が同一であれば対象の同一性が認められ，その際に申立て（訴えの申立て，判決申立て）の同一性は判断基準を構成しない。原因とは，事実関係と訴えを基礎付ける法規定とを含む概念であるとされている。

　(2)　次に，上の基準の具体的な適用結果として，欧州域内では次の2つの類型が21条によって規制されることになった。

　①　ある加盟国で売買契約上の債務の履行を求める給付の訴えが係属した後に，別の加盟国で同じ契約の無効確認を求める訴えが起こされた場合は，重複訴訟が成立し，最終的に第1の訴訟係属が優先する。

　②　ある加盟国で損害賠償債務不存在確認の訴えが係属した後に，別の加盟国で同じ損害賠償の支払いを求める給付の訴えが起こされた場合は，重複訴訟が成立し，最終的に第1の訴訟係属が優先する。

2　ドイツ法における訴訟物概念・重複訴訟概念

　(1)　では，ドイツ法ではどうなるのだろうか。ここではドイツ法の基本的な考え方を確認することが重要なので，ドイツ国内で2つの訴えが競合する場合を想定する。

ドイツ民事訴訟法（ZPO）261条3項1号[13]
「訴訟係属により，以下の効果が生じる。
　1　訴訟係属が継続する間，いずれかの当事者によってその訴訟事件が別に係属させられることは，許されない。」

　ここでいう「訴訟事件（Streitsache）」の同一性は，2つの訴えの訴訟物が同一であれば認められることには争いはない[14]。そこで，どのようにして訴訟物を特定するのかが問題となるが，現在では周知のように2つの立場が対立する[15]。

---

13)　民事訴訟法典現代語化研究会編『各国民事訴訟法参照条文』（1995年・信山社）389頁［高田裕成］によった。

14)　*Rosenberg/Schwab/Gottwald*, Zivilprozessrecht, 16.Aufl., 2004, S.657; *W.Lüke*, Zivilprozessrecht, 8.Aufl., 2003, Rdnr.167; *Stein/Jonas/Schumann*, ZPO, 21.Aufl., 1997, §261 Rdnr.56; MünchKommZPO/*G. Lüke*, 2.Aufl., 2000, §261 Rdnr.56 ; *Musielak/Foerste*, ZPO, 4.Aufl., 2005, §261 Rdnr.10.

15)　ドイツの訴訟物論について参考文献を網羅的に示すことは断念する。なお，ドイツの二分肢説をわが国で最も的確に紹介しかつ受け入れたものとして，松本博之＝上野泰男『民事訴訟法（第4版）』（2005年・弘文堂）163頁以下をあげることができる。

ひとつは，原告が申立てを理由付けるために陳述する事実関係を，原告が訴えによって提出する裁判所に対する判決申立てと対等独立の訴訟物の構成要素とは認めない立場（一分肢説）である。もうひとつは，判決申立てと並んで事実関係にも訴訟物の特定要素として対等独立の意義を認める立場（二分肢説）である。通説・判例は二分肢説であるから，競合する2つの訴えを対比して，当事者のほか，判決申立てと事実関係が一致すれば重複訴訟として規制されることになる。そして一般に訴訟係属は消極的訴訟要件とされているので，第2訴訟つまり後から係属した訴えは不適法として却下される[16]。

注意しなければならないことは，ZPO 261条3項1号の「訴訟事件」の同一性は厳格に解釈されていることである。すなわち，第1訴訟の対象が第2訴訟の対象の先決関係になっている場合や，第2訴訟の抗弁を基礎付けているだけでは同一の事件とは認められないのである[17]。また，一般に矛盾関係として既判力が相互に及ぶ典型例とされる，同一当事者間で対抗的に同一不動産の所有権確認訴訟が係属した場合でも同一の事件ではないとされている[18]。

なお，ドイツでは，訴訟物概念が役割を演ずるべき場面（請求の併合，訴えの変更，重複訴訟の成否，既判力の範囲など）ごとに個々の規定の目的に応じて訴訟物の意味内容を決定すればよいとするいわゆる相対的訴訟物論が古くから主張されてきた[19]。しかし，この考え方は事実関係を訴訟物の構成要素に取り込むべき場面と，取り込む必要がない場面とを問題となる局面ごとに個別に把握しようとするものであることに注意すべきである。すなわち，例えば重複訴訟の場面では原告の申立てを訴訟物の特定要素から排除しようとすることまでは考えられてこなかったのである[20]。

---

16) *Rosenberg/Schwab/Gottwald*, a.a.O.（Fn. 14），S.656; *Stein/Jonas/Schumann*, a.a.O.（Fn. 14），§261 Rdnr.53; MünchKommZPO/*G. Lüke*, a.a.O.（Fn. 14），§261 Rdnr.43.
17) *Rosenberg/Schwab/Gottwald*, a.a.O.（Fn. 14），S.657; *Stein/Jonas/Schumann*, a.a.O.（Fn. 14），§261 Rdnr.56; MünchKommZPO/*G. Lüke*, a.a.O.（Fn. 14），§261 Rdnr.56; *Schilken*, Zivilprozessrecht, 3.Aufl., 2000, Rdnr.237.
18) *Jauernig*, Zivilprozessrecht, 28.Aufl. 2003, S.170.
19) これについては，中野貞一郎「訴訟物概念の統一性と相対性」同『民事訴訟法の論点Ⅰ』（1994年・判例タイムズ社）20頁以下，酒井一「訴訟物における相対性」中野貞一郎先生古稀祝賀『判例民事訴訟法の理論（上）』（1995年・有斐閣）165頁，174頁以下を参照。
20) もっとも確定判決変更の訴え（ZPO 323条）という限られた場面ではあるが，申立ての同一性にあまりこだわらずより実質的に重複訴訟の成立を認めようとする裁判例が出現しているとの指摘がある。未成熟子への扶養金支払いを命じた判決に対してその増額を求め

(2)　以上のことを前提にするならば，欧州司法裁判所が扱った2つの訴訟競合類型が仮にドイツ国内で発生した場合には，以下のような論理的帰結となる。
　①　売買契約上の債務の履行を求める給付の訴えが係属した後に，同じ契約の無効確認を求める訴えが起こされた場合は，いかなる訴訟物理論によっても訴訟物が完全に異なるので，重複訴訟にはならない[21]。
　②　同一の給付義務について初めに消極的確認請求の訴えが係属し，給付請求の訴えがそれに続いた場合，重複訴訟の抗弁は成立しないが，給付訴訟の提起によって（より正確には，給付の訴えがもはや一方的に取り下げることができなくなった以降）確認の訴えが，その訴えの利益が消滅することを理由に却下される[22]。却下されることになった確認の訴えの原告には，本案完結の表示（いわゆる訴訟終了宣言）

──────────

る訴えの係属中に，被告である父が同じ判決に対する減額を求める訴えを別訴で提起したという例でBGH FamRZ 1997,488（Nr.338）は，「両手続が同じ未成熟子の扶養を対象とする限り，両訴は同一の訴訟物についての訴えである」として，重複訴訟が成立するとした。同じ債務名義を対象とするとはいえ，増額の申立てと減額の申立てとでは訴訟物は異なるものと理解する余地がある。そこで，この判例は同じ扶養関係という事実関係が共通する以上同じ訴えであるとするものであり，欧州司法裁判所の考え方と共通する面があるとの評価がなされている。*Stein/Jonas/Leipold*, ZPO, 21.Aufl., 1998, §323 Rdnr.35a; *Gottwald*, Streitgegenstand und Sinnzusammenhänge, in : *Gottwald*, u.a. (Hrsg.), Dogmatische Grundfragen des Zivilprozesses im geeinten Europa, 2000, S.85, S.91-92; *Rosenberg/Schwab/Gottwald*, a.a.O. (Fn. 14), S.616. 次の章で紹介するドイツ民訴学会での議論でもライポルトはこの判決に注目している（ZZP 111 (1998) 461）。しかし，通説的には変更訴訟の訴訟物と変更対象となった旧訴の訴訟物は同じとされるから，部分的な同一性はあり，重複訴訟になるのではなかろうか（MünchKommZPO/*G. Lüke*, §261 Rdnr. 73）。

　なお，これとの関連で，扶養金増額の訴え係属中は，同じ債務名義に対する減額の訴えは反訴の形で提起すべきだとしたBGHZ 136, 374 = NJW 1998,161も参照。*Stein/Jonas/Leipold*, a.a.O., §323 Rdnr.28a; *Gottwald*, a.a.O., S.92-93; *Hau*, Widerklageprivileg und Widerklagelast, ZZP 117 (2004), 31, 48-50.

21)　*Leipold*, Internationale Rechtshängigkeit, Streitgegenstand und Rechtsschutzinteresse, in: Gedächtnisschrift für Peter Arens, 1993, S.227,S.229; *Zeuner*, Zum Verhältnis zwischen internationaler Rechtshängigkeit nach Art.21 EuGVÜ und Rechshängigkeit nach Regeln der ZPO, in: Festschrift für Gerhard Lüke, 1997, S.1003, S.1017; *Rüßmann*, Die Streitgegenstandslehre und die Rechtsprechung des EuGH−nationales Recht unter gemeineuropäischem Einfluss?, ZZP 111 (1998), 399, 414.

22)　議論状況は，*Otte*, Umfassende Streitentscheidung durch Beachtung von Sachzusammenhängen, 1998, S.226-235. さらに，松本博之「重複起訴の成否」中野貞一郎先生古稀祝賀『判例民事訴訟法の理論（上）』（1995年・有斐閣）347頁，370頁注（26），越山和広「先制的消極的確認訴訟と二重起訴・訴えの利益」香川大学法学会編『香川大学法学部創設20周年記念論文集』77頁以下（2003年・成文堂）でも紹介されている。

によって訴訟費用の負担を有利に解決する方法が与えられる。要するに，このタイプの訴訟競合では先行する訴訟係属の優先性は認められず，後から起こされた給付訴訟に対して優先的な地位が付与されるのである。ただし例外的に消極的確認の訴えの利益が消滅しないものとして扱われる場合がある。それは例えば，給付の訴えがもはや一方的に取り下げることができなくなる時点までに消極的確認訴訟について裁判をなすに熟している状態に至っている場合などである[23]。そして，このような考え方は以下のような理由に基づくとされている[24]。

まず，給付訴訟は確認訴訟と異なり債務名義を形成するので，債権者にとってはより実効的な権利保護手段となる。しかし，確認訴訟には債務名義形成機能はない。このように，両訴における申立ての目的・内容ないし権利保護要求の形式にはずれがあり，同一の給付義務についての給付請求の訴訟物と消極的確認請求の訴訟物は同一ではない。ゆえに重複訴訟規制の前提条件を満たさない。次に，訴えの利益という観点からは，給付の訴えを棄却すれば消極的確認の訴えを認容したのと同じ結果が得られるので，給付の訴えが係属した以上は，消極的確認訴訟を維持するだけの利益はもはや認められないことになる。ただし通説によれば，同一の給付義務について初めに給付請求，次に消極的確認請求が係属した場合には，給付請求の訴訟物の中に確認請求の訴訟物が包括されることを理由にして（訴訟物の部分的同一性），重複訴訟の成立が認められる[25]。

3 両者の相違とその原因

以上のように，ヨーロッパ民訴法とドイツ民訴法とでは基本的な発想が異なる。ここで両者の相違をまとめておこう。

(1) EC管轄・執行条約21条は，訴えないし訴訟（demande; Klage; proceeding）の同一性を重複訴訟成立の条件としている。そして，訴えを特定する要素はその対象と原因であるとする。ここまでは，訴訟物の同一性を重複訴訟成立の要件とし，訴訟物の構成要素は判決申立てと事実関係であるとするドイツ法と表面的に

---

23) 例外的に確認の利益が存続するのは，①後発の給付訴訟で実体判決が得られない場合（その例は拙稿・前掲注4）『EUの法的課題』292頁参照），②消極的確認訴訟が裁判をするのに熟している場合，③2審で給付の反訴を提起したがこれが不適法とされる場合（ZPO 531条1項参照）などとされている。

24) 例えば，W. Lüke, a.a.O. (Fn. 14), Rdnr.130; Jauernig, a.a.O. (Fn. 18), S. 147.

25) Otte, a.a.O. (Fn. 22), S.225; Rosenberg/Schwab/Gottwald, a.a.O. (Fn. 14), S.657.

は異ならないように見える。

　次に，より細かく見た場合，欧州司法裁判所のいう「原因」とは，訴えを基礎付ける事実関係と訴えの基礎となる法規定とを含む概念であるとされているから，これは，ドイツ法がいう「事実関係」と同様な概念だと考えてよいであろう[26]。しかし，欧州司法裁判所は，「対象」の同一性を判断する場面では判決を要求する申立ての同一性に拘泥せず，事件の核心あるいは中心争点の同一性を基準としている。そのために，ドイツではこれを「中心争点（核心）理論 (Kernpunkt-Theorie)」と呼んでいるが，まさにこの点で，判決を求める申立ての意味を形式的に把握するドイツ法と決定的に異なることになる。

　(2)　では，なぜこのような基本的な相違が生じるのであろうか。

　ひとつの考え方として，欧州司法裁判所の考え方の背後にはドイツ法ではなく，フランス法の基本的な発想が隠されているからだという見方がありうる[27]。これは，同裁判所が，フランス法と同じように訴えの構成要素として対象と原因という概念から出発していることからも想像できる。ところが，当のフランスでもこのような欧州司法裁判所の理解の仕方が一般的であるかどうかは疑わしいようである。

　フランス新民事訴訟法典100条は，「同一の紛争がともに管轄を有する同一審級の2つの裁判所に係属している場合には，後から事件を受理した裁判所は，当事者の一方が要求したときには，他の裁判所のために事件を手離さなければならない。後から受理した裁判所は，当事者の要求がない場合にも，職権ですることができる。」と定める[28]。そこで，問題となるのは「同一の紛争 (le même litige)」の判断基準ということになるが，これは，当事者 (parties)，対象 (objet)，原因 (cause) がすべて一致するかどうかであるといわれている[29]。これら三要素のひとつでも一致しない場合は，関連請求として扱われる（101条参照）。ここで最も問題となる「対象」については，4条に定義規定があり，「訴訟の対象は，当事者の相互の申立てによって定められる。この申立ては，訴訟開始文書及び答弁書

---

26)　もっとも，これが訴えの基礎となる法規定とを含む概念であるとすれば，いわゆる請求権競合事例では実体法上の請求根拠が異なるごとに訴訟物が個別化されることになりそうであるが，明確ではない。なおこの点については，後述のヴェルネッケの議論も参照。

27)　シュテュルナー（越山訳）前掲注2）88頁参照。

28)　前掲注13）『各国民事訴訟法参照条文』390頁［高田裕成］によった。

29)　*Cadiet*, Droit judiciaire privé, 1992, n° 627. なお，ここでのフランス法の状況については，*Otte*, a.a.O. (Fn. 22), S.281-296 を併せて参照した。

により確定される。」とされている[30]。ここでいう「申立て」をどのように理解するか，また二重の訴訟係属（litispendance）と関連請求（connexité）の限界付けに関しては明確な基準は確立していないようであるが，欧州司法裁判所が扱った売買契約上の債務の履行を求める給付の訴えと同じ契約の無効確認を求める訴えが競合した場合は，フランスの判例では関連請求としての規制を受けるにすぎず，二重の訴訟係属は否定されるものといわれている[31]。

(3) そこで，より事の本質を探るならば，重複訴訟規制の基本的な姿勢がドイツ法とEC管轄・執行条約とで異なるからだということに両者の相違の原因を求めるべきであろう。

まず，EC管轄・執行条約では，重複訴訟の問題は国際裁判管轄のレベルに位置付けられている。すなわち，同条約21条もドイツ法と同様に先行訴訟係属に優先権を与えており，後で係属した訴えは最終的に却下されるが，それは訴訟係属に触れるからではなく，後で事件を受けた第2裁判所の管轄が否定されるからである。ここでは，訴訟係属を将来生ずるべき判決効の予備的（先駆的）段階と理解しているわけではない。

他方，ドイツの通説は，261条3項1号の「訴訟事件」を322条1項の「請求」と同義に把握している。ここでは，訴訟係属は既判力の予備的段階として理解されているのであり，同じ事件の訴訟係属の存在は消極的訴訟要件と位置付けられる。「訴訟物＝既判力＝訴訟係属」という図式はドイツ法の基本的なコンセプトになっているのである。

次に，ドイツ法もEC管轄・執行条約もともに重複訴訟の規制目的を両立しない裁判の出現の予防に求めるが，そこでいう両立しない裁判の意義が異なっているように思われる[32]。すなわち，訴訟係属を既判力の予備的段階として把握するドイツ法では，既判力の相互矛盾を回避することに重複訴訟を規制する意味を見出す。例えば，売買契約上の債務の履行を求める給付の訴えと同じ契約の無効確認を求める訴えが競合する場合について見るならば，確かに，契約無効確認判

---

[30] 『注釈フランス新民事訴訟法法典』（1978年）9頁によった（送り仮名を一部改変）。

[31] *Gaudemet-Tallon*, Rev.crit.d.i.p. 1988, 374, 377; *Huet*, Clunet 1988, 537, 543. *Vincent et Guinchard*, Procédure civile, 23ᵉéd., 1994, n° 464 は，契約の履行を求める訴えと契約解除（résolution）の訴えを関連請求としている。

[32] 越山・前掲注4）民商113巻2号242頁（ドイツ法），253頁以下（EC管轄・執行条約）参照。

決が先に確定した場合にはその既判力が給付の訴えに対して先決的に作用するだろう。しかし，給付判決が先に確定してもそれは売買契約の有効性を既判力によって確定しないから，後で契約無効確認判決が仮に出されたとしても，結果的に両訴の間で既判力の矛盾抵触は生じないのである[33]。だから重複訴訟規制の網をかぶせるべき場合にはあたらないことになる。

他方，EC管轄・執行条約の解釈では，2つの判決が相互に両立しない法律効果を含む場合には承認拒否理由としての判決の矛盾（27条3号）が生じるものと考えられている[34]。したがって，一方で契約の有効性を前提とする判決があり，他方で契約の無効性を宣言する判決が出現することは避けるべきだという判断がなされるのではなかろうか。付言するならば，外国裁判の判決効の範囲は，EC管轄・執行条約の適用領域でも判決国法を準拠法として定まるのだから[35]，EC管轄・執行条約の自律的解釈に服する重複訴訟の規制と各国法を準拠法とする判決効の範囲とは連携しないのが原則である。

IV 欧州司法裁判所における訴訟物概念はドイツ法に影響を与えうるか

この章では，欧州司法裁判所における訴訟物概念はドイツ法に影響を与えうるかという問題を検討する。この問題に適切に解答するためには，「訴訟物＝既判力＝訴訟係属」という緊密な結びつきを堅持するドイツ型の概念構成と，ヨーロッパ民訴法が立脚する申立ての同一性にこだわらない訴訟物概念のいずれが全体として法律構成上優位性を誇りうるのかということを考えなくてはならないであろう。ドイツでの議論はまさにそのような角度から行われている。

1 先制的消極的確認訴訟の規制方法

同一の法律関係に関する消極的確認訴訟と給付訴訟が競合する場合に視野を限定するならば，すでにドイツでも両者を重複訴訟として規制する方向が主張され

---

[33] ドイツでは既判力と訴訟係属の抗弁との内的関連性が強く意識されていたことについて，Herrmann, Die Grundstruktur der Rechtshängigkeit, 1988, S.6.
[34] 越山・前掲注4）民商113巻2号256頁参照。
[35] 越山・前掲注4）民商113巻2号252頁から253頁参照。その限りではヨーロッパ統一既判力概念というものは存在しない。

ており，欧州司法裁判所の考え方がドイツ側から見てまったく異質であるとまではいいがたい。そこで，ドイツではこの問題を主要な題材として，今までの自国での解釈論に対する本格的な再検討が行われている。これについては第1に，1998年4月2日にライプチヒで開催されたドイツ法系民事訴訟法担当者会議での議論が参考になる。そこでは，「訴訟物理論と欧州司法裁判所の判例―ドイツ法はヨーロッパ共通法の影響を受けるのか？」という統一テーマが設定され，ヘルムート・リュスマンとヴォルフ・ディートリヒ・ヴァルカーの2人が報告を行った。リュスマンは，給付の訴えと確認の訴えとが競合する場合については欧州司法裁判所の考え方を受け入れるべきだと主張し，ヴァルカーは，2つの訴えの並行係属を認めるべきだという考え方を提示した。いずれの報告者も，従来の通説的見解をそのまま維持するべきだとは考えていないことに注意すべきであろう。以下この2つの報告内容を紹介したあとで，最近公にされたそれ以外の論者の見解を給付反訴強制説と通説を維持する立場に分けて紹介する。また，欧州司法裁判所のいわゆる訴訟物概念はドイツ法のそれとは異ならないとの観点から独自の議論を展開する論文もあるので，これも紹介する。

(一) Rüßmann（リュスマン）の見解[36]

(1) リュスマンは，欧州司法裁判所の2判決とZPO 261条の解釈論を概観した上で，権利保護形式の相違が訴訟物の相違を導くのかどうかといったような概念的な議論によるのではなく，当事者の利益を適切に考慮し，体系的な矛盾が生じないように以下のような視座から解決策を考えるべきだとする[37]。

① 既判事項が相互に矛盾するような判決はなされてはならない。

② 債権者はその権利について債務名義を取得できることが保証されていなければならない。

③ 債権者はその権利を時効消滅させられることなく権利行使できることが保証されていなければならない。

④ 一方の手続から得られた結果（十分な証拠調べの結果など）が他方の訴訟のためにも維持されることが保証されていなければならない。

---

36) *Rüßmann*, a.a.O.（Fn. 21), ZZP 111（1998）399. この会議の参加報告として，松本博之・民訴45号（1999年）273頁。なお，リュスマン（芳賀雅顯訳）「国際民事訴訟法における訴訟係属の時期」法研75巻9号79頁，91頁以下（2002年）で同じ内容の議論がされている。

37) *Rüßmann*, a.a.O.（Fn. 21), 410-411.

まず，先行する消極的確認の訴えの係属が優先するとの見解は，①④の視点を満足するが，②③の視点は満足しないように見える。しかし必ずしもそうではなく，依然として（反訴または別訴により）債務名義を取得できる。また，債権者は消極的確認の訴えを棄却する判決を自己に有利に援用できる。ただ，消極的確認の訴えでは実体判決に至らなければ時効は中断しないし，消極的確認の訴えの提起やそれに対する応訴ではやはり時効は中断しない。この難点は，給付を求める反訴を提起できると解することで回避される[38]。

次に，先行する消極的確認の訴えが優先しないとの立場は，②③の視点を満足する。①④の視点については，確認の利益が消滅するという見解を採るか，さらには給付訴訟を確認訴訟が終了するまで中止すると解することで対応できるだろう。しかし，確認の利益が消滅するという見解では，消極的確認訴訟は実体判決に至らず，今までの証拠調べの結果は無駄になってしまう恐れがある[39]。それゆえ，判例は，確認訴訟が裁判をなすに熟しているときは確認の利益は存続すると解する。しかし，これでは一貫した解決とはいえず，矛盾判決の危険が残されるのであり，訴訟中止という選択肢が残る。だが，これは確認訴訟の認容，棄却判決が確定するのを待って，その判決の既判力に反しないように給付判決の結論を決めるのであって，無内容な給付訴訟手続を債権者に押し付けるばかりか，無駄なコストを当事者に負担させるだけの考え方である[40]。債権者に給付の反訴を強制するという考え方は，決して債権者に対する嫌がらせではないとする。

(2) 次にリュスマンは，例えば損害賠償訴訟で請求の原因と損害額の双方が争われているような場合は，別な問題があるとする。このような場合，消極的確認の訴えを棄却する判決はいわば原因判決としての効果しかなく，給付訴訟では損害額についての紛争全体が裁判対象として残っている。このようなケースでは，確認手続の終結を待ってから提訴するのでは間に合わないという場合に，待ちきれずに債務者に遅れて提訴した債権者に対して，債務者が選択した債権者にとって必ずしも有利でない法廷地での訴訟をなぜ強制することができるのかを問わなければならないとする[41]。これについてリュスマンは，次のような議論をする。債権者がおよそ裁判外で権利を主張（誇称）していない場合は，債務者が消極的

---

38) *Rüßmann*, a.a.O.（Fn. 21），411-412.
39) *Rüßmann*, a.a.O.（Fn. 21），412.
40) *Rüßmann*, a.a.O.（Fn. 21），413.
41) *Rüßmann*, a.a.O.（Fn. 21），413.

確認訴訟を提起しても確認の利益がないので，安心して訴えの却下を待てば足りる[42]。しかし，債権者が権利を有すると裁判外で主張しながらも，自分に有利な法廷地での訴訟上の請求を怠った以上は，債務者にいわば優先通行権を認めたことになり，債務者が不安を感じた結果，双方当事者に平等に与えられた裁判籍選択の機会をいち早く行使した場合は，不当なフォーラム・ショッピングだという文句を述べるべきではない[43]。また，内国訴訟では債務者が訴訟遅延のはなはだしい法廷地を選択することで権利保護の可能性を狭める危険性を考慮する必要はない[44]。

(3) 以上の議論を総括して，リュスマンは次のように結論付ける[45]。

「給付の訴えと確認の訴えとの関係に関しては，ドイツの内国民事訴訟法は，欧州司法裁判所の解決策を受容すべきであろう。しかし，これを受容したからといって訴訟物論の変更をきたすものではない。この解決策は，当事者の利益を正当に考慮したものとして推薦できるものである。確認の訴えと給付の訴えで訴訟物が同一であるとするのであれば，当事者の利益を正当に反映した解決を行うためにも，また時効中断の可能性を残すためにも，訴訟物が同じだから反訴も許されないとしてはならず，給付の反訴を許さなければならない。確認の訴えと給付の訴えで訴訟物が異なると解するのであれば，確認訴訟で得られた結果を保持するためにも，また，ことによっては実体的な審査の機能をすべて奪われてしまうような給付の訴えを避けるためにも，給付の訴えが確認の訴えとは別の手続で行われることを阻止しなければならない。」

(二) Walker（ヴァルカー）の見解[46]

これに対してヴァルカーは，消極的確認訴訟と給付訴訟の訴訟係属が並行することを容認し，欧州司法裁判所の考え方を受け入れなくても妥当な結論に至りうるとする[47]。

(1) ヴァルカーは，いくつかの分析視座を設定するが，まず裁判所の二重負担

---

42) *Rüßmann*, a.a.O. (Fn. 21), 413.
43) *Rüßmann*, a.a.O. (Fn. 21), 413.
44) *Rüßmann*, a.a.O. (Fn. 21), 414.
45) *Rüßmann*, a.a.O. (Fn. 21), 414.
46) *Walker*, Die Streitgegenstandslehre und die Rechtsprechung des EuGH—nationals Recht unter gemeineuropäischem Einfluss ?, ZZP 111 (1998), 429.
47) *Walker*, a.a.O. (Fn. 46), 434 ff.

軽減という観点から欧州司法裁判所の考え方を受け入れる必要があるかどうかを検討している。

欧州司法裁判所のように申立ての同一性にとらわれない考え方を採用した場合，債権者は給付の反訴によって債務名義を得られるので，手続の重複は生じない。確認訴訟終結後に給付の別訴を起こしても，確認判決の既判力によって処理されるから，二重審理の負担は生じない[48]。同じ結果は，仮に申立てにとらわれない訴訟物構成をとらなかったとしても，EC 管轄・執行条約 22 条を適用して 2 つの訴えを関連請求として扱い，給付訴訟を中止することによっても得ることができる[49]。

他方，申立ての同一性を訴訟物の構成要素とするドイツ型の訴訟物概念の下でも，裁判所の二重負担を回避する考え方はいろいろと主張されている。まず，ドイツの通説は先行する確認の訴えの利益が消滅するというが，それでは確認訴訟で得られた訴訟資料は利用できない。その意味では無益な手続重複の危険がある。また，第 1 裁判所は給付の訴えの適法性を審査した上で確認の訴えを却下すべきだとされているが，それでは EC 管轄・執行条約加盟国以外の外国との間で訴訟競合が生じている場合は承認予測といった多大な審査上の負担が生じる。また，確認訴訟の原告によって本案完結の表示がなされた場合にも，当初の訴えの適法性と有理性を審査しなければならないという負担が生じる[50]。しかし，だからといって，このような負担を回避するために欧州司法裁判所の見解に従うことはない。ドイツ型の訴訟物理解に依拠したからといって給付の訴えが必然的に優先するわけではない。また，確認判決の既判力が給付の訴えに対して先決的に作用するし，確認訴訟の原告はそれまでの審理で得られた訴訟資料を無駄にしないことに対して正当な利益を持つので，通説とは逆に確認の利益は維持されるものと解することができるのである[51]。ドイツではすでに 2 つの手続の並行を認める見解が主張されており，この見解も矛盾判決と無駄な審理上の負担を回避するために ZPO 148 条によって後発の給付訴訟を中止すればよいとされていたところである[52]。ただ，訴訟の中止は裁判所の裁量に委ねられるが，事例ごとに

---

48) *Walker*, a.a.O. (Fn. 46), 442.
49) *Walker*, a.a.O. (Fn. 46), 443.
50) *Walker*, a.a.O. (Fn. 46), 443.
51) *Walker*, a.a.O. (Fn. 46), 444.
52) この考え方については，越山・前掲注 22) 84 頁から 85 頁を参照。

裁量の幅を狭くすることは可能である[53]。このように見ると，ドイツ型の訴訟物概念の下でもEC管轄・執行条約におけるのと同じ結論に至りうるので，無駄な裁判上のコスト回避のために欧州司法裁判所の考え方を受け入れる必要はないとする。

(2) 次に訴訟当事者の利益という観点からは，次のような議論がなされている。

第1に，欧州司法裁判所の考え方によれば法廷地選択上の機会の平等化が実現されるといわれている。しかし，土地管轄（国際裁判管轄）は被告の利益を広く考慮して設定されているものだから，機会の平等ということを過大評価すべきではないとする。確かにドイツ法の従来の理解に立つならば，債務者が指定した法廷地が給付訴訟の原告によってひっくり返されるという危険はあるが，それは権利保護の利益をどのように捉えるかということと関連するのであって，訴訟物の捉え方とは無関係である。この問題は，給付訴訟の提起にもかかわらず確認の利益を維持するという考え方に立てばそれで解決する[54]。

第2に，ドイツ型訴訟物観によるならば，一時的にせよ債権者の権利保護が拒絶されることになるというのであれば，債権者の司法行為（付与）請求権という観点（債務名義の形成をいつでも要求できるということ）からドイツ型訴訟物観を再検討すべきであろう。だが，給付訴訟を優先させる通説ではそのような問題は生じないし，給付の別訴を中止または却下する考え方に立ったとしても，2つの訴えの訴訟物は異なるので，重複訴訟の規制に触れることなく反訴を提起できるのでやはり問題とならない。逆に，欧州司法裁判所のように，訴訟物の同一性を肯定するのであれば反訴も不適法というのが論理的であり，この点からも欧州司法裁判所の考え方のほうがドイツ型の訴訟物観に優るとはいえないとする[55]。

(3) 最後に，訴訟物と既判力の結びつきという観点から議論がなされる。既判力も重複訴訟の規制も矛盾判決の防止という共通した目的をもつが，ドイツ法は申立てによって区切られる訴訟物概念を前提として既判力の範囲を狭く設定する考え方を明確に採用している（ZPO 322条1項，2項）。EC管轄・執行条約では，承認された判決の既判力の範囲は各国国内法を準拠法として判断されるので，申立ての同一性にこだわらない訴訟物概念は，既判力との関係で判決対象を狭く区切

---

53) *Walker*, a.a.O.（Fn. 46），444, 439; *Dohm*, a.a.O.（Fn. 10），S.85.
54) *Walker*, a.a.O.（Fn. 46），446-447.
55) *Walker*, a.a.O.（Fn. 46），447-448.

ることとは適合しない。したがって，既判力の範囲については欧州司法裁判所の考え方に合わせるとするならば，訴訟係属の範囲と既判力の範囲を別々に設定することになるであろう[56]。では，欧州司法裁判所の考え方に合わせて既判力の範囲を広げるべきか。ヴァルカーは，判決主文に既判力を限定することには十分合理的な理由があるという従来からの議論を再現したうえで[57]，判決理由相互の矛盾の危険を過大評価すべきでないとして，既判力の範囲を申立ての同一性にこだわらない訴訟物によって広く設定するべきではないと論じる[58]。

(4) 以上の議論を総括して，ヴァルカーは次のように結論付ける[59]。

「欧州司法裁判所の中心争点理論に寄りかかる形でドイツの訴訟物論の方向性を改める必要はない。訴訟物が役割を演じるすべての法規定において狭い訴訟物概念に基づいて各々の規制目的を実現することができ，それによって両当事者の権利保護の実効性が損なわれるということはない。欧州司法裁判所による広い訴訟物の定義を受け入れるならば，訴訟係属を既判力から切断することになるだろう。欧州司法裁判所の判例は，狭い訴訟物概念に立脚して消極的確認の訴えと後に提起された給付の訴えとの間の関係を考えてきた従来の通説を考え直すきっかけを与えていることはいうまでもない。初めに提起された消極的確認の訴えは，後に不適法になるのではなく，存続すると解すべきであろう。債権者は給付の反訴を提起できる。別訴による給付の訴えは ZPO 148 条によって確認訴訟の終結まで中止されるべきである。」

(三) 手続集中化責任と給付反訴の強制

司法裁判所の判例は，関連紛争の一極集中化による処理のあり方を再考させる契機になったことは疑いがないところである。すなわち，消極的確認訴訟と給付訴訟の競合事例についていえば，後から給付の訴えを起こそうとする債権者は給付の反訴を提起すべきだとすることで手続の集中化を図ることが合理的であるとの見解が勢いを得ることになったといえよう。

(1) EC 管轄・執行条約 21 条の解釈について欧州司法裁判所の判例に従ったBGH 判決[60]を批評したグルンスキイは，ドイツ通説のように給付訴訟の提起に

---

56) *Walker*, a.a.O. (Fn. 46), 450.
57) *Walker*, a.a.O. (Fn. 46), 450-451.
58) *Walker*, a.a.O. (Fn. 46), 451-452.
59) *Walker*, a.a.O. (Fn. 46), 454.
60) BGH NJW 1997, 2320. その内容は越山・前掲注 4)『EU の法的課題』292 頁で紹介し

よって消極的確認の利益が消滅すると解釈するならば，すでに進行した確認訴訟で得られた結果が無駄になることと，当事者の機会平等化（いち早く訴えた債務者の地位の保護）という観点から，給付訴訟の提起によっても消極的確認の利益は消滅せず，給付の反訴の場合は確認の利益が消滅するとの解釈を採用すべきだとする[61]。

　(2)　また，Zeuner（ツォイナー）も，給付の訴えと確認の訴えとが競合する場合について欧州司法裁判所の考え方を受け入れるべきだと主張する[62]。ツォイナーは従来のドイツ学説を概観した上で，先行する消極的確認の訴訟係属を優先させて債権者側から給付の反訴を提起させ，手続の一極集中化を行えば，判決の矛盾のおそれはなくなり，確認訴訟での審理結果は無駄にならず，債権者は即時に債務名義を取得できるというメリットがあるとする[63]。その上で彼によれば，先行する訴訟係属が優先するとの見解を取るべきかどうかのポイントは，給付を求める別訴を提起する可能性を制約することがZPOの中で期待可能かどうか（zumuten）であるとする[64]。反訴を強制する規定はZPOには存在しないが，EC管轄・執行条約によって給付を求める別訴の提起は制約されるということが立法者によって考慮に入れられたと見ることができる。つまり，より負担の大きい国際間訴訟ですら給付を求める別訴の提起が制約されるのであれば，同じことが内国訴訟で期待できないとはいいがたい。その結果として，ZPO 261条の解釈としても先行する消極的確認の訴訟係属の優先性を肯定できるという。そしてより一歩進めて，消極的確認の訴訟係属に触れる給付の訴えはZPO 281条によって確認訴訟が係属する裁判所に移送される余地も認めることができるとする。その結果として，重複訴訟には管轄規制の効果が認められることになるとする[65]。

　(3)　さらに注目すべきことは，ライポルトがヨーロッパ民訴法への傾斜をます

た。
61) *Grunsky*, BGH LM Nr.195 zu §256 ZPO. なお，以下紹介する見解の原型ともいいうるベッターマンらの二重起訴肯定説については，越山・前掲注22) 84頁を参照。また，本稿で紹介した以外に，反訴強制説を採用する論文として，*Gruber*, Das Varhältnis der negativen Feststellungsklage zu den anderen Klagearten im deutschen Zivilprozess—Plädoyer für eine Neubewertung, ZZP 117（2004), 113がある。ただ，この論文で示された論拠は従来論じられてきたところとほとんど異ならないので，紹介は省略する。
62) *Zeuner*, a.a.O.（Fn. 21), S.1003.
63) *Zeuner*, a.a.O.（Fn. 21), S.1011-1013.
64) *Zeuner*, a.a.O.（Fn. 21), S.1016.
65) *Zeuner*, a.a.O.（Fn. 21), S.1016.

ます強めていることであろう。ライポルトは，つとに欧州司法裁判所の発想とドイツ法の伝統的な考え方の調和点を探る試みを行っていた。従来のライポルト説の到達点は，EC 管轄・執行条約の適用領域内では，第 2 訴訟の原告が第 1 訴訟の判決によって事実上権利保護の利益を充足する場合には，第 2 訴訟は遮断されるというものだった。これによれば，消極的確認訴訟（第 1 訴訟）では債務名義は形成されないから，第 2 訴訟の原告による給付の訴えは規制できないとされていた[66]。

ところがその後ライポルトは，ヨーロッパ民訴法を手がかりにしてドイツ法上十分な規制がされていない関連請求の手続集中化について論じた講演の中で，債権者は先に係属した消極的確認訴訟の中で給付の反訴を提起すべきだとの立場にまで進んだ[67]。ライポルトは，関連請求の一極集中化を当事者の意思に委ねる態度を「手続集中化の自由（Konzentrationsfreiheit）」，すでに係属している事件とその核心において同一な訴えは先に事件が係属している裁判所で提起されるべきである場合を訴訟係属から生じる「手続集中化責任（Konzentrationslast）」と名づける[68]。そして実効的な手続集中化責任を実現するには，先行する消極的確認訴訟の優位を認めるべきであり，この考え方のほうが通説や給付訴訟を中止する見解よりも首尾一貫するとする[69]。

後発的な給付訴訟に対する消極的確認訴訟の優位を認めることへの唯一の問題点とされる相手方の管轄選択上の利益を損ねるということに対しては，被告の普通裁判籍が用いられる場合は，相手方は自分の住所地で反訴を起こすことを期待できるから問題は生じないとする[70]。特別裁判籍（不法行為地の裁判籍など）につ

---

66) *Leipold*, a.a.O.（Fn. 21），S.244-246. この論文は，勅使川原和彦「国際的訴訟競合の規制と重複的訴訟係属の判断基準」山法 2 号（1994 年）117 頁以下，越山・前掲注 4 ）『EU の法的課題』290 頁で紹介されている。

67) *Leipold*, Wege zur Konzentration von Zivilprozessen, 1999, S.16ff. 書評として *Foerste*, ZZP 114（2001），257ff. がある（批判的）。

68) *Leipold*, a.a.O.（Fn. 67），S.8. また，ゴットヴァルドも手続集中化責任を当事者に課することは期待可能であるとして，ドイツ法とヨーロッパ法とで異なったコンセプトを採用することは無用の混乱を招くとしている。*Gottwald*, a.a.O.（Fn. 20），S.85, S.93-94. なお，*Leipold*, a.a.O.（Fn. 66），S.241-244 では手続集中化責任を否定していた（勅使川原・前掲注 66) 123 頁参照）。しかし後掲注 84) のオッテのモノグラフィ（S.441f.）は，条約 21 条から手続集中化責任を引き出すことはできないとする。他方で，*Hau*, a.a.O.（Fn. 20），38-45 は，管轄法上の武器対等から給付の反訴提起責任を課することは可能だという。

69) *Leipold*, a.a.O.（Fn. 67），S.22f.

70) *Leipold*, a.a.O.（Fn. 67），S.20. この観点はすでに，*Leipold*, a.a.O.（Fn. 21），S.241-244

いては，手続集中化責任を課することをあきらめるのではなく，当該管轄ルールの合理性をむしろ問題とするべきであると論じる。その具体例として，実務上しばしば問題となった不正競争防止法（UWG）の1994年改正前24条の例を挙げて論じている[71]。それによると，全国紙上の広告を利用して不正競争をしている業者に対して業界団体が差し止めの訴えを起こそうとする場合，警告を受けた業者が不法行為地の裁判籍を利用して自己の住所地で消極的確認の訴えを起こしたとしても，右規定のもとでは業界団体は不法行為地の裁判籍を利用してその業界団体の住所地で差し止めの別訴を起こすことができ，判例もこの別訴を適法としていた。ここで特別裁判籍は原被告双方に有利に働くが，それが正しくないというのであればこのように全国どこでも訴えが起こせるようなルール自体の正当性を問うべきであり，現にこの規定は団体訴訟については修正され，業者の住所地に管轄は集中されることになった。すなわち，もはや管轄ルールの観点から手続集中化を批判することはできなくなったのである。他の競争法分野でも同様のことが起こっているが，高裁レベルでは消極的確認の訴えの法廷地に差し止めの反訴を強制する考え方が有力であり，欧州司法裁判所の判例によってこのような反訴強制説は大いに力を得たということができると述べている。

㈣　司法裁判所の訴訟物論の独自性を否定する見解

給付訴訟と消極的確認訴訟の優先劣後関係をめぐっては，2003年に出版されたヴェルネッケの教授資格論文が興味深い[72]。なぜならば，この論文は，欧州司法裁判所による訴訟物の捉え方はドイツ法のそれと共通するのだという立場からの議論を展開するからである。以下ではここでの議論に関連する範囲内で，また筆者が理解しえた限りでの趣旨を要約して紹介する。

この論文は，いくつかの前提の下に議論を展開する。

第1に，欧州司法裁判所の（判例1）では，Xの売買代金支払いの訴えに対抗してYはこの給付の訴えで主張される売買代金を支払う義務がないことの確認を求めているのだと理解される。また，（判例2）では損害賠償の訴えに先立って貨物の汚損について責任がないことの確認を求める訴えが起こされている[73]。以上

（勅使川原・前掲注66）124頁，越山・前掲注4）『EUの法的課題』288頁参照）で表明されていた。

71）　Leipold, a.a.O. (Fn. 67), S.21f.

72）　Wernecke, Die Einheitlichkeit des europäischen und des nationalen Begriffs vom Streitgegenstand, 2003.

のように理解する結果，司法裁判所の2つの判例は給付訴訟と（消極的）確認訴訟とが競合する場合を扱ったものであるということになる。

第2に，この論文は，当事者間で争われる請求の同一性は，申立てだけで決まるのではなく，当事者が（少なくとも部分的に）同じ事実関係によって基礎付けられ，かつ同一の法規定，または互いに競合する規定，もしくは互いに排斥しあう規定から導き出される法的効果を争っているかどうかで決まると理解する[74]。

第3に，欧州司法裁判所の中心争点理論とは，両訴の中心争点が同一の法律関係であることを意味するものと解されるところ，第2訴訟で第1訴訟と同一の争われている法的効果（金銭支払い，物の引渡し）について裁判しなければならないときに中心争点の同一性が肯定される。これは，当事者が（少なくとも部分的に）同じ事実関係によって基礎付けられ，かつ同一の法規定，または互いに競合する規定（例，契約責任と不法行為），もしくは互いに排斥しあう規定（例，契約による請求と不当利得による請求）から導き出される法的効果を争っている場合に認められるから，結局，欧州司法裁判所による訴訟物の捉え方は上述した第2の前提のように理解されることになり，またこれがドイツの訴訟法的訴訟物論のもともとの捉え方でもあるということが強調される[75]。第4に，重複訴訟の規制目的は矛盾する裁判の防止に一元化されるものと理解し[76]，論者がいう訴訟物の完全な同一性事例（第1訴訟での判決によって第2訴訟で争われている法的効果の存否が確定してしまう場合）だけでなく[77]，部分的な同一性事例（例，互いに排斥しあう法的効果が主張される場合）も規制対象となるとする[78]。

以上のような基本的前提の下に，給付訴訟と確認訴訟との競合事例は次のように処理される。

まず，この見解でも給付訴訟と消極的確認訴訟とは等価値であり（「先んずれば人を制す」），いずれが優先するかは手続法上の理由によって正当化される[79]。具

---

73) *Wernecke*, a.a.O. (Fn. 72), S.22f., 38, 106.
74) *Wernecke*, a.a.O. (Fn. 72), S.26f., 47, 53-67, 106. 法的効果を基礎付ける生活事実関係，請求権の法的性質決定も既判力対象である（S.70f.）。
75) *Wernecke*, a.a.O. (Fn. 72), S.47, 53-67, 106.
76) *Wernecke*, a.a.O. (Fn. 72), S.82f.
77) *Wernecke*, a.a.O. (Fn. 72), S.44f., 137.
78) *Wernecke*, a.a.O. (Fn. 72), S.45, 27 Fn. 77. 一方で売買代金請求がなされ，他方で不当利得を理由とした金銭支払い請求がなされるような場合。
79) *Wernecke*, a.a.O. (Fn. 72), S.86.

体的には，給付の訴えの提起後に消極的確認の訴えが提起された場合は，給付の訴えに対する本案判決によって確認の訴えに対する判決が先取りされる関係にあるから，訴訟物は完全に同一である[80]。したがって，二重起訴として不適法であり却下される。これに対して，消極的確認訴訟が先に提起された場合は，それが後発の給付の訴えで主張されるのと同じ請求権の不存在を主張する場合に限り(das kontradiktorische Gegenteil であるとき)，給付訴訟に優先し，給付訴訟は，確認の訴えが棄却された際に債務名義が取得できるように暫定的に不適法（中止）となる[81]。この場合は，確認の訴えを棄却しても給付の訴えに対する判決のうち金額の部分について先取りすることはないから，競合する訴えの対象は部分的に同一である。これとの関連で，通説である確認の利益消滅説については，確認訴訟の原告が適法に選択した法廷地を奪うこと，本案完結の表示手続で無駄な審理が積み重ねられ，矛盾した判断がなされる危険があることなどの問題点があるとする[82]。反訴強制説については，給付訴訟の原告が選択した法廷地を奪う点を問題視する[83]。

　ここではヴェルネッケの議論の全体像を紹介したわけではないので，安易なまとめは慎まなければならないが，次のようなコメントを付することにする。この議論は，抽象的な訴えの申立てを本来の意味内容へと引き戻し，事実関係と原告が求める法的利益，適用法規によって確定される一定の法的効果を基準にして訴訟物の同一性を判定するとの基本的な考え方に立つことで，ドイツ法と欧州司法裁判所判例との間に共通したメルクマールを見出し，問題を解決しようとする試みであると評価することができる。したがって，議論の表面的な印象とは異なり内容的にはかなり保守的であり，伝統的な議論の枠組みが守られているという感想をもつ。しかし，司法裁判所の判例は，請求の同一性を判定する際に明らかに申立ての意味を極小化しているのであり，論者の司法裁判所判例の解釈には異論が生じるものと思われる。また，論者はここでの問題対象を給付訴訟と確認訴訟が対抗する場合に限定したが，そのように解することで議論の発展性を自ら否定してしまったようにも見える。

---

80) *Wernecke*, a.a.O. (Fn. 72), S.92.
81) *Wernecke*, a.a.O. (Fn. 72), S.76-81, 83. この場合の中止は裁量ではない。手形訴訟のように迅速性の要請が強い場合は例外となる (S.98-101.)。
82) *Wernecke*, a.a.O. (Fn. 72), S.85-87.
83) *Wernecke*, a.a.O. (Fn. 72), S.91. 反訴は，給付訴訟の被告が統一的判断を求め，消極的確認訴訟の被告が迅速な判断を求めるための手段とされる (S.102.)。

㈤　通説を維持する見解

　他方で，通説の考え方を維持するものもある。最近，複数請求間の実体的関連性を考慮した紛争の包括的解決方法について大部な教授資格論文を発表したカールステン・オッテがそうである[84]。ただし，オッテはZPOの解釈論のあり方そのものを論じているのではなく，ドイツ法の通説的立場に肯定的だが欧州司法裁判所の考え方には否定的というスタンスに立脚して，厳格な先行訴訟係属優先原則を採用するEC管轄・執行条約21条の解釈論に中間的な解決を導入しようとすることを主たる目的としていることに注意しなければならない[85]。

　オッテは，消極的確認訴訟と給付訴訟とが競合する場合に関する従来のドイツ法の議論を概観しながら，今までの判例の立場を擁護する[86]。その場合に重要な視点とされているのは，第1手続で求められている権利保護の対象が第2手続のそれをともに包括しているかどうかということである[87]。つまり，第1手続の判決をすれば第2手続の判決をするのはもはや無駄であるからこそ，第2手続に対して重複訴訟の規制が働くと考えられる。しかし，第2の訴えによって第1の訴えよりも内容的に大きな（広い）権利保護の目的が追求されている場合には，後の訴えを優先させるほうが，ひとつの紛争を包括的に解決するやり方としては首尾一貫する。そこで，給付の訴えが先行する場合は訴訟物の部分的同一性を理由に重複訴訟として先行訴訟係属を優先させてよいが，先に消極的確認の訴えが係属し，後に給付の訴えが係属した場合はそうではなく，より大きな権利保護の利益を実現すべきであるとする。ただし，別訴の形で提起された給付の訴えを中止すること自体には必ずしも反対はしていない[88]。

　また，リュスマンのように，先に訴えた者に優先権を与えることで当事者間の武器対等を実現し，先に訴えた者（消極的確認の原告）に紛争全体を管轄する裁判

---

[84] Otte, Umfassende Streitentscheidung durch Beachtung von Sachzusammenhängen, 1998. このモノグラフィでは，包括的かつ矛盾のない紛争解決手段として，既判力，重複訴訟・関連訴訟の規制，関連請求の管轄が取り上げられている。このような議論がドイツで活発化している背景は，関連請求の規制についてドイツ法よりも充実した規定を持つEC管轄・執行条約への学問的関心が深化したことにあると思われる。

[85] Otte, a.a.O. (Fn. 84), S.341ff., 435ff.

[86] Otte, a.a.O. (Fn. 84), S.225-235.

[87] Otte, a.a.O. (Fn. 84), S.228-229, S.437-438, S.827.

[88] Vgl. Otte, a.a.O. (Fn. 84), S.228.

籍を定める権利を与えるべきだという議論については，それによって債権者側のより大きな権利保護を求める利益が制約される危険があること，優先権を与えられた消極的確認訴訟が認容されればそれで紛争は一回的に解決するが，その見込みは五分五分だとするならば，そのような不確実な見込みによって債権者に対して統一的な紛争解決を強制するべきではないとする[89]。

さらに，給付の訴えは反訴の形で起こすべきだとの立場に対しては，反訴提起によって確認訴訟の訴訟要件（確認の利益）が消滅するのであれば，この消極的確認訴訟は，結局債権者側が主張するより大きな権利保護のために裁判籍を選ぶ媒介物に貶められているだけだとして，給付の反訴が可能だということから消極的確認の訴えの訴訟係属が優先するということはドイツ法では論理的には導き出されないと批判する[90]。

以上のような観点から，オッテは，先に消極的確認の訴えが係属し，後に給付の訴えが係属した場合は後の訴えが優先するとの通説的立場を少なくともドイツ法の解釈としては再確認している。なお，EC管轄・執行条約21条の解釈論としては，後から起こされた給付の訴えが濫用的である場合には消極的確認訴訟の係属が優先するとして，そのための形式的規準として，消極的確認訴訟の係属後一定期間内に給付の訴えを提起することを要求する規定を設けるべきだとする[91]。

オッテの議論展開は，論文が大部なこともあって筆者には十分な理解ができているかどうか心もとないが，論旨は次のようにまとめてよいのではないかと思われる。すなわち，より大きな権利保護目的を追求する訴えとより小さな利益しか追求しない訴えとが競合する場合には，前者の訴えを起こしている当事者の犠牲の下に，厳格な先行訴訟係属優先主義によって関連紛争の統一的解決を強制するべきではないということであろう。少なくともドイツ法の解釈論としては，先制的消極的確認訴訟ケースの扱いは管轄上の利益や訴えの利益の平面で検討されるべきだということであろう。

2 関連請求の規制方法

次に，例えば売買代金請求訴訟とその先決関係となる売買契約無効確認訴訟の

---

89) Otte, a.a.O. (Fn. 84), S.231-232.
90) Otte, a.a.O. (Fn. 84), S.234-235. Vgl. auch Otte, Festschrift für Schütze, S.630.
91) Otte, a.a.O. (Fn. 84), S.829. その期間は第1訴訟係属後6か月で十分だという（Otte, Festschrift für Schütze, S.638-641）。

相互関係についても，ドイツ法の伝統的な考え方を改める時期が来たのであろうか。

(1) はっきりとそう述べるのは，ライポルトである[92]。ライポルトは，矛盾判決の回避，司法資源の効率的な運用という観点からは，欧州司法裁判所のいわゆる中心争点理論をドイツでも受け入れることができるとして，例えば，契約の無効確認の訴えと契約に基づいて給付されたものの返還請求の訴えとが競合する場合には両訴訟手続の一本化を行うべきだと主張する。具体的な処理方法については，第2訴訟を受けた裁判所は，第1裁判所が第2の訴えについても管轄を有するかどうかを調査して，事件を第1裁判所へ移送すべき（ZPO 281条類推）だとする。

(2) しかし，大勢は，このような事例を重複訴訟として規制することに否定的である。

まず，EC管轄・執行条約の適用領域内では，このような事例はまさに同条約22条における関連請求として規制するべきものであることが指摘される[93]。問題は，関連請求の規制を裁判所の裁量に委ねることが実効的かどうかという点にかかるが[94]，欧州司法裁判所の判例に批判的な論者はこれを肯定することになる。

次に，国内法の解釈としては，売買契約の無効を別訴で確認することを求める権利保護の利益は原則として存在しないとされる[95]。なぜならば，ドイツ法では中間確認訴訟（ZPO 256条2項）というよりローコストの別な道が存在するからである。さらに，売買契約無効確認の訴えが給付の訴えに先行した場合は，併合，中止という手段によって矛盾判断を回避できる[96]。以上のように，あえて重複訴訟の規制（第2訴訟の却下）を利用せずとも矛盾判断は回避することができるとされている。

このような規制否定説の背景には，ドイツ法が既判力を訴えによって主張される訴訟物に限定していることは法政策的に十分合理的であるという判断が存在し

---

92) *Leipold*, a.a.O. (Fn. 67), S.23.
93) *Walker*, a.a.O. (Fn. 46), 438. EC管轄・執行条約22条については，*Lüpfert*, Konnexität im EuGVÜ, 1997が詳細である。
94) Vgl. *Lüpfert*, a.a.O. (Fn. 93), S.221-223.
95) *Rüßmann*, a.a.O. (Fn. 21), 416. *Walker*, a.a.O. (Fn. 46), 440は，代金債務の存否が争われている限り契約の効力については確認の利益はないとする。
96) *Rüßmann*, a.a.O. (Fn. 21), 416.

ていることは疑いがない[97]。かつて意味関連性の理論[98]によって既判力範囲の拡張を主張したツォイナーでさえも、重複訴訟の禁止は同じ訴訟物による手続の重複を阻止することを目的としており、訴訟物との結びつきから解放して手続の一極集中化を目指すことには十分な理由がないとしている[99]ことには注意しておくべきであろう。他方、ライポルトは、この問題を訴訟物と既判力、訴訟係属の結びつきの問題とは考えておらず、すでに係属している事件とその核心において同一な訴えは先に事件が係属している裁判所で提起されるべきであるという手続集中化責任の問題として理解している。その意味では、関連請求の規制は管轄レベルの問題として把握されている。

3　議論状況のまとめ

(1)　以上のように、欧州司法裁判所の発想と伝統的なドイツ法の考え方との間には顕著な対立が残る一方で、前者による刺激を受けて両者が接近しつつあるという面も存在する。しかし両者が接近しつつあるといっても、申立て・事実関係・当事者の同一性によって訴訟物の単複異同を決定するというドイツ型訴訟物論の基本線はなお維持されていると考えてよいであろう。司法裁判所の考え方を高く評価するヴェルネッケの議論も訴えの申立ての法的意義を否定しないところ

---

[97]　*Rüßmann*, a.a.O. (Fn. 21), 414-415. 売買代金訴訟ではその先決問題である売買契約の効力は既判力によって確定しない。前述したオッテの見解では、このような場合は、売買契約の効力確認訴訟の権利保護目的は売買代金請求訴訟のそれの中に含まれないから、どちらかに手続に集中化しなければならない場面ではないということになる（代金請求訴訟と解除・代金減額請求訴訟の関係も同じ）。*Otte*, a.a.O. (Fn. 84), S.440-441. ところがヴェルネッケの見解では、一方で売買代金請求訴訟がなされ他方で契約全体の無効確認の訴えがなされた場合は、確認訴訟のほうが個別的な請求権を問題とする給付訴訟以上の申立てであることからこちらが優先する。ただし、判決の矛盾を防ぐために、確認判決の主文で「給付訴訟での裁判とは無関係に」という留保が付される（確認訴訟では売買代金請求権の発生原因には触れずその他の売買契約上の請求権の発生原因のみを判断する）という独特な解釈が提示される。*Wernecke*, a.a.O. (Fn. 72), S.74-75, 92-94.

[98]　*Zeuner*, Die objektiven Grenzen der Rechtskraft im Rahmen rechtlicher Sinnzusammenhänge, 1959.

[99]　*Zeuner*, a.a.O. (Fn. 21), S.1017-1018. ただし、将来の立法論として両者の考え方を大幅に近づける必要があるかどうかは考える余地があるとしている。*Haas*, Rechtshängigkeitssperre und Sachzusammenhang, in: Festschrift für Ishikawa, 2001, S.165, 170-188 も中心争点理論はドイツ法にとって模範的意味を持つことを認め、ZPO 261条のStreitsacheの意味を相対化して理解する。もっとも、ハースの議論も既判力と重複訴訟の範囲を完全に切断するところまでは至っていない。

に特徴がある。

　(2)　問題は,「訴訟物＝既判力＝訴訟係属」の結びつきをどこまで緩めることができるのかという訴訟物概念の機能の把握方法である。

　消極的確認訴訟と給付の訴えとが競合する場合は, 訴訟物となる権利関係が重なり合うので, 重複訴訟として規制したとしても重複訴訟成立要件としての申立ての意味が薄まった程度に止まる。この類型では, いずれの訴えに対する認容・棄却判決ともその既判力が相互に作用するから[100],「訴訟物＝既判力＝訴訟係属」の結びつきが切断されるわけではない。他方, 契約上の給付義務の履行を求める訴えとその前提条件に関する確認の訴えが競合する場合には, 給付訴訟でなされる判決は給付義務の先決的法律関係の存否を既判力によって確定しない。それにもかかわらず両者を重複訴訟として規制しようとすると,「訴訟物＝既判力＝訴訟係属」の結びつきをはっきりと切断することになる。前者の類型に関しては通説に批判的な論者が少なくないのに対して, 後者に関してはほとんどの論者が規制消極説であるという状況は, 訴訟係属を既判力の予備的段階として把握する発想がドイツではなお支配的であることを示しているように思われる。

　これに対してライポルト説は,「訴訟物＝訴訟係属」の結びつきを切断する方向に賛成しているが, だからといってこの説を, 申立てにとらわれない訴訟物概念を肯定的に受け入れたものと評価することは適切ではない。この見解の意図は, あくまでも訴訟物概念の機能を相対化することにあると見るべきだからである[101]。ただ, ライポルト説がそれ以上に, 訴えの申立てから離れた判決効までも志向することになるのかどうかは興味のあるところであるが, 既判力が及ぶ範囲の予測可能性を重視するならば, 申立てから離れた訴訟物によって既判力の範囲を設定するところまで一気に到達するわけには行かないであろう[102]。

　(3)　消極的確認の訴えが先制的に提起された場合に後で起こされた給付訴訟を

---

100)　しかし, 給付請求に対する棄却判決は, 期限未到来の場合は給付義務の不存在を確定しない（越山和広「請求棄却判決と再訴の可能性——期限未到来による棄却判決を中心に（1）」近法45巻3・4号（1998年）129頁以下参照）。

101)　*Leipold*, a.a.O. (Fn. 67), S.20. また, ライプチヒでの学会講演後の質疑応答（ZZP 111 (1998), 455）も参照。

102)　*Gottwald*, a.a.O. (Fn. 20), S.97-100 は, 既判力の範囲を申立てに拘束されない訴訟物概念で画定することには反対し, その限りで相対的訴訟物概念に賛成している。その場合, ゴットヴァルド説においては特に一部請求における訴訟費用との関連で訴訟物ないし判決対象を限定することに意味を見出しているようである。

どのように扱うかに関しては，2つの立場が対立したままである。すなわち，管轄レベルの問題として手続集中化を図る方向と，訴えの利益レベルの問題として消極的確認の利益消滅あるいは両訴の同時並行を認める方向がそれである。

いずれの立場に収束してゆくかは現段階では断定することができないが，紛争の統一的解決や当事者の管轄選択上の利益といった問題について ZPO が本来前提としていたことをどこまで変容できるのかが問われているように思われる。

V　今後の展望

この章では，日本法の立場からどのような考え方が可能かということを中心にして最終的なまとめを試みることにする。

1　先制的消極的確認訴訟の扱い方

先制的に消極的確認訴訟が係属した場合の具体的な事件処理のあり方については，先行訴訟係属優先原則（先着手主義）を適用すべきではない。すなわち，訴訟物がまったく同じ訴えが重複する場合は，本来的な重複（二重）訴訟の禁止規定が前提としている先行訴訟係属優先主義という考え方をそのまま適用しても差し支えない。しかし，訴訟物が厳密な意味で同じでない訴えが競合する場合には，重複訴訟であるとして何らかの形での規制を行うにしても，先行訴訟係属を常に優先させるという硬直的なルールを相対化して適用する必要がある。以上が，ヨーロッパ法とドイツ法における重複訴訟の規制についての議論を概観した上でのさしあたっての結論である。以下，若干の説明を加える。

まず，同じ原告によって訴訟物が全く同一な訴えが相前後して提起された場合を考えてみよう。この場合には両者の手続はまったく等価値であり，いずれの手続によっても原告は同一の救済を求めることが可能であるし，被告もいずれかの訴えに対する請求棄却判決を得れば目的を達成する。こうしたタイプの重複訴訟には，民訴法 142 条が明文で規定する二重起訴禁止原則を基礎づけるといわれている，被告の応訴の煩わしさ，既判力抵触の危険や訴訟経済の観点がそのままあてはまるということができる[103]。それゆえ，本来的な重複（二重）訴訟の禁止規

---

103) ただし，従来から指摘されているように，既判力の抵触回避を二重起訴禁止の根拠とすることには疑問がないわけではない。ただ，まったく同一の事件で二重に判決が出るという事態は当事者・裁判所にとって早期に避けることができるのであれば回避措置をとっ

定をそのまま適用して，先行する訴訟係属が優先すると考えて基本的にはさしつかえない[104]。

なお，先行訴訟係属優先原則は，第1訴訟に対して判決をすれば，第2訴訟についての判決をすることが完全に不必要となる場合にも当てはまる。例えば，給付の訴えが係属した後で同一の給付義務について積極的確認の訴えまたは債務不存在確認の訴えが起こされた場合がそうである。この場合は厳密には訴訟物が同一であるとはいえないが，第1の訴えが第2の訴えを全面的に包含する関係に立つという意味で訴訟物の部分的同一性を肯定することができる。

これに対して，先制的消極的確認訴訟と後発の給付訴訟が競合した場合のように，訴えの対象となる権利関係は同一でも権利保護要求の形式が異なる上に原告被告の立場が逆転している場合は，民訴法の明文規定の射程を越えているのではなかろうか[105]。なぜならば，後発の給付訴訟は債務名義を形成できるから無駄

ておくことが望ましい。その意味ではなお規制目的のひとつとしておいてよいであろう。高橋宏志『重点講義民事訴訟法（上）』（2005年）110頁注（2）。

104) 瑣末かもしれないが，なにゆえに時間的に先行する訴訟係属が優先するのかという疑問が提起される。形式論としては，二重起訴禁止は訴訟係属の効果と解されているからであると説明すれば足りるが，実質論は難しい。第1訴訟の審理のほうが進んでいるからそちらを優先するのが訴訟経済にかなう，ある法廷地を選んでひとつの請求の運命を委ねた以上はより好ましい法廷地を探索することは許されない，などが考えられるが，いずれも全面的には納得しがたいものがある（三木・次注論文153頁参照）。おそらくは，並行する2つの訴訟はいずれも価値が同一であるために，いずれか一方を優先させるための実質的な基準は本来見出しえず，時間的前後関係以外に客観的かつ簡明な基準はないからだということであろう。そうなると，次に述べるように，2つの並行する訴訟で追及される権利保護目的に大小の差がある場合は，別の考え方が当てはまる可能性がある。

105) 三木浩一「重複訴訟論の再構築」法研68巻12号（1995年）115頁，121頁，151頁以下（とくに154頁以下）は，重複訴訟禁止原則の適用範囲を拡大する代償として処理手段を柔軟化しようとするのなら，前訴優先ルールも柔軟化すべきだと説き，消極的確認と給付請求が対向する場合そのことが特に当てはまるとする。この三木論文は，アメリカ法に学びながら重複訴訟の処理方法の多用化と柔軟化を提唱する興味深い研究である。しかし，日本民訴法142条ははっきりと先行訴訟係属が優先するとしているのであり，この条文を相対化する根拠としてケース・マネージメントという観点を指摘するだけでは解釈論としての説得性に欠けるし，裁判所の裁量権に枠をはめるための基準を提供し得ないのではなかろうか。法解釈として前訴優先ルールを柔軟化することができるとするには，厳密な意味での訴訟物の同一性は欠けるが，訴訟物となる法律関係や請求の基礎となる事実関係・法律関係が共通する重複訴訟形態ではもはや民訴法規定の適用はなく，二重起訴禁止の根源的な原理である訴えの利益の存否を直接審査して前訴が優先するかどうかを判断することになると理由付けるべきもののように思われる。

な訴訟ではありえないし、当事者が攻守ところを変えて登場するために被告の応訴のわずらわしさという論拠も単純には当てはまらないからである。残された問題は既判力矛盾のおそれであるが、これも第1訴訟係属を優先しなければ回避できないわけではない。むしろ既判力の矛盾をおそれて第2訴訟を却下するという本来の重複訴訟の規制を適用すると、債権者側の司法救済の利益を著しく制約することは明らかである。そこで、ドイツの有力説は両訴の同時並行を認めつつ給付訴訟を中止（停止）するとか、給付の別訴を禁止して反訴を強制するのであり、わが国の通説も後者の考え方に立つわけである[106]。このような考え方は、消極的確認訴訟と給付訴訟とをまったく同格に扱うという前提に立って、先行する訴訟係属を優先させるものと理解されるが、このような発想の根本が妥当なのかどうかこそが問われなければならない。私見は、訴訟で追及される利益ないし本案判決によって得られる利益の大きさに大小がある以上は、両訴の係属順序とは無関係に、より大きな利益を追及する訴訟に優先権を与える発想のほうが素直ではないかと考える。

そこで、同一権利関係について消極的確認訴訟が先に提起され、その後により包括的な権利保護を目的とした給付訴訟が起こされた場合には、消極的確認の訴えの利益は原則として消滅すると解するべきであろう[107]。紛争解決機能が大きい給付訴訟が提起された以上は、給付訴訟に対する判決をする方が消極的確認の訴えに対して判決するよりも実効性は高く、その限りで消極的確認の訴えに対して本案判決をする必要性、実効性という意味での訴えの利益は失われたと考えられるからである。

次に、両訴の同時並行を認めつつ給付訴訟を中止（停止）するというドイツでの有力説をわが国に導入することができるかどうかを考えたい。

給付訴訟を中止する考え方は、ドイツ法のように先決的法律関係に関する訴訟が先行する場合などについて中止規定を有する制度の下ではこれを類推する条文上の根拠があるといえようが（ZPO 148条以下）、わが国の中止制度（民訴法130, 131条）の下では採用できないと思われる[108]。国際的訴訟競合の議論の中で提唱さ

---

106) 議論状況は、越山・前掲注22) 79頁から81頁参照。
107) 松本・前掲注22) 364頁以下、372頁以下、越山・前掲注22) 86頁以下。
108) 国際的訴訟競合の議論では、内国訴訟の中止の可能性が論じられている。わが国の議論状況については、安達栄司『国際民事訴訟法の展開』（2000年・成文堂）133頁以下を参照（同書の批評として、越山和広・静法5巻3・4号（2001年）637頁）。

れているように期日を追って指定するという形を活用する道もあるが，これは規範論ではないし，実質的にも債務名義の形成を遅らせることになり，債権者の利益を害する。むしろ問題は，確認の利益消滅説では確認訴訟で得られた訴訟資料が無駄になるので，給付訴訟をストップさせた方がよいのかどうかである。この点は事例ごとの判断を必要とするように思えるが，債権者側をけん制するために起こされる消極的確認訴訟は，紛争が十分に成熟していない段階で提起されがちであり，その争いの中心は今判決をすることの実効性という訴えの利益の有無に置かれることが容易に予想され，例えば損害発生原因や損害額といった実体要件の審理に至っていない可能性が高い。このような場合，両手続の並行を認めて給付訴訟を中止するメリットはあまりないと思われ，かえって債権者の司法救済を遅らせるおそれがあろう。また，確認訴訟のほうが本案裁判をするに熟した時点で給付訴訟が提起されるということは考えにくく，そのような著しく遅延した給付訴訟の提起自体逆に濫用的と判断すべきではなかろうか。以上のように考えると，給付訴訟中止説には他の見解と比較してそれほど大きな意義があるとは思われない。

　次に給付反訴強制説を検討する。この見解は，2つの手続を一本化するものであり，債権者の利益にも配慮しているということができる。また，この見解によると債権側の管轄選択権を侵害する危険が高いとの批判は，わが国の管轄規定・移送規定の下ではやや抽象的であり必ずしも決定的な批判にはならないと思われる[109]。

　しかし，反訴強制説にはいくつかの問題点が指摘できる。まずこの見解では，債務者側が先に訴えると債権者はこれによって紛争の統一的解決のために手続の集中化責任を負担することになる。では，手続の集中化責任を尽くすことなく給付の別訴が起こされた場合はどうなるか。制裁として給付の訴えを却下するというのが論理的な帰結かと思われるが，実際には移送・併合されるべきだといわれているだけである。そうなると今度はこの問題は，裁判所側の訴訟指揮の問題へと変化することになり，それは義務なのか裁量なのか，なぜ第1手続に併合すべきなのかといった解決が困難な新たな問題に直面する。また，もし債権者が債務者による裁判籍の選択，固定化を嫌うならば，いち早く給付の訴えを提起しなけ

---

[109]　坂田宏「消極的確認訴訟」鈴木重勝＝上田徹一郎編『基本問題セミナー民事訴訟法』（1998年）118頁，121頁から122頁。

ればならなくなるであろう。しかし，履行期限前の給付訴訟の提起は例外的にしか認められないし，こと損害賠償訴訟では損害額が固まらなければ給付訴訟を提起できないのだから，常に債権者に対して給付訴訟を先に提起すべき責任を課することはできないのではなかろうか。さらに，この見解は，給付の別訴は二重起訴になるという。しかし，反訴もひとつの訴えである以上訴訟係属は重複するのであり，別訴提起は二重起訴に当たるが反訴ならば二重起訴にならないことの理由はいまだ明らかではない[110]。反訴強制説がこのように反訴を二重起訴にならないと考えるということは，債権者の債務名義形成の利益に配慮せざるを得ないことを意味する。このことを逆に見れば，同一権利関係について給付の訴えが有する以上の法的意義を消極的確認訴訟に付与することはできないことが示唆されるのではないだろうか。

ところで，給付反訴強制説に立ちながらも，反訴が提起されたことで先行する消極的確認の利益が消滅するとの考え方がわが国では主張されている[111]。この見解は，ここでの問題を民訴法142条の問題として捉えながらも，最終的には訴えの利益の問題にシフトさせているわけである。しかし，それならばなぜ給付の別訴によっては消極的確認の利益が消滅しないのだろうか。また，給付の反訴によって訴えの利益が消滅する運命にある確認訴訟にはいかなる積極的な意義が見出されるのだろうか。

以上のような理由から，内国での先制的確認訴訟の扱い方としては確認の利益レベルでの調整が適切であると考える。

2　国際的訴訟競合について

以上は日本国内での重複訴訟の問題であるが，国際的訴訟競合の場合，議論の

---

110) 松本・前掲注22) 365頁。この問題について，例えば，Gruber, a.a.O. (Fn. 61), 133, 154f. は，2つの訴えの訴訟物は部分的に同一であるがゆえに，後発の給付の別訴は二重起訴禁止に反するが，反訴の場合は，給付請求権の存否確定手続（消極的確認訴訟の手続と共通する）に続いて給付判決がされる形となるから，二重起訴にはならないこと，また，給付の反訴には二重起訴禁止の趣旨が当てはまらないと論じる。しかし，給付請求権の存否確定という点で2つの訴えの要素が重複する以上，この見解によれば，反訴であっても二重起訴になるのではないだろうか。

111) 高橋・前掲注91) 115頁，119頁注13)。これに対する批判として，越山・前掲注22) 91頁から92頁参照。反訴により確認の利益が消滅するというのであれば，議論の前提となっている先行訴訟係属の優先性は貫徹できていないことになる。

枠組みは内国での重複訴訟とは異なる。なぜならば，外国裁判所と自国裁判所とが提供する手続の同質性ないし等質性を前提にすることができないので，一国内部での重複訴訟とまったく同じ前提に立つことができないからである[112]。そこで，この問題の包括的な検討は本稿の対象からはずすことにする。しかし，1999年10月にヘーグ国際私法会議で採択された「民事及び商事に関する裁判管轄権及び外国判決に関する条約準備草案」の21条で示された規制方法は，給付訴訟と消極的確認訴訟が国際的に競合する事例の解決（立法的なものも含めて）を考えるにあたって有益な示唆を与えるように思われる[113]。このグローバルな管轄・承認条約としてのハーグ条約が成立する見込みは残念ながらほぼ失われた現在，これを取り上げる意味があるかどうかは疑わしいが，学問的な関心からこの草案を中心に若干のコメントを加えていくことにする。

同草案21条1，6項は次のように規定する。

「1　同一の当事者が異なる締約国の裁判所において訴訟を行い，かつ，求める請求にかかわらず，当該手続が同一の訴訟原因に基づくものである場合において，最初の受訴裁判所が管轄権を有し，かつその裁判所が2番目の受訴裁判所の国においてこの条約に基づき承認することができる判決をすることが予想されるときには，2番目の受訴裁判所は，手続を停止しなければならない。ただし，2番目の受訴裁判所が第4条又は第12条により専属的な管轄権を有する場合はこの限りでない。

6　最初の受訴裁判所での訴えにおいて，原告が被告に対して債務を負っていないことの確認を求めている場合において，2番目の受訴裁判所に実質的な救済を求める訴えが提起されたときは，

(a) 前各項の規定は，当該2番目の受訴裁判所に適用しない。

(b) 2番目の受訴裁判所がこの条約に基づき承認することができる裁判をするこ

---

112) これに対して，EC管轄・執行条約21条は，欧州域内での手続の均質性を（擬制的だが）前提にして承認予測を介在させずに訴訟競合を規制する。その限度では，内国での重複訴訟の規制とパラレルに論じやすい面があるともいえよう。

113) この規定に関しては，道垣内正人「「民事及び商事に関する裁判管轄権及び外国判決に関する条約準備草案」を採択した1999年10月のヘーグ国際私法会議特別委員会の概要（5）」際商28巻6号（2000年）735頁以下，ピータ・ナイ／ファウスト・ポカール（道垣内正人／織田有基子訳）「民事及び商事に関する国際裁判管轄権及び外国判決の効力に関する特別委員会報告書（8）」際商29巻9号（2001年）1125頁，1129頁以下を参照。

とが予想されるときは，最初の受訴裁判所は，当事者の申立てにより手続を停止しなければならない。」

　この規定案については直ちに2つの特徴に気づく。
　第1に，1項にいう「同一の訴訟原因（the same cause of action）」という要件は，フランス語文では「同一の原因および対象（la même cause et la même objet）となっている。そしてこの要件は「求める請求にかかわらず（irrespective of the relief sought: quelles que soient les prétentions des parties）」という文言と結びつくことで，申立ての同一性にとらわれない請求概念を前提としていることが明らかになる。したがって，EC管轄・執行条約と同じ議論が当てはまることになるといえよう。このような規定の下では，渉外事件にあまり熟練していない内国の裁判所にとって，両訴の請求の同一性を判定するに当たり各国の訴訟物概念を厳密に調査する必要性が低くなるというメリットがあるが[114]，右要件の外延についての議論を詰めておかないと適用上の困難に直面する可能性が高いのではなかろうか。国際的訴訟競合では請求の同一性を緩やかに解することに一定の合理性はあると思われるが[115]，このようなルールを明文化することにはなお多面的な検討が必要で

---

114) 国際的訴訟競合についてもドイツでは訴訟物の同一性は当然の前提条件とされている（*Geimer*, Internationales Zivilprozessrecht, 4.Aufl., 2001, Rdnr.2693; *Schack*, Internationales Zivilverfahrensrecht, 3.Aufl., 2002, Rdnr.752; *Stein/Jonas/Schumann*, a.a.O., §261 Rdnr.12; *Dohm*, a.a.O.（Fn. 10）, S.280f., *Bäumer*, a.a.O.（Fn. 10）, S.177）。これは，ドイツの国際訴訟競合理論がいわゆる承認予測説を前提条件とし，既判力の潜在的抵触可能性を回避することに訴訟競合規制の目的を求めるからである。なお，この承認予測説の意味を追究する論文として，本間学「ドイツにおける国際二重起訴論の生成と展開」立命291号（2003年）1423頁がある。

115) 一国内部での重複訴訟とまったく同じ前提に立つことができない国際的訴訟競合では，重複訴訟の規制目的がそのまま当てはまるとはいえない。さらに，承認予測の困難さも考慮するならば，予想される内外判決既判力の相互矛盾のおそれという問題とは切り離して考える必要がある。さらに別な角度からみれば，いわゆる関連請求が並行的に複数国間で争われる場合，内国事件と異なって手続の一極集中，手続間の相互調整を図る手段が一切考えられないことからすれば，国際的訴訟競合の視野に入れることができる事件は同一事件の競合の場合に限定しないことが，より合目的的である（渡辺惺之「国際的二重訴訟論」中野貞一郎先生古稀祝賀『判例民事訴訟法の理論（下）』（1995年）475頁，496頁参照）。したがって，国際的訴訟競合では既判力の矛盾回避を直接の規制目的とするべきではないという理解には合理性はあるものと考えられる。国際的訴訟競合と訴訟物の同一性要件については，小田敬美／村上正子「判例評釈　アメリカ大使館オイル盗難訴訟第一審中間判決」判タ901号（1996年）27頁，32頁とそこに掲げられている文献を参照。

あろう。

　第2に，6項にいう「実質的な救済を求める訴え（action seeking substantive relief: action sur le fond）」というのは実体法上の義務の履行を求める給付請求のことであるから，ハーグ条約草案は，給付訴訟に先立つ消極的確認訴訟による管轄の固定を認めない立場であるということになる。そして，消極的確認訴訟と給付訴訟の競合状態を容認しつつ，当事者の申立てにより最終的には給付訴訟の係属を優先させる立場に立っているので，例外的に先行訴訟係属優先主義を否定していると評価することができる。この草案は，先制的消極的確認訴訟を原則的に濫用的なものと考えていることは明らかであるが，具体的な処理方法は明確ではない。例えば外国で先制的消極的確認訴訟が係属した後に債権者がわが国で給付訴訟を起こした場合には，わが国の裁判所は給付請求に対する審理を遂げてよいことになるのではないだろうか。反対に，外国での先制的消極的確認の訴えによって内国で給付訴訟が提起できなくなるとする解釈を採用すると，国際裁判管轄規則を損なう可能性が高いからである。それに，内国での訴えを排斥して外国での反訴提起を強制するような解釈論は非現実的である。また，外国法廷地での訴訟遅延がはなはだしい場合には，実質的に権利救済を拒否されることになってしまうだろう[116]。したがって，内国での給付訴訟追行の利益は原則的に肯定されるべきである[117]。これに対して，わが国で先に消極的確認訴訟が係属したときは，後に起こされた外国での給付訴訟でなされうる判決が実体的・手続的な公序違反により承認されない可能性が確実であるような場合であれば，内国での消極的確認訴訟を維持してよいものと思われる。以上のように理解するならば，右草案におけ

---

[116] *Prütting*, Die Rechtshängigkeit im internationalen Zivilprozessrecht und der Begriff des Streitgegenstandes nach Art. 21 EuGVÜ, in: Gedächtnisschrift für Alexsander Lüderitz, 2000, S.623. 国際的な知財訴訟での問題について，田中孝一「欧州知的財産権訴訟の最新トピック」判タ1089号38頁（2002年）参照。ドイツの議論については，Kropholler, Europäisches Zivilprozessrecht, 7. Aufl., 2002, Art. 27 Rdnr. 11.

[117] ドイツでは，*Geimer*, a. a. O., Rdnr.115；*Krause-Ablass/Bastuck*, Deutsche Klagen zur Abwehr amerikanischer Prozesse?, in: Festschrift für Ernst Stiefel, 1987, S.445, S.450 が，第2訴訟地である内国法により訴訟物は同じでないとして二重起訴にならないと解する。Schack, a.a.O., Rdnr.752 も内国の給付訴訟を維持する。他方，*Dohm*, a.a.O., S.284f. は，両訴並行を許し，内国の給付訴訟を中止すべきとする。*Hau*, Positive Kompetenzkonflikte im internationalen Zivilprozessrecht, 1996, S.140 も，内国給付訴訟の中止を命じうるとすることで柔軟な対応が可能だと説く（ただしその前提として国際民訴でも確認訴訟と給付訴訟とは同格だとの認識があることには注意）。

る先制的消極的確認の訴えに関する規制は，当事者の利益に配慮した適切なものと評価することができるのではないだろうか。

3　おわりに

　欧州司法裁判所のいわゆる「中心争点理論」によって重複起訴の規制範囲を本来のタイプである同一訴訟物に基づく２つの訴訟の競合事例を超えて拡張してゆくならば，併合・移送・中止を柔軟に活用しないと適切な規制を行うことはできないことは明らかである。その結果として，重複訴訟の規制は管轄レベルの問題へと変質することになる。換言するならば，管轄の一極集中化による関連紛争の統一的な解決が重複訴訟の規制原理となる。

　さて，わが国からみた場合，このような発想はすでに有力に主張されてきたところであり[118]，あまり新鮮には感じられないかもしれない。また，わが国のように柔軟な移送制度を有する国では，当事者の管轄選択上の利益ということはあまり重要視しなくてもかまわないから，「中心争点理論」のような発想を積極的に導入できる前提は備わっているといえるのかもしれない。しかし，当事者が民訴法の定める管轄ルールに従って裁判籍を選択したのに，その選択が紛争の一極集中化という名のもとに簡単に覆されていいのだろうか。特に主要争点の共通性というような訴訟の開始段階では必ずしも一義的に判定できない要件によって管轄の集中化を強制してよいのかどうか，今一度考え直してみる必要があるのではなかろうか。ドイツでの議論状況はそのためのひとつの材料になると考えられる。

　いずれにしても，ドイツ法が欧州司法裁判所のいわゆる「中心争点理論」を今後広く受け入れるならば，少なくとも重複訴訟の場面では訴訟物のもつ意味・機能が著しく希薄化することになる。「中心争点理論」が今後重複訴訟の場面を越えて広く受け入れられ，ドイツの訴訟物ドグマティクを劇的に変動させるかどうかを予言するだけの能力は筆者にはないが，欧州統合というプロセスの中でドイツ訴訟法学の地殻変動が確実に生じていることは本稿によって示すことができた

---

[118]　新堂幸司『新民事訴訟法（第３版）』（2004年）206頁以下。請求の基礎の同一性を基準とするのが，住吉博「重複訴訟禁止原則の再構成」新報77巻４・５・６号（1970年）95頁以下，伊藤眞『民事訴訟法（第３版補訂版）』（2005年・有斐閣）191頁。なお，酒井一「重複訴訟論」鈴木正裕先生古稀祝賀『民事訴訟法の史的展開』（2002年・有斐閣）267頁以下は，本稿でいう中心争点理論の受容に理解を示す。

と思われる。

◯ 共有者の共同訴訟の必要性に関する現行ドイツ法の沿革と現状

鶴　田　　滋

細目次
序　章

Ⅰ　共同訴訟の必要性に関する CPO の諸規定の成立過程

　1　共同訴訟の必要性の判断基準
　　(1)　1850 年ハノーファー法
　　(2)　1866 年ハノーファー草案
　　(3)　1864 年プロイセン草案
　　(4)　1870 年北ドイツ草案
　　(5)　CPO 第 1 草案以降
　　(6)　考　察
　2　付加的呼出制度の不採用
　　(1)　付加的呼出の不採用
　　(2)　プロイセン草案における呼出の帰趨
　　(3)　考　察
　3　合一確定の必要性の判断基準
　　(1)　共同訴訟人独立の原則の修正の必要性
　　(2)　CPO 59 条の成立過程
　　　(a)　プロイセン草案
　　　(b)　北ドイツ草案
　　　(c)　CPO 第 1 草案以降
　　(3)　考　察
　4　まとめ

Ⅱ　BGB 1011 条の成立過程

　1　BGB 1011 条の成立過程
　　(1)　部分草案物権編における *Johow* の見解
　　　(a)　共有の定義，成立原因
　　　(b)　各共有者による自己の持分権の主張
　　　(c)　各共有者による共有物全体の給付請求権の主張
　　　(d)　他の共有者への片面的既判力拡張・他の共有者に対する消極的確認の反訴
　　　(e)　考　察

　　　　（aa）各共有者による共有物全体の給付請求権の主張について
　　　　（bb）片面的既判力拡張・他の共有者への反訴について
　（2）第1読会における議論
　　　（a）各共有者の持分権の主張（部分草案216条）について
　　　（b）各共有者による共有物全体の給付請求権の主張（部分草案217条1項）について
　　　（c）片面的既判力拡張・消極的確認の反訴（部分草案217条2項）について
　（3）第1委員会による決議以降の議論
　　　（a）第1草案成立まで
　　　（b）第1草案成立後からBGB成立まで
　　　　（aa）第1草案に対する意見
　　　　（bb）第2委員会における議論
　　　　（cc）第2草案の編集以降
　（4）本節の要約
 2　BGB 432条1項の成立過程
　（1）部分草案起草直前における学説および立法の状況
　　　（a）法典編纂期における学説——連帯債権と不可分債権の関係
　　　（b）BGB成立過程前における諸立法
　　　　（aa）1863年ザクセン民法
　　　　（bb）1861年バイエルン草案
　　　　（cc）1866年ドレスデン草案
　（2）部分草案債権編における Kübel の見解
　（3）第1読会における議論
　（4）帝国司法庁における議論以降
　　　（a）第1草案339条1項
　　　（b）帝国司法庁における議論
　　　（c）第2読会における議論
　　　（d）第2読会における決議以降
　（5）考　察
　　　（a）BGB 432条1項の成立過程のまとめ
　　　（b）BGB 1011条成立過程への影響
 3　ま と め

Ⅲ　共有者の共同訴訟の必要性に関するドイツ法の現状

 1　共同訴訟の必要性の判断基準
 2　BGB 1011条の解釈問題
　（1）BGB 1011条と共有原則の関係
　（2）共有物返還方法の柔軟化

        (3)　証明責任
        (4)　適用範囲
            (a)　BGB 1011条の共有権確認訴訟への適用
            (b)　その他の事件類型への BGB 1011条の適用
        (5)　提訴した共有者の訴訟上の地位
        (6)　その他の訴訟上の諸問題
            (a)　提訴した共有者に対する判決の既判力の他の共有者への拡張の可否
            (b)　複数の共有者の共同訴訟における必要的共同訴訟の成否
            (c)　被告による第三者に対する反訴・呼出
    3　まとめ
  Ⅳ　BGB 744条2項（保存行為）の成立過程とその後の展開
    1　BGB 744条2項の成立過程
        (1)　BGB 744条と748条
        (2)　ドレスデン草案と『起草者提出資料集成・債務法編』
        (3)　第1草案成立まで
        (4)　第2草案・BGB 成立まで
        (5)　考　察
    2　保存行為に基づく各共有者による共有物全体の給付請求権の主張
        (1)　BGB 744条2項に基づく各共有者の共有物全体の物権的請求権の主張
        (2)　BGB 2038条1項2文後段に基づく各共同相続人の共有物全体に関する請求権の主張
        (3)　保存行為に基づく共同権利者の単独訴訟追行権に関する *Hellwig* の見解
    3　まとめ
  終　章——ドイツ法の特徴

序　章

(1)　日本の民事訴訟においては，数人が共同原告または共同被告とならなければ訴えが不適法として却下される形態の共同訴訟が存在する。本稿では，これを共同訴訟の必要性のある共同訴訟（固有必要的共同訴訟）と呼ぶ。それでは，裁判所は，どのような基準に従って，共同訴訟の必要性を判断すべきであろうか。この問題は，とりわけ，共有者が第三者に対して共有物全体に関する訴えを提起する場合を念頭に従来から議論されてきた。現在の日本の判例および支配的見解は，この場合における共有者の共同訴訟の必要性の判断基準を，実体法に求めて

いると言われる。本稿は，この見解の形成過程を探究するための準備作業として，日本の判例および支配的見解の形成に大きな影響を与えたと推測できる現行ドイツ法の沿革と現状を紹介し，その特徴を明らかにすることを目的とする。

(2)　周知の通り，共有者が第三者に対して共有物全体の給付を求める訴えやいわゆる共有権または共有関係の確認を求める訴えを提起する場合に，共有者の共同訴訟の必要性をどのような基準で判断するのかについては，激しい争いがある。現在，共有者の共同訴訟の必要性を実体法上の基準により判断する実体法説と，訴訟政策的観点から利害関係人間の利益を考量することにより共同訴訟の必要性を判断する訴訟政策説が主に対立すると言われる。前に，「19世紀ドイツにおける共有者の共同訴訟の必要性」と題する論文（以下では前稿と呼ぶ）を公表した際[1]，訴訟政策説および実体法説（に立つと言われる判例および支配的見解）のいずれにも理論上の問題点があることを指摘した。

まず，訴訟政策説に立つならば，個別的かつ具体的な結果の妥当性を志向するあまり，訴えの適法性の判断が不安定となり，その結果，かえって利害関係人の利益が損なわれるという観点から，訴訟政策説を批判した。

次に，実体法説によれば，共同訴訟の必要性が訴訟物を構成しうる権利関係の実体的性質から演繹的に判断されるため，本来であれば，訴えの適法性の判断基準が明確となるはずであると，実体法説を評価した。しかし，実体法説に立つと言われる現在の判例および支配的見解は，なぜ共有関係確認訴訟などにおいては共有者全員による共同訴訟を要求し，それに対して共有物全体に対する妨害排除請求などにおいては各共有者の個別訴訟を適法とする根拠を十分に示していない。また，後者の場合に適用される保存行為などの規定がなぜ各共有者の個別訴訟を許す根拠となりうるのかについても説明していない。これらの理由から，実体法説に立つと言われる判例および支配的見解が，実体法説の本来の特徴に反して不明確な判断基準しか提示していない可能性があることを指摘した。

そこで，現在の判例および支配的見解の以上の問題点を克服するためには，まず，実体法上の基準により共同訴訟の必要性を判断することを貫徹できていないと推測できる現在の判例および支配的見解が形成された経緯を，歴史的に考察することが必要であると考えている。これが，前稿において提示した研究課題であ

---

1)　鶴田滋「19世紀ドイツにおける共有者の共同訴訟の必要性（1）～（3・完）」大阪市大法学雑誌51巻2号（2004年）63頁，3号（2005年）91頁，4号（2005年）106頁。問題意識についての詳細は，法学雑誌51巻2号64頁以下を参照。

る。

(3) しかし，現在の日本の判例および支配的見解の形成過程を明らかにすることは，それほど容易ではない。なぜなら，現在の日本の判例および支配的見解は，民法学におけるドイツ法全盛時代と呼ばれる大正年代に形成されたので，ドイツ法の影響を強く受けていると推測できるにもかかわらず，ドイツ法における共有者の共同訴訟の必要性に関する沿革が，日本では十分に紹介され検討されていないからである。

このような理由から，筆者は，現在の日本の判例および支配的見解の形成過程を探るための作業を，次の3つの段階に分けて行うことにした。第1段階は，共有者による共同訴訟の必要性に関する19世紀ドイツの法状況を明らかにすることである。第2段階は，第1段階における考察を前提に，共有者の共同訴訟の必要性に関する現行ドイツ法の沿革と現状を紹介・検討することである。第3段階は，共有者の共同訴訟の必要性に関する日本の判例および支配的見解が，第1段階および第2段階における考察により明らかとなったドイツ法の議論の影響を受けて形成される過程を探究することである。

(4) 以上の考察方法に従って，筆者は，現在の日本の判例および支配的見解の形成過程を探究するための第1段階の作業として，現行ドイツ民法典（以下ではBGBと表記する）がBGB 1011条を立法することにより各共有者による共有物全体の給付請求権の主張を承認する以前の19世紀ドイツにおいて，共有者の共同訴訟の必要性はどのように判断されていたのかを，前稿において考察した。その考察結果は次の通りであった。

19世紀のドイツ法，とりわけドイツ普通法およびプロイセン法においては，実体法を基準に共同訴訟の必要性が判断されていた。しかも，普通法およびプロイセン法においては，共同所有はローマ法上の共有であると理解されていたため，各共有者は自己の持分をその範囲でのみ処分できる，したがって共有者全員が共同してのみ共有物全体を処分できるという原則が妥当していた。それゆえ，共有物全体の給付請求権を訴訟上主張する場合には，共有者全員の共同訴訟を必要とするのが原則とされていた。しかもそこでは，共同訴訟人となるべき者を強制的に呼び出す付加的呼出の制度がすでに衰退していたため，共有者の一部が共同の訴えを拒絶すると他の共有者の権利を救済することが困難となっていた。そこで，このような不都合を解消するために，各共有者による共有物全体の給付請求権の主張を実体法上承認することが，様々な方法により試みられた。

たとえば普通法は、役権認諾の訴えに関するローマ法文を根拠に、各共有者が共有物全体に対する妨害排除請求権を単独で主張できることを承認した。プロイセンの最上級裁判所であるObertribunalは、19世紀の中葉に、共有者の共同訴訟を必要とした従来の判例を変更して、各共有者は、請求される給付が他の共有者の権利を侵害せず、かつ被告の利益を侵害しない限りで、共有物の保存または保全のために、共有物全体に対する妨害の排除や、共有者全員への共有物全体の返還などを単独で請求できる、という先例を打ち立てた。

しかしながら、各共有者の個別訴訟を承認することを試みる見解はいずれも、共有者全員が共同してのみ共有物全体を処分できるという原則との関係を十分に説明することができなかった。そのため、普通法やプロイセン法においては、各共有者の個別訴訟を承認する根拠について定説が存在しなかっただけでなく、各共有者の個別訴訟を否定する見解すら存在した。

このように前稿では、19世紀のドイツ法においては、現在の日本法と同様に、各共有者による共有物全体の給付請求権の主張を許容するかどうかについて激しい争いが存在したことを明らかにした。

(5) 本稿は、共有者の共同訴訟の必要性に関する現在の日本の判例および支配的見解の形成過程を辿るための第2段階の作業として、前稿における考察結果を前提に、1877年ドイツ民事訴訟法典（以下ではCPOと表記する）および1896年ドイツ民法典（BGB）の起草者は、共有者の共同訴訟の必要性についてどのような立場を採ったのか、そしてその立場は、現在の判例および学説においても維持されているのかどうかを示し、共有者の共同訴訟の必要性に関する現行ドイツ法の特徴を明らかにすることを課題とする。本稿の具体的な課題は次の3点である。

第1の課題は、現行ドイツ民事訴訟法における共同訴訟の必要性の判断基準を明らかにすることである。CPOの起草者は、共同訴訟の必要性の判断基準を実体法に見ていた19世紀ドイツ法の理解を変更しなかったのかどうか、そして現在の判例および学説は、この点についてのCPOの起草者の見解を変更しなかったのかどうかを示す。また、付加的呼出や必要的共同訴訟の成立要件に対する起草者の見解も確認する。

第2の課題は、各共有者による共有物全体の給付請求権の主張を承認するBGB 1011条の存在理由を明らかにすることである。BGBの起草者は、前稿で紹介した19世紀ドイツ法における議論の錯綜状況を受けて、どのような理由からBGB 1011条を起草したのかを検討する。さらに現在の判例および学説がBGB

1011条の存在理由をどのように理解しているのかも確認する。

　第3の課題は，各持分権者が共同関係にある物の保存のために必要な行為を単独で行うことができることを定めるBGB 744条2項の存在理由を明らかにすることである。前に述べたように，19世紀プロイセン法では，各共有者が共有物の保存または保全のために共有物全体の給付請求権を主張できるという先例が樹立されていたことが，前稿において明らかとなっている。そこで，この先例とBGB 744条2項との関係を明確にすることが課題となる。すなわち，BGBの起草者が，プロイセンの判例に影響を受けて，各共有者が共有物全体の給付請求権を主張できることをも意図してBGB 744条2項を立法したのかどうか，そしてBGB成立後の判例および学説がこの問題についてどのような立場を採ったのかを明らかにすることを課題とする。

　(6)　以下の順序で考察を進める。

　第Ⅰ章では，CPOにおける共同訴訟の必要性に関する諸規定の成立過程を紹介する。第Ⅱ章では，BGB 1011条の成立過程を紹介する。ここではさらにBGB 1011条が準用するBGB 432条1項の成立過程についても言及したい。第Ⅲ章では，CPO（およびBGB成立に伴いCPOを修正した1898年ドイツ民事訴訟法〔以下ではZPOと表記する〕）とBGBが成立した後の判例および学説の動向を考察し，共有者全員による共同訴訟の必要性の有無に関する起草者の見解が現在においても維持されているのかどうかを確認する。第Ⅳ章では，BGB 744条2項の起草趣旨とBGB成立後における同項の解釈問題について論じる。最後に終章において，以上の考察のまとめとして，現行ドイツ法における共有者による共同訴訟の必要性に関する議論の特徴を明らかにし，日本の判例および支配的見解の形成過程を考察するための橋渡しとする予定である。

Ⅰ　共同訴訟の必要性に関するCPOの諸規定の成立過程

　本章では，CPOが，当時のドイツにおける実体法および訴訟法の影響を受けて，共同訴訟の必要性の判断基準，付加的呼出制度の採否，および合一確定の必要性の判断基準についてどのような立場をとったのかを明らかにする。

　ところで，1877年にCPOは法典化された。当然のことながら，この法典は過去との連続性なしに作られたわけではない。1850年代以降，ドイツでは統一ドイツ法典または諸ラントに共通して適用される法典を成立させようとする動きが広がり，いくつもの民事訴訟法草案が作成された。しかし，19世紀後半におけ

る政治的動乱のためにいずれも法典化の目標には至らなかった。その後，これらの訴訟法草案を参照して起草された CPO がようやく成立した[2]。そこで以下では，CPO に先行する諸草案も参照して，共同訴訟の必要性に関連する 1877 年 CPO の諸規定の成立史を紹介する。

1　共同訴訟の必要性の判断基準

(1)　1850 年ハノーファー法

1814 年におけるウイーン会議の翌年に成立したドイツ同盟は，非常に弱い権限しか与えられていなかった。すなわち，同盟共通の草案を作成し，その採用を各加盟国に勧告する権限しか有していなかった。それにもかかわらず 19 世紀の中葉になると，手形法，商法，債務法と同様に，民事訴訟法についても共通の法典を作成する機運が高まり，1862 年に同盟議会の多数派は，プロイセンの反対を押し切って，民事訴訟法草案を作成するための委員会をハノーファーに設置することを決議した。同年から審議が開始され，1866 年に草案が完成する。これがハノーファー草案と呼ばれるものである。

ところで，審議の対象となる草案を起草し，その説明をする起草委員（Referent）には，*Adolf Leonhardt*（アドルフ・レオンハルト）が選出されている。彼は，口頭審理原則をドイツにおいて初めて採用した 1850 年ハノーファー王国民事訴訟法（Bürgerliche Prozessordnung für das Königreich Hannover, 1850）の立案者であった。それゆえ，1850 年ハノーファー法は，ハノーファー草案における審議の基礎となっている[3]。以上の理由から，CPO の成立史を探求するためには，まず 1850 年ハノーファー法の規定から見ていく必要がある。

共同訴訟の必要性の判断基準について定めた，1850 年ハノーファー法 33 条 1 項ないし 3 項は，次の通りであった。

1850 年ハノーファー法 33 条 1 項ないし 3 項[4]

---

2) この点についての叙述は，鈴木正裕「上告理由としての訴訟法違反」民事訴訟雑誌 25 号 (1979 年) 47 頁以下，および，竹下守夫「『口頭弁論』の歴史的意義と将来の展望」新堂幸司編集代表『講座民事訴訟④審理』(1985 年，弘文堂) 8 頁以下を参考にした。

3) *Dahlmanns*, Einleitung für das Hanoversche Gesetz von 1850, in : Dahlmanns, Neudrucke zivilprozessualer Kodifikationen und Entwürfe des 19. Jahrhunderts, Bd. 1, 1971, S. 44.

4) *Leonhardt*, Die bürgerliche Proceßordnung und deren Nebengesetze, 3. Aufl., 1861, in : Dahlmanns, a.a.O. (Fn. 3), Bd. 1, 1971, S. 368 f.

「複数の者に又は複数の者に対して係争対象又は請求権が共同して帰属する場合，若しくは複数の者のための又は複数の者に対する請求権が同一の原因による場合，複数の者は共同訴訟人として訴え又は訴えられることができる。

　しかし，被告は，原告のそのような併合（Vereinigung）の発生を請求することはできず，むしろ被告は，可分の請求権の場合には，提訴原告各人が勝訴により得た持分を引き渡さなければならない。

　原告は，義務者の一人に提訴するか義務者全員に提訴するかの選択権を有する。しかし，可分の請求権の場合，各人に彼の持分の給付を命じる判決のみが下されうる。」

　Leonhardt による注釈によれば，33条2項および3項は，被告に共同訴訟の抗弁が帰属しないことを強調しているとする。このように共同訴訟の抗弁の不適用を明言することは，共同訴訟の要否基準を実体法に委ねるよりも，共同訴訟の抗弁の適用範囲を明確にするとされている[5]。

　さらに *Leonhardt* はこの規定に関して，前稿において紹介した普通訴訟法学説である *Martin*（マルティン），*Linde*（リンデ），*Bayer*（バイエル）および *Schmid*（シュミット）の見解を引用する[6]。したがって，*Leonhardt* は，これらの普通法学説，とりわけ共同訴訟の抗弁を適用する場面は存在しないと主張した *Martin* の見解に影響を受けて，請求権の可分・不可分を問わず，被告は共同訴訟の抗弁を提出できないとしたと考えられる。

(2)　1866年ハノーファー草案

　1863年2月16日に開催されたハノーファー草案のための第50回審議会において，起草委員（Referent）は，共同訴訟の必要性の判断基準に関する次の規定を提案した[7]。

「複数の権利者による訴え又は複数の義務者に対する訴えが提起されるべきであるとの抗弁は，共同訴訟の必要性が私法の規定に基づく限りでのみ許される」。

　起草委員がこの規定を提案した理由は，本草案が，どのような場合に共同訴訟

---

5) *Dahlmanns*, a.a.O.（Fn. 3）, Bd. 1, 1971, S. 369.
6) *Dahlmanns*, a.a.O.（Fn. 3）, Bd. 1, 1971, S. 367.
7) Protocolle der Commission zur Berathung einer allgemeinen Civilprozeßordnung für die deutschen Bundesstaaten, Bd. 2, Hannover, 1863, S. 696.

の抗弁を提出できるとするかを，きわめて争いのある普通私法や地方法より先に決定しないようにすることにあったとされる[8]。この規定は審議会において議論されることなく承認された。

このように，起草委員である*Leonhardt*は，1850年ハノーファー法の時と異なり，ハノーファー草案が全ドイツに通用されることを念頭に置いていたために，19世紀の普通法やプロイセン法などにおいて極めて争いのあった共同訴訟の必要性の判断基準について，一定の立場をとることを避けたのである[9]。その後も共同訴訟の必要性の判断基準に関する規定は議論されることなく，ほぼ同じ文言の規定が1866年ハノーファー草案として起草されることになる。

1866年ハノーファー草案54条[10]
「複数の権利者による訴え又は複数の義務者に対する訴えが提起されるべきであるとの抗弁は，それが私法の規定に根拠がある限りでのみ許される。」

(3) 1864年プロイセン草案

ところで，プロイセンはハノーファー草案作成のための委員会には参加しなかったが，自国固有の民事訴訟法典を作成することを計画した。1861年に発足した委員会は1864年に草案を完成させた。これがいわゆるプロイセン草案（Entwurf einer Prozeß-Ordnung in bürgerlichen Rechtsstreitigkeiten für den Preußischen Staat, Berlin, 1864）である。しかしこの草案はフランス法の影響が著しいために裁判官の猛反対にあい，ついに法典化されなかった[11]。

以上の性格を持つ1864年プロイセン草案は，共同訴訟の必要性の判断基準について規定を置かなかった。この理由書によると，本草案は，どのような場合に共同訴訟の抗弁が提出できるのかは，各地方ごとに異なる民法により考慮されなければならない実体法の問題であるとして，共同訴訟の抗弁の適用範囲に関する規定を設けなかったとする[12]。

---

8) A.a.O. (Fn. 7), S. 696.
9) なお，*Lux*は，この*Leonhardt*の立場を，共同訴訟の必要性の判断は事件適格の問題であるとする*Planck*の見解に影響を受けたものであると評価する。*Lux*, Die Notwendigkeit der Streitgenossenschaft, 1906, S. 23.
10) Entwurf einer allgemeinen Civilproceßordnung für die deutschen Bundesstaaten, Hannover, 1866, in : Dahlmanns, Neudrucke zivilprozessualer Kodifikationen und Entwürfe des 19. Jahrhunderts, Bd. 2, 1972, S. 81.
11) 鈴木・前掲注2）49頁以下。

⑷ 1870年北ドイツ草案

ハノーファー草案が完成した直後の1866年に勃発した普墺戦争に勝利したプロイセンは，北部，中部のドイツ諸国と共に北ドイツ同盟を結成する。この北ドイツ同盟のためにも民事訴訟法典を作成することが計画された。1868年にそのための委員会が発足し，390回にも及ぶ議論の末，1870年に草案が完成した。これが北ドイツ草案（Entwurf einer Civilprozeßordnung für den Norddeutschen Bund, Berlin, 1870）と呼ばれるものである。

北ドイツ草案作成のための審議会においては，ハノーファー草案を下敷きに，プロイセン草案を適宜参考にして議論されたと言われる[13]。共同訴訟の必要性の判断基準に関する規定についての議論は，1868年2月19日の第21回審議会において最初に行われたが，その際にも，前述のハノーファー草案54条の妥当性について議論されている。

最初に，審議会のある構成員は，いわゆる共同訴訟の抗弁は「形式的な弁論主義の表現（Ausdruck der formellen Verhandlungs-Maxime）」であるから，この規定は削除すべきであると主張した[14]。また，別の構成員は，共同訴訟の「抗弁」という文言に疑問を示した[15]。これらの見解は，おそらく，Planck（プランク）が共同訴訟の抗弁を妨訴抗弁ではなく実体法上の事件適格の問題と位置づけたことに影響を受けて主張されたものであろう[16]。

これに対して，別の構成員は，共同権利者の関係についてのプロイセン法の解釈との関連で，ハノーファー草案54条の必要性を主張し，さらに「既判力拡張との関係でまさにここに存在する係争問題（die bezüglich der Ausdehnung der Rechtskraft gerade hier bestehenden Streitfragen）」の論証を試みている[17]。この構成員の主張は明確ではない。しかし，推測するに，この見解は，前稿において紹介したプロイセンの判例法理とそれに対する学説の批判を念頭に置いて，共同権利者の共同訴訟が必要な場合が存在することを論証しようと試みていると考えられ

---

12) Motive einer Prozeß-Ordnung in bürgerlichen Rechtsstreitigkeiten für den Preußischen Staat, 1864, S. 32.
13) 鈴木・前掲注2）50頁。
14) Protokolle der Kommission zur Ausarbeitung des Entwurfs einer Civilprozeßordnung für die Staaten des Norddeutschen Bundes, Bd. 1, 1868, S. 126.
15) A.a.O.（Fn. 14），Bd. 1, S. 126.
16) Planckの見解については，鶴田・前掲注1）法学雑誌51巻2号90頁以下を参照。
17) A.a.O.（Fn. 14），Bd. 1, S. 126.

る。具体的には次の主張がなされているようである。すなわち，プロイセン一般ラント法では，判例により，不可分の権利に関する各共同権利者の個別訴訟が承認された。しかし，この判例によると被告に重複応訴の不利益が生じる。この不利益を解消するためには，提訴した共同権利者に下された判決の効力が他の共同権利者の有利にも不利にも拡張されるとしなければならない。しかし，それでは他の共同権利者の権利処分の自由が奪われることになる。したがって，共同権利者が共同してのみ訴えを提起できるという原則が維持されなければならない，と。

しかし，いずれにせよ，審議会の構成員の意見は，訴えが複数の権利者によりまたは複数の義務者に対して提起されなければならないかどうかの問題は実体法により判断されなければならないことにつき一致した[18]。さらに，このことを前提に，どのような文言が草案に規定すべきかは編集に委ねることに関しても一致した[19]。その後，共同訴訟の必要性の判断基準に関する規定について実質的な議論はなされないまま，次の北ドイツ草案93条が成立した。

1870年北ドイツ草案93条[20]
「訴えが複数の権利者により又は複数の義務者に対して共同して提起されるべき範囲は，民法の規定により決められる」。

(5) CPO 第1草案以降

北ドイツ草案が完成した1870年に勃発した普仏戦争に勝利したプロイセン，およびそれを支援したドイツ諸国は，1871年に北ドイツ同盟を発展的に解消してドイツ帝国を成立させた。この年にドイツ帝国のための民事訴訟法草案が公表された。これがいわゆる第1草案 (Entwurf einer Deutschen Civilprozeßordnung, Berlin, 1871) である。またこれはプロイセンの司法省が起草しているため，司法省草案 (Justizministerialentwurf) とも呼ばれている。

この第1草案は，1868年以来プロイセンの司法大臣を務めていた *Leonhardt* が1870年～71年の冬に「彼の研究室で (in seinem Arbeitzimmer)」作成したものと言われる[21]。しかし，第1草案は，彼がこれまでに起草に関わった諸草案とは

---

18) A.a.O. (Fn. 14), Bd. 1, S. 126.
19) A.a.O. (Fn. 14), Bd. 1, S. 126.
20) A.a.O. (Fn. 14), Bd. 5, 1870, S. 2407.

異なり，共同訴訟の必要性の判断基準に関する規定を設けていない。第1草案の理由書によれば，共同訴訟の必要性の問題は民法に属するので，これに関する規定を置かなかったとする[22]）。

　この後，第1草案は連邦参議院（Bundesrat）に上程され，若干の修正が行われた後，再び第2草案（Entwurf einer Deutschen Civilprozeßordnung nebst dem Entwurfe eines Einführungsgesetzes, 1872）として公表され，さらに連邦参議院の修正を受けた後，その草案（第3草案：Entwurf einer Civilprozeßordnung für das Deutsche Reich, 1874）が帝国議会（Reichstag）に送付された。帝国議会での審議の後，1876年に可決，成立し，1877年にCPOが公布されるに至る。

　しかし，共同訴訟の必要性の判断基準に関しては第2草案以降，何の議論もなされなかった。その結果，共同訴訟の必要性の判断基準に関する規定は削除されたまま，CPOが成立した。

(6) 考　　察

　以上から，共同訴訟の必要性に関するCPOの規定の成立過程では，次の2つの点で変遷があったこと指摘することができる。

　1つは，共同訴訟の抗弁の性質について変遷があった。当初ハノーファー草案やプロイセン草案では，共同訴訟の「抗弁」という文言が使われていた。しかし，北ドイツ草案作成のための審議において，「抗弁」という文言を使うことに異議が唱えられ，結果的にこの文言は削除された。これは，起草者が，前稿において紹介したPlanckの見解の影響を受けて，共同訴訟の必要性の問題を事件適格という本案すなわち実体法の問題と理解したことに基づくと考えられる。さらに，CPOの段階になって共同訴訟の必要性に関する規定が削除されたのも，Planckの影響によって，共同訴訟の必要性が実体法の問題として理解されたからだと考えられる。以上から，共同訴訟の抗弁の性質に関しては，普通訴訟法の議論，とくにPlanckの見解が，CPOの成立過程に大きな影響を及ぼしていたと考えられる。

---

21)　*Dahlmanns*, Neudrucke zivilprozessualer Kodifikationen und Entwürfe des 19. Jahrhunderts, Bd. 2, 1971, S. 34.

22)　Entwurf einer Deutschen Civilprozeßordnung nebst Begründung, 1871, S. 267 f. これは，*Dahlmanns*, Neudrucke zivilprozessualer Kodifikationen und Entwürfe des 19. Jahrhunderts, Bd. 2, 1971 および *Schubert*, Entstehung und Quellen der Civilprozeßordnung von 1877, Erster Halbband, 1987 に収められている。

もう1つは，共同訴訟の必要性の判断基準についても変遷があった。1850年ハノーファー法は，係争権利又は義務の可分・不可分を問わず，共同訴訟の抗弁を適用しないことを訴訟法によって一律に定めていた。しかし，ハノーファー草案以降，共同訴訟の必要性は，訴訟法によらずに実体法により決められることになった。共同訴訟の必要性の判断基準を，非常に争いのある普通私法や地方法より先に訴訟法において判断できないとしたためであった。この事実は，19世紀ドイツ普通訴訟理論が次第に共同訴訟の必要性を個別的な事件（実体法）ごとに判断するようになったことや[23]，各共有者による共有物全体の給付請求権の主張の可否のように，同じ事件であっても普通法とプロイセン法ではかなり異なった議論がなされていたこと[24]に対応する。

　以上から，CPOは共同訴訟の必要性の判断基準を実体法に委ねたことが明らかにされた。したがって，本稿の課題である，現行ドイツ法が各共有者による共有物全体の給付請求の可否につきどのような決断をしたのか，という問題を解明することも，BGBの成立過程の考察に委ねられることになる。

2　付加的呼出制度の不採用

(1)　付加的呼出の不採用

　⑴　それでは，次に19世紀普通法学において，共同訴訟の抗弁と対をなすものとして理解されてきた付加的呼出の制度は，CPOの成立過程でどのように扱われたのであろうか。

　1850年ハノーファー法42条は，付加的呼出（Adcitation）について次の規定を置いていた。

1850年ハノーファー法42条[25]
「訴訟への関与を第三者に対して強制することは不適法である。」

　このように，ハノーファー法は付加的呼出を全面的に禁じた。立案者 Leonhardt は，この規定の注釈において，前稿第1章第1節において紹介した *Gönner*（ゲンナー）や *Mittermaier*（ミッターマイヤー）などの文献を引用している[26]。

---

23)　鶴田・前掲注1) 法学雑誌51巻2号88頁以下を参照。
24)　鶴田・前掲注1) 法学雑誌51巻3号92頁以下；51巻4号107頁以下を参照。
25)　*Dahlmanns*, a.a.O. (Fn. 3), Bd. 1, S. 375.
26)　*Dahlmanns*, a.a.O. (Fn. 3), Bd. 1, S. 375.

Leonhardt がこの条文を起草した当時のドイツ普通法学においては，*Gönner* などによりその必要性が強調された付加的呼出の制度が *Mittermaier* により痛烈に批判されて以来，付加的呼出を不適法と見る学説が支配的となっていた。このため *Leonhardt* は，19世紀中葉における普通法学説の状況に忠実に従って付加的呼出を採用しない旨の条文を起草したのであろう。

(2)　次に，ハノーファー草案65条は次の通りであった。

1866年ハノーファー草案65条[27]
「他人間に係属する訴訟への第三者の付加的呼出（Beiladung）は，私法により定められている場合においてのみ許される。」

　この規定は，1850年ハノーファー法42条とは異なり，私法に規定がある限り付加的呼出を適法とする立場を採っている。したがって，ハノーファー草案の起草者は，共同訴訟の抗弁の適用範囲について規定した同草案54条と同様に，訴訟法が付加的呼出の適法性を判断することを断念し，ドイツ全土でまちまちに通用している実体法にその判断を委ねたのである。

　なお，第1読会（1863年2月28日第55回審議会）の議事録を見る限り，ここに言う私法の規定とはフランス民法（Code Civil）99条などを指しているようである[28]。この規定[29] は人事訴訟に関するものであり，共同訴訟の抗弁が問題となる場合ではない。したがって，ハノーファー草案の起草者が，共同訴訟の抗弁が問題となる場面での付加的呼出をも念頭に置いて同草案65条を起草したかどうかは明らかでない。

(3)　これに対して，北ドイツ草案作成のための審議においては，付加的呼出を復活させようという動きもあった。

---

27)　*Dahlmanns*, a.a.O.（Fn. 10）, Bd. 2, 1971, S. 84.
28)　A.a.O.（Fn. 7）, Bd. 3, S. 801.
29)　Code Civil 99条 「身分証書の更正を申し立てる場合，管轄裁判所は，大公の代理人の尋問に基づいて，上訴の留保をもって，これにつき判決しなければならない。詳細を必要とする限りで，利害関係人は当該裁判所に呼び出されるべきである。」
　　この条文の邦訳の際には，Napoleons Gesetzbuch, Einzig officielle Ausgabe für das Großherzogthum Berg, Düsseldorf, 1810, S. 50 および Code Napoléon mit Zusätzen und Handelsgesetzen als Land=Recht für das Großherzogthum Baden, Karlsruhe, 1809, S. 31 を参照した。

1868年5月16日に開かれた第33回審議会において，ある構成員が，次の提案を行っている[30]。

それは，バイエルン立法委員会により提案され，後にそのまま1869年バイエルン民事訴訟法（Prozeßordnung in bürgerlichen Rechtsstreitigkeiten für das Königreich Bayern, 1869）65条1項となる次の規定を採用すること，

「訴訟の追行又は判決の実行が複数の構成員（Genossen）による共同の弁論によって条件づけられる場合，原告は共同の権利者を訴訟に関与するよう呼び出すことができる。被告は，原告が他の権利又は義務共同体構成員を呼び出すことを要求でき，被告自身も彼らの呼出を求めることができる。」

および，共同訴訟の抗弁について規定するハノーファー草案54条を採用し，この条文にさらに次の文言を付け加えることであった。

「そのような場合，原告は訴えの提起の際に，被告は本案についての弁論の前に，複数の権利者又は複数の義務者の訴訟への呼出を求めることができる。被呼出人がこの催告に従わない場合には，彼は自らに反して訴訟追行を承認しなければならない」。

しかし，この提案に対しては，この規定は各利害関係人が単独で事件適格を有しない場合に着目するため，すでに衰退したいわゆる共同訴訟の抗弁の再採用にすぎないとか，この規定の適用事例の限界づけが非常に困難であり，被呼出人の地位が明確でないために実現不可能であるなどと批判された[31]。このため，提案者はこの提案を取り下げている[32]。

(4) 以上のように，北ドイツ草案においても付加的呼出は採用されなかった。この立場は，CPO草案でも変更されていない。たとえば，CPO第3草案の理由書は，付加的呼出の不採用の理由として，被告は，共同訴訟の抗弁により，付加的呼出よりもよい結果を得ることができることを挙げている[33]。

---

[30] A.a.O.（Fn. 14），Bd. 1, 1868, S. 178.
[31] A.a.O.（Fn. 14），Bd. 1, 1868, S. 178 f.
[32] A.a.O.（Fn. 14），Bd. 1, 1868, S. 179.
[33] *Hahn*, Die gesamten Materialien zu den Reichs-Justizgesetzen, Bd. 2, 1880, S. 184.

Ⅰ　共同訴訟の必要性に関するCPOの諸規定の成立過程

(2) プロイセン草案における呼出の帰趨

(a) このように，CPOの起草者は，共同訴訟が必要な場合の付加的呼出の制度を採用しなかったが，CPOの成立過程においては，各共同権利者が共同の権利全体について訴求できる場合に，被告が他の共同権利者の呼出を求めることができるとする規定を採用するかどうかについても議論が行われた。

議論の発端は，プロイセン草案が749条および750条に次の規定を設けたことにある[34]。

プロイセン草案749条

「109条により共同して訴える権能を有する複数の者の1人が，単独で原告となった場合，被告は，請求を認諾しない限り，同一手続において原告の請求権も他の者の権利も弁論され判決されるように，他の者を訴訟に呼び出すよう要求する権能を持つ（付加的呼出（Beiladung））。」

同750条

「被告が呼出権を行使しようとする場合，被告は，被呼出人の権利に異議を唱え，同時に元来の原告に対して向けられるべき訴状を送達して，元来の原告に対して提起された訴状の謄本を通知して，元来の原告の訴えが提起されている裁判

---

[34] Entwurf einer Prozeß-Ordnung in bürgerlichen Rechtsstreitigkeiten für den Preußischen Staat, 1864, S. 181.
　また，749条および750条に関連する条文も以下に掲げておく。
　同751条　「呼出は，被告の当該請求に対する受訴裁判所の管轄が管轄の合意により根拠づけることができない場合には行われない。」
　同752条　「弁護士訴訟においては，呼出の訴え（Beiladungsklage）は，被告の弁護士が選任された日から数えて14日の期日内に行われなければならず，被呼出人及び原告の弁護士に送達されなければならない。
　受訴裁判所の裁判長は，特別の事情により期間を伸張することができる。
　略式手続，及び，当事者本人による訴訟追行が許されている訴訟では，被告は，被呼出人を第1回口頭弁論に召還し，原告にもその口頭弁論期日の前にも呼出の訴状を送達しなければならない。第1回口頭弁論への被呼出人の召還が適時に行われ得なかった場合には，第1回口頭弁論は被告の申立てにより適切に延期すべきである。」
　同753条　「元来の訴えと呼出の訴えは，同時に弁論され裁判される。
　弁護士訴訟においては，口頭弁論は，これらの訴えが口頭弁論に熟するようになってはじめて行われる。」
　同754条　「元来の訴えが単独裁判官に提起され，呼出の訴えの対象が単独裁判官の管轄の範囲を超える場合，呼出の訴えは，単独裁判官がその本拠（Sitz）を有する地域を管轄する第1審の合議体裁判所に提起すべきものとする。」

所に，被呼出人を召喚しなければならない」。

なお，プロイセン草案749条で準用されるプロイセン草案109条は次の通りである[35]。

プロイセン草案109条
「複数の者が共同権利者として，又は同一の請求権若しくは同一の法的原因により訴える場合には，彼らは共同して原告となることができる。」

これらの規定は，前稿において紹介した19世紀プロイセンの判例のケースを念頭に置いたものである[36]。すなわち，プロイセンの判例は，共同権利者全員の共同訴訟の必要性の原則に例外を認めて，各共同権利者が単独で共同の権利全体について訴えを提起できるようにしたが，プロイセン草案749条以下の規定は，このケースにおいて現実に各共同権利者が単独で提訴した場合に，被告が他の共同権利者の当該訴訟への呼出を求めることができることを定めたのである。したがって，この制度は，共同訴訟が必要でない場合に呼出が行われる点で，かつて普通法において通用していた付加的呼出とは異なる。

プロイセン草案の理由書によれば，各共同権利者が共同の権利全体について単独で訴求した場合，被告は，同一対象に関して連続して複数の権利者により訴求される危険や，同一事項に関して複数の訴訟を追行した結果互いに矛盾した判決を下される危険を負うので，この不都合を解消するために，被告自らが，相手方の主張する権利の否認の訴え（eine negatorische Klage）を他の共同権利者のみならず原告に対しても提起して，他の共同権利者に共同訴訟を強制できるとする[37]。

このようにプロイセン草案は，第三者の呼出を，原告および他の共有者に対する否認の訴え（eine negatorische Klage）という現在における消極的確認の訴えに類似した形式により承認することで，呼出の憂慮すべき異常性や不規則性（bedenkliche Anomalien und Irregularitäten）を防ぎ，さらに訴訟法の一般原則から離反しないことに配慮している[38]。

(b) その後，北ドイツ草案の審議においても（1868年5月16日の第33回審議会），

---

35) A.a.O. (Fn. 34), S. 26.
36) A.a.O. (Fn. 12), S. 190.
37) A.a.O. (Fn. 12), S. 190.
38) A.a.O. (Fn. 12), S. 190 f.

このプロイセン草案 749 条以下の呼出制度を導入することが報告者により提案されている[39]。しかし，この提案に対しては，ある審議会委員から次の反対意見が出された。彼は，各共有者による共有物全体についての個別訴訟を承認することにより被告が重複応訴の不利益を負うという問題は，呼出という異常な (anomal) 制度を採用することにより解決すべきではなく，プロイセン法を変更することにより解決すべきであると主張した。たとえば，不可分の対象については，実体法を変更して，各共同権利者が他の共同権利者の代理人として単独で提訴できるとすればよいとする[40]。つまり，この委員は，各共同権利者が残りの共同権利者の代理人として訴訟追行することにより，共同権利者全員に既判力が及び，その結果，被告の重複応訴の不利益が回避されると主張するのである。さらにこの委員は，債務関係について否認の訴えを認めるのは一般原則に反するとも主張した[41]。当時はまだ債務不存在確認の訴えの制度は確立しておらず，依然として提訴催告訴訟 (Provokationsprozeß) が存在していたために，このような主張がなされたと考えられる[42]。

この構成員の反対意見の影響か，結局報告者の提案は反対多数により否決された[43]。この立場は，CPO にも受け継がれている[44]。

(3) 考　察

以上の過程を経て，付加的呼出の制度は CPO に採用されなかった。

(a) ところで，前稿においてすでに明らかにしたように，19 世紀のドイツ普通法学は付加的呼出に対してもともと否定的な態度をとってきたはずである。このことは 1850 年ハノーファー法 42 条によく表れている。それにもかかわらず，

---

39) A.a.O. (Fn. 14), Bd. 1, 1868, S. 177. 正確には，報告者はプロイセン草案 749 条（議事録には，プロイセン草案 719 条と記されているが，文脈から 749 条の誤りであることは明らかである），751 条，753 条 1 項および 754 条を採用すること，および次の規定を設けることを提案する。

「呼出の訴えは，従来の訴えが提起されている裁判所の管轄である。呼出の訴えは，本案についての弁論の前に提起されなければならない。」

40) A.a.O. (Fn. 14), Bd. 1, 1868, S. 177.
41) A.a.O. (Fn. 14), Bd. 1, 1868, S. 177.
42) 19 世紀ドイツにおける提訴催告手続については，水谷暢「訴の利益論に対する一視角」法政理論 11 巻 3 号 (1979 年) 79 頁以下を参照。
43) A.a.O. (Fn. 14), Bd. 1, 1868, S. 179.
44) *Hahn*, a.a.O. (Fn. 33), S. 184.

なぜCPOの成立過程において付加的呼出の復活を求める提案が多くなされたのであろうか。その原因は，第1に，フランス法の影響にあると考えられる。

　まず，ドイツ同盟のうちライン左岸に属する諸ラントでは，フランス民法典が通用していた[45]。したがって，ドイツ同盟全域に通用することを目的としたハノーファー草案65条は，フランス民法に存在する強制参加制度[46]をも念頭に置いて起草せざるを得なかったのであろう。

　さらに，19世紀ドイツ普通法には類似の制度のない，プロイセン草案749条以下に基づく呼出も，フランス法に影響を受けていると考えられる。なぜなら，この制度に類似する規定がフランス民法に存在するからである。フランス民法においては，数人の共有に属する不動産を一個の契約により共同して売り渡したとき，または，単独所有の不動産を譲渡した後，複数の者が売主の共同相続人になったとき，各売主または各共同相続人は，自己の持分についてのみ買戻権を行使できるが（フランス民法1668条および1669条），共同売主または共同相続人の1人が買戻権を行使した場合，買主はその他の売主またはその他の共同相続人を当該訴訟に強制的に関与させることができる（フランス民法1670条）[47]。プロイセン草案の起草者はフランス法を多く参照したと言われる。したがって，このフランス民法1670条を手がかりに，草案749条以下の規定が起草されたと考えることは十分可能であろう。

---

45) H.シュロッサー著・大木雅夫訳『近世私法史要論』（1993年，有信堂）120頁にある，ドイツにおける私法秩序の法地図を参照。

46) フランスにおける強制参加制度については，若林安雄「フランス民事訴訟法における強制参加」『日仏民事訴訟法研究』（1995年〔初出1974年〕，信山社）49頁以下。強制参加に関する規定の多くがフランス民法にあることについては，同書52頁を参照。

47) この点については，若林・前掲注46) 53頁，56頁を参照。
　なお，フランス民法1668条ないし1670条は次の通りである（木村健助・柳瀬兼助『現代外国法典叢書　仏蘭西民法［Ⅳ］財産取得法（3）』（1941年，有斐閣）89頁による）。
　フランス民法1668条「数人ガ其ノ共有ニ属スル不動産ヲ一個ノ契約ニ依リ共同シテ売渡シタルトキハ，各売主ハ各有シタル部分ニ付テノミ買戻権ヲ行使スルコトヲ得」。
　同1669条「単独ニテ不動産ヲ売渡シタル者ガ数人ノ相続人ヲ遺シタルトキ亦前条ニ同ジ。
　此等共同相続人ノ各人ハ自ラ相続ニ因リ取得シタル部分ニ付テノミ買戻権ヲ行使スルコトヲ得」
　同1670条「前二条ノ場合ニ於テ買主ハ総テノ共同買主又ハ共同相続人ニ対シ，不動産ノ全部ノ取戻ニ付売主ノ間ニ協議セシムル為訴訟ニ加入スベキ旨ヲ要求スルコトヲ得。売主ノ間ニ協議調ハザルトキハ買主ハ其ノ請求ヲ免ルルコトヲ得」

しかし，CPO 第 1 草案の理由書に記されているように，CPO の起草者が，フランス法の実務により発展した付加的呼出（Beiladung）の制度はドイツの大部分では民法の規定に合致しない異常な（anomal）ものであり，その導入のための十分な根拠は存在しないと評価したため[48]，付加的呼出は CPO に導入されなかった。

もっとも，CPO 成立過程における付加的呼出の再採用の動きは，フランス法の影響に限られないと考えられる。バイエルン王国の立法態度の影響も存在するようである。

まず，19 世紀初頭において付加的呼出を採用することを主張していた Gönner がバイエルン王国の民事訴訟法改正に関わっていたことが挙げられる。Gönner は，1811 年以降バイエルン王国の枢密院議員として民事訴訟法の立法作業に参画し，1815 年に 1753 年バイエルン訴訟法典（Codex Juris Bavarici Judiciarii von 1753）を全面的に改正するための草案とその理由書を執筆している。その際，Gönner は付加的呼出を採用する規定を起草している。その後，別の起草者により幾度か新たな草案が作成されたが，1869 年バイエルン民事訴訟法 65 条 1 項が成立するまで，付加的呼出の制度は削除されなかった[49]。したがって，北ドイツ草案における付加的呼出の再採用の動きは，バイエルン王国の立法が Gönner の見解に影響を受けていたことに原因があると考えてよいだろう。

次に，バイエルン王国の不可分債権に対する立法態度も，付加的呼出の再採用の動きに影響を与えていると考えられる。後に第Ⅱ章第 2 節において述べるように，1861 年のバイエルン王国民法草案は，複数の債権者全員が債務者に対して不可分給付の履行を共同して請求することを原則としている。したがって，1868 年における北ドイツ草案の審議においてバイエルン代表の委員が付加的呼出を提案したのは，不可分債権に対する立法態度に対応する。すなわち，バイエルンは，不可分債権に関する訴訟において，債権者全員の共同訴訟を必要としていたため，この規律により生じる不都合を解消するために付加的呼出の制度を採用する実際上の必要性を有していた。

(b) いずれにせよ付加的呼出は，CPO の成立過程において全面的に廃止された。しかし，19 世紀前半のドイツ普通法において付加的呼出と対をなすものと理解されていた共同訴訟の抗弁は，その存否を実体法の規定に委ねるとして，そ

---

48) *Dahlmanns*, a.a.O.（Fn. 10), Bd. 2, 1971, S. 534.
49) 以上についての詳細は，鶴田・前掲注 1 ）法学雑誌 51 巻 2 号 97 頁注（105）を参照。

の存続の可能性を残した。共同訴訟の抗弁と付加的呼出に対するCPOの立法判断の齟齬は，新たな問題を引き起こす可能性を生み出した。その問題とは，実体法が共同訴訟を必要とすると判断した場合，共同権利者の1人の提訴拒絶により他の共同権利者の提訴が困難になるという不都合を，付加的呼出により解消することができなくなったことである。このように，CPOの起草者が共同訴訟の抗弁と付加的呼出の対応関係を奪ってしまったことが，固有必要的共同訴訟における困難な問題を今日まで生じさせる原因となったと言えよう。

(c) なお，CPOの起草者は，プロイセン草案749条以下で提案された被告側からの呼出要求の制度も，呼出制度自体が異常（anomal）であるという理由から採用しなかった。しかし，被告側からの呼出制度が草案において提案されたという事実は，共同訴訟の必要性の規律により生じる不都合を解消するために，各共有者による共有物全体に関する訴えを適法としても，被告の重複応訴の不利益という新たな問題を生じさせることを示している。しかも，この問題は重大な問題であると認識されていた。なぜなら，CPOの起草者が呼出制度を採用しなかったにもかかわらず，この後のBGBの成立過程でも，被告の重複応訴の不利益を解消するための方策について議論されたからである。この点については，第Ⅱ章第1節で述べる。

3 合一確定の必要性の判断基準

(1) 共同訴訟人独立の原則の修正の必要性

ところで，CPOは，複数の者が「訴訟物について権利共同関係（Rechtsgemeinschaft）に立つとき」，「事実上及び法律上同一の原因により権利を有し若しくは義務を有するとき」（いずれもCPO 56条），または「同種の請求権又は義務，並びに本質的に同種の事実上及び法律上の原因に基づく請求権又は義務が訴訟の対象をなすとき」（CPO 57条）には，共同して原告または被告となることができるとする。この立場は，ハノーファー草案以降変更されていない[50)51)]。

---

50) ただし，1850年ハノーファー法34条は，CPO 57条に相応する要件の共同訴訟の場合には，手続が過度に拡大されたり混乱したりするおそれがないことを要件に，裁判所がこのケースの共同訴訟を許可すべきであるとしていた。1850年ハノーファー法34条は次の通りである。
1850年ハノーファー法34条（Dahlmanns, a.a.O. (Fn. 3), Bd. 1, S. 370 f.）「有効な共同訴訟人でない者は，通常，同一の訴えにおいて彼らの権利につき訴えるまたは訴えられることはできない。しかし，同種の請求権または義務が本質的に同種の法的原因に基づく場

I　共同訴訟の必要性に関する CPO の諸規定の成立過程

　また CPO は，共同訴訟が成立する場合，各共同訴訟人の行為は他の共同訴訟人の有利にも不利にも作用しないという原則，すなわち共同訴訟人独立の原則を

　　合には，裁判官は，手続の過度の拡大または混乱が引き起こされるおそれがない場合には，例外的に，真正共同訴訟の原則に従って，権利追行または防御における共同を許可すべきである。これらの不都合がその手続において明らかになる場合には，裁判官はいつでも分離させることができる。
　　共同の許可に対しても，共同の許可の拒絶に対しても，さらには許可された共同の後の分離に対しても上訴は行われない」。
51)　ハノーファー草案以降の諸草案における，共同訴訟の成立要件に関する規定は次の通りである。
　　ハノーファー草案（*Dahlmanns*, a.a.O.（Fn. 10）, Bd. 2, S. 81）.
　　52 条「複数の者が訴訟物について権利共同関係（Rechtsgemeinschaft）に立つとき，又は事実上及び法律上同一の原因により権利を有し若しくは義務を有するとき，それらの者は共同訴訟人として共同して訴え又は訴えられることができる」。
　　53 条「同種の請求権又は義務，並びに本質的に同種の事実上及び法的原因に基づく請求権及び義務を訴訟の対象をなす場合にも，複数の原告または被告による共同の権利追行および防御は適法である」。
　　プロイセン草案（A.a.O.（Fn. 34）, S. 26 f.）
　　109 条「複数の者が共同権利者として又は同一の請求を理由として又は同一の法的原因に基づいて訴える場合には，共同して原告となることができる」。
　　110 条「複数の者が，共同義務者として又は同一の請求を理由として又は同一の法的原因に基づいて訴えられる場合には，共同して訴えられることができる」。
　　114 条 1 項「複数の者により又は複数の者に対して，同種の事実上又は法的原因に基づく同種の請求権が主張される場合，これらの請求権は，（弁論）分離を命じる裁判所の権限を留保して，1 つの訴えにより 1 つの手続において主張されることができる」。
　　北ドイツ草案（A.a.O.（Fn. 14）, Bd. 5, 1870, S. 2406）．
　　91 条「複数の者が訴訟物について権利共同関係（Rechtsgemeinschaft）に立つとき，又は事実上及び法律上同一の原因により権利を有し若しくは義務を有するとき，それらの者は共同訴訟人として共同して訴え又は訴えられることができる」。
　　92 条「同種の請求権又は義務，並びに本質的に同種の事実上及び法律上の原因に基づく請求権又は義務が訴訟物をなすときにも，複数の者は共同訴訟人として共同して訴え又は訴えられることができる」。
　　北ドイツ草案以降これらの文言は変更されていない。北ドイツ草案 91 条はそのまま CPO 56 条として，北ドイツ草案 92 条はそのまま CPO 57 条として成立した。なお，これらの規定は，現行 ZPO 59 条，60 条と全く同じ文言である。北ドイツ草案 91 条および 92 条の邦訳については，法務大臣官房司法法制調査部編『ドイツ民事訴訟法典』（1993 年，法曹会）26 頁（石川明＝三上威彦訳）における ZPO 59 条および 60 条の訳を参照した。
　　19 世紀ドイツ普通法および CPO 成立過程における共同訴訟の成立要件の拡大については，岡徹「ドイツ普通法時代における共同訴訟論の展開（1）」民商法雑誌 69 巻 6 号（1974 年）8 頁以下を参照。

採用する (CPO 58条)。この原則も，ハノーファー草案以来変更されていない[52]。

しかし，共同訴訟人独立の原則が働き，共同訴訟人それぞれに対して内容の異なる判決が下されるならば問題の生じるケースが存在することも，CPO の成立過程では認識されていた。

この結果成立したのが CPO 59条と 434条である。59条は，共同訴訟人の 1 人が期日又は期間を懈怠した場合にも共同訴訟人を代理したものと見なすという規定である。これに対して，434条は，1933年に当事者尋問が導入されるのに伴い廃止された当事者宣誓制度，とりわけ主張事実について証明責任を負う当事者が証明責任を負わない当事者に対して宣誓を要求する宣誓要求制度についての規定である[53]。これは，合一にのみ確定すべき法律関係に影響を与える事実につい

---

[52] ハノーファー草案 55条 (*Dahlmanns*, a.a.O. (Fn. 10), Bd. 2, S. 81)。「私法上の原則から別段の結果が生じない限り，各共同訴訟人の作為又は不作為は他の共同訴訟人の利益にも不利益にも作用しないよう，共同訴訟人は各別に相手方当事者と対立する」。

プロイセン草案 111条 (A.a.O. (Fn. 34), S. 26.) 「特別の攻撃防御方法を用いる各共同訴訟人の権能，同様に，各共同訴訟人に対して特別の攻撃防御方法を用いる相手方の権能は，成立する共同訴訟により排除されない」。

北ドイツ草案 94条 (A.a.O. (Fn. 14), Bd. 5, 1870, S. 2406)。「民法又は本法の規定により別段の結果が生じない限り，共同訴訟人の 1 人の作為又は不作為が他の共同訴訟人の利益にも不利益にも作用しないよう，共同訴訟人は各別に相手方に対立する」。

CPO 第 1 草案 57条 (*Dahlmanns*, a.a.O. (Fn. 10), Bd. 2, S. 270.) 「民法又は本法の規定により別段の結果が生じない限り，共同訴訟人の 1 人の行為が他の共同訴訟人の利益にも不利益にも作用しないよう，共同訴訟人は各別に相手方に対立する」。

CPO 第 1 草案 57条以降，文言は変更されることなく CPO 58条となる。なお，この規定は，現行の ZPO 61条と全く同じ文言である。CPO 第 1 草案の邦訳については，法務大臣官房司法法制調査部編・前掲注 50) 26 頁における ZPO 61条の訳を参照した。

なお，1850年ハノーファー法 33条 6 項も上記の諸草案と類似の規定を置いている (*Dahlmanns*, a.a.O. (Fn. 3), Bd. 1, S. 370.)。

1850年ハノーファー法 33条 6 項 「共同訴訟人の 1 人の特別権は，通常は，彼の放棄または訴訟における懈怠が他の共同訴訟人に損害を与えないのと同様に，他の共同訴訟人の有利にもならない」。

ドイツ普通法理論および CPO における，共同訴訟人独立の原則の形成過程については，岡徹「ドイツ普通法時代における共同訴訟論の展開（2・完）」民商法雑誌 70 巻 1 号（1974年）75 頁以下を参照。

[53] 当事者宣誓制度の概観については，伊東俊明「ドイツ法における宣誓要求制度の意義と機能（1）」小樽商科大学商学討究 51 巻 2・3 合併号（2001年）189 頁以下を参照。CPO の当事者宣誓に関する規定の紹介として，川嶋四郎「1877年ドイツ民事訴訟法における当事者宣誓制度（1）～（3・完）」法政研究 66 巻 3 号 1342 頁，4 号 1902 頁（1999年），67 巻 1 号 350 頁（2000年）がある。

ての宣誓は，共同訴訟人全員により一致して行われるべきことが要求されるが，共同訴訟人の一部により宣誓が拒絶された場合には，当該宣誓要求にかかる事実の存否の判断は裁判官の自由心証に委ねられると規定する[54]。

これらの規定は，共同訴訟人の一部の行為により共同訴訟人に対する判決の内容が区々になることを防ぐための規定であることは明らかである。それでは，これらの規定はどのようなケイスに適用されることを念頭に置いていたのであろうか。なお，CPO 434条は，CPO 59条が適用される共同訴訟に適用されるとされているため[55]，本節では，CPO 59条の起草趣旨を紹介することを通じて，合一確定の必要性の判断基準を明らかにする[56]。

(2) CPO 59条の成立過程
(a) プロイセン草案

共同訴訟人の1人が期日又は期間を懈怠した場合に，共同訴訟人それぞれに対して矛盾した判決が下されることを防ぐための方法は，CPOの成立過程においては，プロイセン草案における併合判決制度によって初めて採用された（プロイセン草案391条ないし394条)[57]。この中でとりわけ391条1項・3項，および393条

---

54) CPO 434条「すべての共同訴訟人に対して合一にのみ確定すべき法律関係に影響を与える事実についての宣誓は，共同訴訟人各人に対する宣誓要求またはその反対要求が許されない場合に限り，すべての共同訴訟人に対して，これを要求しまたはその反対要求をなすことを要する。いずれの場合でも，要求または反対要求については，すべての共同訴訟人は一致した陳述をなすことを要する。宣誓の承諾については，宣誓を要求された共同訴訟人のみが陳述しなければならない。
　　　すべての共同訴訟人または共同訴訟人中の数人がなすべき宣誓が，それらの者の1人または数人により拒絶されまたは拒絶されたとみなされる場合，もしくは，共同訴訟人の一部がなすべき宣誓がすべての宣誓義務者により拒絶されまたは拒絶されたとみなされる場合には，裁判所は，自由な心証により，宣誓要求によって証拠調べが申し出られた主張を真実と認めるべきか否かを裁判する。共同訴訟人中のある者が宣誓しない旨を陳述する場合には，裁判所は，宣誓を重要でないと判断する限り，その他の共同訴訟人に宣誓の履行を命じることはできず，また宣誓を実施することもできない。」
　　　この規定の邦訳については，川嶋・前掲注53）法政研究67巻1号350頁以下を参照した。
55) このことは，北ドイツ草案の議事録に述べられている。A.a.O. (Fn. 14), Bd. 2, S. 1036.
56) 共同訴訟人独立の原則の例外を定めたCPO 59条の成立過程は，すでに，岡教授により紹介されている。岡・前掲注52）90頁以下。しかし，著者の問題関心から，本稿では，CPO 59条の適用範囲を中心に再度紹介する。
57) この点については，岡・前掲注52）90頁以下を参照。

1文は次の通りである[58]。

プロイセン草案391条1項
「複数の者が共同訴訟人として訴え又は訴えられた場合で，かつ，その共同訴訟人の一部に対しては欠席判決の必要があるが他の共同訴訟人が当該召喚に応じた場合には，相手方の申立てに基づき，前者に対して欠席判決が言い渡されるか，又は共同訴訟人全員に対する対審的弁論のための欠席者の再度の召喚を行うべきことが判決により命じられるかが行われるべきである（併合判決）。」

同391条3項
「裁判所は，事件の事情により，とりわけ主張される請求権の不可分を理由に，適切と見る場合には，相手方の申立てに反してでも職権により併合判決を下す権限をも有する。」

同393条1文
「対審的弁論および判決においては，懈怠していない共同訴訟人により提出された陳述および証拠は，それが懈怠者にとって有利である限り，彼のためにも陳述および提出されたものと見なされる。」

併合判決とは，被告の申立てまたは職権により，欠席者の訴訟と出席者の訴訟を併合する旨の判決を下すことである（391条）。併合判決がなされると，懈怠した共同訴訟人に対する欠席判決は行われず，さらに彼がその後再び懈怠しても，懈怠していない共同訴訟人により行われた攻撃防御方法は，それが懈怠者にとって有利である限り彼のためにも行われたものと見なされる（393条）。この制度が原型となり，その後北ドイツ草案において，前述の代理擬制の制度が成立した。

プロイセン草案は，その理由書に，併合判決をなし得る具体例として，1つの相続財産につき複数の共同相続人が訴えられる場合や，訴訟物の不可分の場合（地役権など）を挙げていた[59]。しかし，これらはあくまで例示にすぎず，草案はどのような場合に併合判決が行われるかを裁判官の裁量に委ねた[60]。

(b) 北ドイツ草案
(aa) 北ドイツ草案作成のための審議においては，まず，プロイセン草案391

---

58) A.a.O. (Fn. 34), S. 94 f.
59) A.a.O. (Fn. 12), S. 86.
60) この点は，プロイセン草案391条3項の文言から明らかである。

条ないし394条のような併合判決の制度の必要性が確認された（1868年10月12日第120回審議会）[61]。その後，1868年10月16日に行われた第112回審議会において，次の規定を設けることが提案された[62]。

「複数の者が共同訴訟人として訴え又は訴えられた場合で，一部の共同訴訟人に対しては欠席判決の要件が存在するが，他の共同訴訟人が当該召喚に応じた場合，相手方の申立てにより，欠席者に対して，本案判決から独立した特別の欠席判決は，欠席者に対して全体又は部分的に実行するのに適している場合に限り，言い渡されることができる。それに対して，これに該当しない場合，欠席者に対する判決は出席者に対する裁判と併合され，またその判決に対して故障は行われない」。

複数の審議会構成員は，次の理由からこの提案に賛成する[63]。まず，単なる偶然の共同訴訟（eine bloß zufällige Streitgenossenschaft）[64]は，性質上訴えの併合が存在するにすぎないので，欠席している個々の共同訴訟人に対して特別の欠席判決を下すことができるのは疑いない。しかし，法律関係全体に及ぶ1つの判決のみが言い渡されることができる場合や，関係の不可分のために，個々の共同訴訟人のみに対する判決を行うのは妥当でない場合が存在する。これらの場合には，特別の欠席判決や新たな呼出を必要とせず，併合が必要である。これらの場合に当てはまるのは，不可分の対象の場合だけでなく，（たとえば合名会社における）連帯債権・連帯債務の場合，および，地方法により訴えが1人の利害関係人によりまたは1人の利害関係人に対して提起することができない関係の場合[65]であるとする。

これに対して，他の複数の構成員は次のように主張した。すなわち，個々の共同訴訟人の欠席の効力についての問題は実体法に依拠する。しかし，ここで取り上げられている例は，それぞれ実体法上非常に異なる性質を有している。そのた

---

61) A.a.O. (Fn. 14), Bd. 2, 1869, S. 626 f.
62) A.a.O. (Fn. 14), Bd. 2, 1869, S. 636.
63) A.a.O. (Fn. 14), Bd. 2, 1869, S. 636 f.
64) 委員会草案76条および77条の場合である。なお，これらの規定は変更されることなく，北ドイツ草案91条および92条となっている。これらの規定については，前掲注51)を参照。
65) 委員会草案78条＝北ドイツ草案93条の場合である。すなわち，共同訴訟が必要な場合である。

め，どのような場合に訴えの併合が命じられるかは，裁判官の判断に委ねるべきである，と[66]。

しかし，委員会は，多数決により，次のことを決議した。すなわち，訴訟の対象が不可分の場合，または，複数の被告が実体法上の基準により共同してのみ訴えられることができる場合には，① 個々の共同訴訟人に対して欠席判決を下せない，② 個々の共同訴訟人は故障の申立てをすることができない，および，③ 特別の新たな期日のために個々の共同訴訟人を召還することはしないが，懈怠していない共同訴訟人が個々の共同訴訟人を，懈怠している期日において代理する程度で，併合が必要的に行われなければならない，と[67]。

その後，以上の決議をふまえて，委員会草案（Kommissions=Entwürfe）79 a 条として次の規定が追加された[68]。

委員会草案79 a 条
「訴訟物が不可分である場合，又は民法の規定により共同訴訟が必要的な場合に（委員会草案78条），期日又は期間が共同訴訟人全員によってではなく個々の共同訴訟人によって懈怠される場合には，懈怠している共同訴訟人は懈怠していない共同訴訟人により代理されたものと見なされる。とくにそのような場合，懈怠している共同訴訟人に欠席判決を下すことはできない。」

（bb）　さらにその後，委員会草案79 a 条の要件をどのような文言にするかについて争われている[69]。次の3つの提案がなされている[70]。

①　「訴訟物の不可分又は訴訟物が帰属する財団の一体性のために，係争法律関係が民法の規定により共同訴訟人全員に対して同じ方法でのみ確定できる場合には，」

②　「訴訟物が，民法の規定により合一の判決しか言い渡すことができないほど不可分である場合，又はかの規定により共同訴訟が必要である場合には，」

---

66) A.a.O.（Fn. 14），Bd. 2, 1869, S. 637 f.
67) A.a.O.（Fn. 14），Bd. 2, 1869, S. 638 f.
68) A.a.O.（Fn. 14），Bd. 2, 1869, S. 795.
69) これは，第123回から129回のいずれかの審議会において議論されている（これは，1869年7月6日，12日，13日，15日，16日，21日に開催されている）。A.a.O.（Fn. 14），Bd. 3, 1869, S. 1262.
70) A.a.O.（Fn. 14），Bd. 3, 1869, S. 1270.

③　「訴訟物の不可分又は訴訟物が帰属する財団の一体性のために，民法の規定により同内容の判決のみが共同訴訟人の有利又は不利に下されうる場合には，」

なぜこれらの規定が提案され，どのような審議が行われたのかは，残念ながら審議録から明らかにならない。ともあれ，審議の結果，以下の文言を採用することが決議された[71]。

「民法の規定により係争法律関係が共同訴訟人全員に対して合一にのみ確定できる場合，又は民法の規定により共同訴訟がその他の理由から必要的である場合，」

（cc）　以上の経緯から，北ドイツ草案95条1項は，代理擬制の成立要件を次のような非常に抽象的な文言によって限界づけることになった。

北ドイツ草案95条1項[72]
「民法の規定により係争法律関係が共同訴訟人全員に対して合一にのみ確定できる場合，又は民法の規定により共同訴訟がその他の理由から必要的である場合に，期日又は期間が，すべての共同訴訟人ではなく個々の共同訴訟人のみによって懈怠される場合には，懈怠している共同訴訟人は，懈怠していない共同訴訟人によって代理されるものと見なされる。とくにそのような場合，懈怠している共同訴訟人に欠席判決を下すことはできない。」

(c)　CPO第1草案以降
北ドイツ草案以降，共同訴訟人独立の原則の例外が適用される要件は，ほとんど変更されていない。CPO第1草案58条1項は次の通りである。

CPO第1草案58条1項[73]
「係争法律関係が共同訴訟人全員に対して合一にのみ確定されうる場合，又は共同訴訟がその他の理由により必要的である場合に，期日又は期間が個々の共同訴訟人のみによって懈怠される場合には，懈怠する共同訴訟人は，懈怠していない共同訴訟人により代理されるものと見なされる。」

---

71)　A.a.O.（Fn. 14），Bd. 3, 1869, S. 1270.
72)　A.a.O.（Fn. 14），Bd. 5, 1870, S. 2407.
73)　*Dahlmanns*, a.a.O.（Fn. 10），Bd. 2, 1971, S. 270.

第2草案59条1項[74] および第3草案59条1項[75] も，第1草案58条1項と全く同じ文言である。これらの規定から，北ドイツ草案95条1項に存在した「民法の規定により」という文言が削除されているにもかかわらず，第3草案の理由書には，第3草案59条1項に掲げられる2つの要件はいずれも民法から引き出されると書かれている[76]。

　まず理由書は，「共同訴訟がその他の理由により必要的である場合」（以下では第2類型と呼ぶ）とは，民法の規定により，訴えが複数の権利者によりまたは複数の義務者に対して共同して提起されなければならない場合（いわゆる共同訴訟の抗弁（exceptio plurium litisconsortium）の場合）であると述べる[77]。

　次に理由書は，「係争法律関係が共同訴訟人全員に対して合一にのみ確定されうる場合」（以下では第1類型と呼ぶ）とは，さしあたり，各人に係争法律関係全体について代理権（Vertretung）が帰属するにもかかわらず，複数の者が共同して訴えまたは訴えられた場合を念頭に置いているとする[78]。

　この具体例としてまず挙げられているのは，前稿において紹介した，共有物全体についての役権否認の訴えまたは役権認諾の訴えを，複数の共有者が共同して提起した場合または複数の共有者に対して共同して提起された場合である。理由書によると，前稿第1章第2節において紹介した *Savigny* の見解を引用して，役権否認の訴えまたは役権認諾の訴えは各共有者によりまたは各共有者に対して提起でき，かつその判決の効力は共有者の全員の有利にも不利にも及ぶため，共有者全員が訴えるまたは訴えられる場合には，彼らの有利にも不利にも一致した判決のみが可能であるとする。すなわち，「不動産は，不可分の持分ごとに（pro parte indivisa）地役権から解放されず，また地役権を負担できない」とする[79]。このように，地役権のような係争法律関係の不可分の場合が第1類型に当たる。その他，民法により訴訟物が不可分であると判断される場合にも，59条が適用される。

　また，プロイセン一般ラント法における共有関係および共同相続関係について

---

74) *Schubert*, Entstehung und Quellen der Civilprozeßordnung von 1877, Zweiter Halbband, 1987, S. 515.
75) *Hahn*, a.a.O.（Fn. 33），S. 11.
76) *Hahn*, a.a.O.（Fn. 33），S. 173.
77) *Hahn*, a.a.O.（Fn. 33），S. 173.
78) *Hahn*, a.a.O.（Fn. 33），S. 173.
79) 以上について，*Hahn*, a.a.O.（Fn. 33），S. 174.

も，第 1 類型が当てはまる場合があるとされた。これは，前稿において紹介した，各共有者が共有権全体について単独で提訴することができるとした Obertribunal の判例のケースである[80]。ただし，この判例のケースは，前稿において明らかにしたように，普通法における各共有者による役権認諾または役権否認の訴えの場合と異なり，提訴した共有者に対する判決の効力が他の共有者に及ばないとされていたことに注意すべきである[81]。

その他，理由書は，北ドイツ草案の審議過程において言及されていた合名会社の場合がこの第 1 類型に当てはまるかどうかについて判断しないと述べる[82]。

その後，第 3 草案 59 条 1 項については，帝国議会第 1 読会[83]および第 2 読会[84]では全く議論されなかった。その結果，第 3 草案 59 条 1 項は何ら変更されず，そのまま CPO 59 条 1 項となっている[85]。

(3) 考 察

以上から，CPO 59 条が適用される場合とは，共同訴訟が必要な場合（第 2 類型）と，各共同権利者が係争法律関係全体について提訴できるにもかかわらず，共同権利者が共同して提訴した場合（第 1 類型）であることが明らかとなった。

したがって，共同訴訟の必要性の判断基準に関する規定の CPO の起草過程とあわせて考察すると，CPO の起草者は，実体法上の理由から共同訴訟を必要とする場合に，全員が共同して共同訴訟人として登場したときは，CPO 59 条が適用されると考えていたことになる。したがって，ドイツ法においては，合一確定が必要であるから複数の者全員の共同訴訟を必要とするとは考えられていない。このことは注目すべきであると思われる。

なお，加えて注目に値するのは，CPO 第 3 草案 59 条の理由書によると，合一確定が必要な典型例は，前稿で紹介した 19 世紀ドイツ普通法における共有物全体についての役権否認または役権認諾の訴えや，19 世紀プロイセン Obertribunal の判例の事例であったことである。したがって，CPO は，各共有者の個別訴訟を承認する事例においても，共有者が共同で訴えを提起した場合には共有者間で

---

80) Hahn, a.a.O. (Fn. 33), S. 174.
81) 鶴田・前掲注 1) 法学雑誌 51 巻 4 号 110 頁以下および 134 頁を参照。
82) *Hahn*, a.a.O. (Fn. 33), S. 174.
83) *Hahn*, a.a.O. (Fn. 33), S. 542
84) *Hahn*, a.a.O. (Fn. 33), S. 943.
85) *Hahn*, a.a.O. (Fn. 37), S. 1626.

矛盾した判決を下さないようにすることで，各共有者による個別訴訟を承認することにより生じる不都合を解消しようとしたと考えられる。しかし，CPO の起草者は，これらの場合に CPO 59 条が適用できるとするための根拠を明確にしなかった。なぜなら，普通法における役権認諾または否認の訴えの場合のように，共有者全員への既判力拡張が承認されていた場合のみならず，プロイセン法における共有者の訴えの場合のように，共有者全員への既判力拡張が否定されていた場合にまで，CPO 59 条の適用があるとされたからである。このことが，後にドイツにおいて必要的共同訴訟の成立要件の限界について争いが生じた原因の 1 つとなったと考えられる。

4 ま と め

本章における考察で明らかになったことは次の通りである。

① CPO の起草者は共同訴訟の必要性の判断基準を実体法に委ねた。したがって，BGB の起草者が，本稿の問題である，各共有者による共有物全体の給付請求権の主張の可否を判断することになった。

② CPO の起草者は付加的呼出の制度を，この制度に対する嫌悪感から採用しなかった。起草者のこの決断により，次の 2 つの課題が残された。1 つは，実体法上の理由により共同訴訟が必要だとされた場合にも付加的呼出を用いることができないので，共同訴訟が必要なケースで提訴拒絶者が存在する場合の不都合を解消するための手段が失われてしまったことである。もう 1 つは，各共有者による共有物全体についての個別訴訟が可能な場合に被告が提訴していない他の共有者を呼び出すという制度が採用されなかったために，被告が同じ訴えについて重複して応訴する危険を負うことになった。したがって，この不都合の解消方法を採用するかどうかの判断も，BGB の起草者に委ねられた。

③ CPO の起草者は，実体法上の理由により共同訴訟が必要な場合に，全員が共同訴訟人として訴訟に現れたときは，共同訴訟人相互間の判決が矛盾しないようにするための規定（CPO 59 条など）が適用されるとした。

④ なお，CPO の起草者は，各共有者が共有物全体の給付請求権を主張できるにもかかわらず，複数の共有者が共同して提訴した場合には合一確定の必要があるとした（CPO 59 条）。これは，各共有者の個別訴訟を承認する場合に生じる不都合を解消するための規定であった。

以上のように，CPO の起草者は，共有者の共同訴訟の必要性の判断を BGB の起草者に委ねた。そこで次章では，BGB の起草者がこの問題についてどのような決断をしたのかを明らかにする。

II　BGB 1011 条の成立過程

1　BGB 1011 条の成立過程

(1)　部分草案物権編における *Johow* の見解

BGB における共有者による物権的請求権の主張に関する規定を編纂する作業は，*Johow*（ヨホウ）による起草者部分草案（準備草案とも呼ばれる）物権編の起草（1880 年 7 月）から始まる。起草者部分草案とは，1874 年 7 月に司法委員会の提案に基づいて連邦参議院により選任された BGB 立法委員会委員のうちの 5 名が，総則（*Gebhard*：ゲープハルト），物権法（*Johow*），債務法（*Kübel*：キューベル），家族法（*Planck*：プランク）および相続法（*Schmitt*：シュミット）のそれぞれについて，1881 年 10 月に開始する第 1 委員会の本会議の討議資料として作成したものである[86]。したがって，*Johow* による部分草案が共有者による物権的請求権の主張についてどのような規定を置き，その規定をどのような理由から起草したのかをまず明らかにすることは，BGB 1011 条の成立過程の探求のために必要である。

なお，*Johow* は，BGB 第 1 委員会に所属する前は，プロイセン Obertribunal の裁判官であった[87]。プロイセン出身の *Johow* が物権法草案の起草を任された

---

[86]　石部雅亮「ドイツ民法典編纂史概説」同編『ドイツ民法典の編纂と法学』(1999 年，九州大学出版会) 23 頁以下，児玉寛＝大中有信「ドイツ民法典編纂資料一覧」同書 (viii)。

[87]　*Reinhold Heinrich Sigismund Johow* は，1823 年にベルリンに生まれ，1850 年にキリッツ区裁判所の裁判官となり，その後ジグマリゲン区裁判所判事に，1857 年に上訴裁判所（Appellationsgericht）判事，1868 年にベルリンの宮廷裁判所（Kammergericht）判事となった。1869 年より上級法院（Obertribunal）判事となる。1874 年より 1889 年まで BGB 起草第 1 委員会に所属し，その間 1888 年 9 月以降は第 1 委員会の議長も務めた。なお，彼は BGB 部分草案物権編を起草したのみならず，強制執行法草案（1889 年）の起草にも関わっている。1904 年ベルリンで死去。

　以上，*Johow* の略歴については，*Werner Schubert*, Materialien zur Entstehungsgeschichte des BGB－Einfürung, Biographien, Materialien－, 1978, S. 74. および平田公夫「ドイツ民法典を創った人びと（2）」岡山大学教育学部研究集録 58 号（1981 年）27 頁を参照。BGB の編纂に関わったその他の人々の略歴についても，*Schubert*, a.a.O., S. 69 ff. および平田公夫「民法典を創った人びと（1）（2）（3・完）」研究集録 56 号（1981 年）63 頁，58 号（1981 年）23 頁，60 号（1982 年）281 頁を参照。

のは，当時のプロイセン法が近代ドイツ不動産法の基礎となっているためであったとされる[88]。

(a) 共有の定義，成立原因

共有者による物権的請求権の主張に関する規定を紹介する前に，まずJohowが共同所有をどのように定義したのか，その成立原因をどのように理解していたのかを確認する。

Johowは，起草者部分草案物権編第6章において，1つの物の所有権が複数の者に共同して帰属する場合を共有（gemeinschaftliches Eigentum または Miteigentum）と定義する（部分草案物権編210条1項）[89]。さらに彼は，本草案における共有はローマ法的な共有原則に服するとし[90]，ゲルマン法的な合有（Gesamteigentum）ではないとした。合有の定義がまだ定着していないことがその理由である[91]。それゆえ，部分草案によれば，各共有者は一定の割合的な持分を有し（同211条1項）[92]，かつそれを単独で自由に処分できる（同213条1項）[93]。

Johowは，附合や混和により複数の者が1つの物を共有する場合のような，偶然の共同関係を念頭に置いて，共有に関する一般規定を起草する（同210条2項）[94]。もっとも，組合，夫婦共同体，共同相続など，物や権利・義務の総体が共同の対象となる特殊な法律関係も存在するが，Johowは，共有の規定がこれらの法律関係に影響を与えないよう配慮して，特別の規定を置かなかった[95]。

---

88) *Schubert*, a.a.O.（Fn. 87），S. 41. 石部・前掲注86）23頁。
89) 起草者部分草案物権編210条1項 「1つの物の所有権は複数の者に共同して帰属することができる（共有）」。*Johow*, Entwurf eines bürgerlichen Gesetzbuch für das Deutsche Reich, Sachenrecht, 1880, in: Schubert, Vorlagen der Redaktoren für die erste Kommission zur Ausarbeitung des Entwurfs eines Bürgerlichen Gesetzbuches, Unverändert photomechanischer Nachdruck der als Manuskript vervielfältigen Ausgabe aus den Jahren 1876 bis 1887: Sachenrecht Teil 1, 1983, S. 49.
90) *Johow*, a.a.O.（Fn. 89），S. 1149.
91) *Johow*, a.a.O.（Fn. 89），S. 1150.
92) 部分草案物権編211条1項 「共同の物は共有者にその持分に応じて帰属する」。*Johow*, a.a.O.（Fn. 89），S. 49.
93) 部分草案物権編213条1項 「各共有者は，彼の持分および法律により共有持分の対象となりうる持分上の権利の設定を単独で行う権能を有する」。
94) 部分草案物権編210条2項 「偶然にかつ相続によらずに成立する共有は，211条ないし220条の規定により定められる」。
95) *Johow*, a.a.O.（Fn. 89），S. 1148.

したがって，これらの場合に共有に関する一般規定が適用されるか否かは，別の箇所で論じられることになった。

以上のようにローマ法的な共有を共同所有の一般原則とする Johow の立場は，BGB 第 1 草案のみならず現行の BGB まで基本的に維持されている。たしかに，相続財産や組合財産などは，第 1 草案までは構成員全員の共有とされ，原則として共有の規定が適用されたが[96]，その後 Gierke の批判などの影響によりこれらは合有とされ，共有の規定が適用されないことになった[97]。しかし，第 2 草案以降，共有の適用範囲が限定されたとはいえ，特別な共同関係でない限りローマ法的な共有の規定が適用されるという原則は，Johow の見解以降変更されていない。それゆえ，本稿では，これ以降共有の定義や適用範囲についていちいち述べないことにする。

(b) 各共有者による自己の持分権の主張

ところで，Johow は，まず，各共有者がその持分に応じた権利を単独で主張できるとする規定を提案する（部分草案 216 条）。この規定は次の通りであった[98]。

起草者部分草案物権編 216 条

「各共有者は，彼に対して共同占有者であること又は持分権者であることを争う，物の共同所有者各人および共同占有者各人に対して，共同占有の許可（Zulassung）および持分権の承認を求める請求権を有する。」

理由書によれば，Johow は，ローマ法の共有原則に従って（1. 6 D. 6, 1[99] が引用される），持分権に関する共有者の独立性から，各共有者が持分権について独立して物権的な訴えを提起することを認める[100]。さらに Johow は，各共有者が

---

96) 民法上の組合の共有制については，第 1 草案 631 条を参照。詳細は，上谷均「ドイツ民法典の組合契約における合有制」石部編・前掲書注 86）387 頁以下，および，Wächter, Die Aufnahme der Gesamthandgemeinschaften in das Bürgerliche Gesetzbuch, 2002, S. 118 f. を参照。相続財産には原則として共同の規定が準用されることについては，第 1 草案 2151 条を参照。なお，Wächter, a.a.O., S. 142 f. も参照。

97) たとえば，来栖三郎「共同相続財産に就いて（2）」法学協会雑誌 56 巻 3 号（1938 年）490 頁以下を参照。第 2 委員会において組合財産が合有と解されることについては，Wächter, a.a.O. (Fn. 96), S. 244. 相続財産については，Wächter, a.a.O. (Fn. 96), S. 259 ff.

98) Johow, a.a.O. (Fn. 89), S. 50.

99) このローマ法文については，鶴田・前掲注 1）法学雑誌 51 巻 3 号 94 頁以下を参照。

100) Johow, a.a.O. (Fn. 89), S. 1177.

物の共同所有者または共同占有者に対して共同占有の許可を求めることができるとする[101]。Johow はこの根拠に，占有者に訴えを提起しても彼が自らも共有者の1人であると主張すれば争いが生じないことと，各共有者は観念的な持分の返還を求めることはできないことを挙げる[102]。

(c) 各共有者による共有物全体の給付請求権の主張

次に Johow は，各共有者が，共同の物の所有権から生じ，共有者全員に共同して帰属する所有権を，所有権の侵害者に対して主張できることを承認する（部分草案217条1項）。この規定は次の通りであった[103]。

起草者部分草案物権編217条1項
「各共有者は，他の共有者を関与させることなく，不法占有されている共有物の共有者全員への返還請求権，当該目的物についての他人の側から主張された目的物の権利の不存在，および当該目的物の所有権と関連する諸権利―相隣権，地役権，物的営業権（Realgewerbeberechtigungen）[104]など―の侵害に基づく請求権を，訴えおよび抗弁の提起により主張することができる。」

彼は，この規定に関連する普通法学説・判例，プロイセンの判例および諸ラントの立法例を簡潔に紹介した後[105]，この規定の起草趣旨について次のように述べる。

第1に，Johow は，共有物についての各共有者の権利は，他の共有者の同じ権利により制限されているが他の共有者の意思に左右されない所有権であり，したがって，当該目的物の所有権の侵害は各共有者の権利に対する侵害であるとする。それゆえ，ある共有者の権利が侵害されるのと同時に他の共有者の権利も侵害されているという事情から，ある共有者は，他の共有者の意思に左右されず

---

101) *Johow*, a.a.O.（Fn. 89），S. 1177 f.
102) *Johow*, a.a.O.（Fn. 89），S. 1177.
103) *Johow*, a.a.O.（Fn. 89），S. 50.
104) 物的営業権（Realgewerbeberechtigungen）とは，一定の不動産のために付与され，その不動産と物的に結びついている営業権のことである。たとえば，飲食店や居酒屋の営業が許可されるためには，この物的営業権の存在が要求された。もっともこの物的営業権の存在は営業許可のための必要条件にすぎず十分条件ではなかった。以上については，*Hermann*, Gewerberecht und Gewerbeberechtigungen, in：*Stier=Somlo/Elster*, Handwörterbuch der Rechtswissenschaft, Bd. 2, 1927, S. 910 f. を参照。
105) *Johow*, a.a.O.（Fn. 89），S. 1178 f.

に，所有権に基づく請求権を単独で訴えにより主張できると述べる[106]。

　第2に，Johowは，共有者の中で訴えを提起しようとしない者がいるのは，よかれ悪しかれ様々な理由があり，たとえば，彼が請求権を法的には理由がないとか権利の実現が困難であるなどと考え，訴えの提起にコストがかかることを恐れている場合，被告を個人的にひいきしている場合，あるいは，被告による金銭の授受や約束により提訴する気をなくしている場合が考えられるとする。このような場合に，共有者の1人が提訴に協力しないことにより訴えの提起を不可能とするのも不満足な法的状況であるし，法律が提訴したくない者に提訴を義務付けるのもまた同じである。したがって，共有者全員の権利にとって十分な満足が得られるのは，各共有者に単独で共有請求権を主張できるようにする場合だけである，とする[107]。

　第3に，Johowは，各共有者が主張できるのは共有者全員の共有する請求権であると理解するために，特殊な問題が生じると述べる。たしかに多くの場合，たとえば，各共有者が共有物に関連する地役権の侵害に対する請求権を主張する場合や，被告により主張された共有物についての権利の不存在を主張する場合には，各共有者の単独行為と他の共有者の競合する請求権は全く抵触しないため，問題は生じない。しかし，共有物の返還請求権の場合，各共有者は，他の共有者の権利を実際に代理することなくその請求権を主張できない。そのため，各共有者の権利は他の共有者の同じ権利により制限され，各共有者は共有物の返還を彼にではなく共有者全員へのみ請求できる，とする[108]。

　なお，Johowは，この場合原告は他の共有者の権利を推定される代理権に基づいて代理していると考えてはならないとする。その理由として，そのような推定が根拠となるならば，他の共有者の反対を排除できないし，請求権の主張に対する原告の独立性が維持されないことを挙げる[109]。以上からJohowは，各共有者は所有権に基づく請求権を自己の権利に基づいて主張できるが，これは原告および他の共有者に共同して帰属する所有権を原因とする権利としてのみ主張できるべきであるとする[110]。

---

106) *Johow*, a.a.O.（Fn. 89）, S. 1179.
107) *Johow*, a.a.O.（Fn. 89）, S. 1179 f.
108) *Johow*, a.a.O.（Fn. 89）, S. 1180.
109) 推定される代理権については，鶴田・前掲注1）法学雑誌51巻3号119頁以下を参照。推定される代理権に基づいて各共有者の単独提訴を承認する場合の問題点については，鶴田・前掲注1）法学雑誌51巻4号127頁以下を参照。

以上の理由から，*Johow* は，各共有者による共有者全員に共同して帰属する所有権に基づく請求権の主張，とくに各共有者による共有物全体の共有者全員への返還を承認する。

(d)　他の共有者への片面的既判力拡張・他の共有者に対する消極的確認の反訴
　さらに *Johow* は，各共有者の個別訴訟を承認することにより生じる不都合も解消しようとする（部分草案217条2項）。この規定は次の通りであった[111]。

起草者部分草案物権編217条2項
「他の共有者の各人は下された判決を援用することができる。相手方は，裁判を他の共有者に対しても有効ならしめるために，他の共有者に対しても反訴の方法で，訴えにより争われている権利の確認を求めることができる。」

　Johow は，前稿において紹介した *Savigny*（サヴィニー）の見解[112]に影響を受けてこの条文を提案する。*Savigny* は，共有者の1人に下された，共有役権全体の否認または認諾の訴えに対する判決の既判力が他の共有者の有利にも不利にも及ぶと主張していた。しかし *Johow* は，*Savigny* の見解を，合一確定すべき法律関係について矛盾した判決を下さない点では正当であるとしつつも[113]，*Windscheid*（ヴィントシャイト）の見解[114]を引用して，共有者の一部に一方的に共有物を負担する権利を与えるのと同じ結果になると批判する[115]。そこで，*Johow* は，共有者の1人について下された判決の他の共有者への拘束力について，前訴判決の結果に応じて区別して論じる[116]。

　まず，訴訟に関与しなかった共有者は，原告共有者にとって有利な判決を後訴で援用することができるとする。このことにより，当然共有者に不利益は生じないが，相手方にも不利益は生じないとする。なぜなら，前訴で相手方は不可分の権利についてすでに共有者の一部と争う機会が何の制限も受けずに付与されたからである。さらに，ここで既判力の相対性の原則を厳格に維持しても訴訟を増加

---

110)　*Johow*, a.a.O.（Fn. 89), S. 1180.
111)　*Johow*, a.a.O.（Fn. 89), S. 50.
112)　鶴田・前掲注1）法学雑誌51巻3号102頁以下を参照。
113)　*Johow*, a.a.O.（Fn. 89), S. 1182.
114)　鶴田・前掲注1）法学雑誌51巻3号105頁を参照。
115)　*Johow*, a.a.O.（Fn. 89), S. 1182.
116)　*Johow*, a.a.O.（Fn. 89), S. 1181 f.

させるだけだとする。たしかに，各共有者が推定される代理権に基づいて訴訟を追行できるとすれば，他の共有者に有利な判決の効力の拡張を根拠づけることはできるが，前述のように本草案はこの立場を採用していないと述べる。以上から，*Johow* は，既判力の相対性の原則に例外を認める部分草案217条2項1文の規定は，他の共有者全員にも帰属する権利について実際に弁論されたこと，および，法的状況を単純化することから根拠づけられるとする[117]。

逆に，*Johow* は，相手方が共有者の一部との訴訟で得た有利な判決を他の共有者との訴訟において援用できないとする。なぜなら，訴訟に関与した共有者による一方的な権利の処分を，訴訟に関与していない共有者に対しても妥当させることはできないからである。これに対して，再び同じ権利についての訴訟に応訴しなければならない被告の不利益は考慮する必要はないとする。なぜなら，民法にそのような例外規定を設けなくとも，提訴した共有者の被告は，消極的確認の反訴を共有者全員に提起する方法（CPO 33条および56条）[118] により，判決の効力を他の共有者にも及ぼすことができるからである。しかし，*Johow* は，この方法の説明のために部分草案217条2項2文を設けることを勧告する[119]。

(e) 考　察
(aa) 各共有者による共有物全体の給付請求権の主張について

Johow は，当時ドイツ普通法およびプロイセン法において支配的であったローマ法上の共有原則に依拠し[120]，さらに普通法における各共有者による役権認諾の訴えに関する議論[121] や，プロイセンの判例[122] を参考にして，各共有者による共有物全体の給付請求権の主張，とりわけ，各共有者による共有物全体の

---

117) *Johow*, a.a.O.（Fn. 89），S. 1181 f.
118) CPO 36条（抜粋）「以下の各号に掲げる場合には，管轄裁判所の指定は，審級順序において直近の上級裁判所（das im Instanzenzuge zunächst höhere Gericht）により行われる。
　　（3）普通裁判籍を異なる裁判管轄区に有する複数の者が，共同訴訟人として普通裁判籍で訴えられるべきであるが，当該訴訟について共同の特別の裁判籍が根拠づけられない場合」
　　CPO 56条については，本稿第Ⅰ章第3節を参照。
119) *Johow*, a.a.O.（Fn. 89），S. 1183.
120) 鶴田・前掲注1）法学雑誌51巻3号92頁以下，および116頁以下を参照。
121) 鶴田・前掲注1）法学雑誌51巻3号98頁以下を参照。
122) 鶴田・前掲注1）法学雑誌51巻4号107頁以下を参照。

共有者全員への返還請求権の主張を承認した。

しかし，前稿において明らかにしたように，19世紀ドイツ普通法やプロイセン法においては，各共有者による共有物全体についての個別訴訟を承認するための説得力ある根拠は見つけられなかった。したがって，*Johow* の見解も，ドイツ普通法やプロイセン法の問題点を克服できていないと思われる。

まず，*Johow* は，共有物の侵害は共有者全員への侵害であるために，各共有者が他の共有者の意思に関わりなく単独で権利行使できると述べる。しかし，複数の者の共有する1つの権利が侵害された場合であっても，その侵害された者にその侵害を除去するための訴権が帰属すべきであると考えるならば，共有者全員が共同してのみ訴権を行使すべきことになるであろう。

次に，*Johow* は，各共有者の求める給付が他の共有者の不利益にならないことを，共有者の個別訴訟の根拠に挙げる。しかし，普通法やプロイセン法の学説における批判に見られたように，訴えが実体法上の処分と同様に扱われている以上，各共有者の求める給付が他の共有者の不利益にならないことを個別訴訟の根拠に挙げるのは難しいであろう。

（bb）　片面的既判力拡張・他の共有者への反訴について

Johow は，他の共有者の有利にも不利にも既判力を拡張することを承認する *Savigny* の見解と，それに対する *Windscheid* の批判[123]を考慮して，他の共有者に有利な既判力拡張と他の共有者に対する被告の反訴の方法を提案する。つまり，*Johow* は，重複応訴の不利益を負う被告が他の共有者に対する反訴を提起して，自らのイニシアティブによりその不利益を回避するという方法により，他の共有者が訴訟に関与することなく自らの権利を処分される危険と，被告が同じ権利について重複して応訴する危険を同時に回避しようとした。さらに詳しく述べると次のようになる。すなわち，被告が他の共有者に対する反訴を提起すれば，被告は自らの重複応訴の不利益を回避でき，さらに他の共有者は従前の訴訟に関与する機会が与えられる。これに対して，被告が他の共有者に対する反訴を提起しなければ，被告は自らの選択の結果として重複応訴の不利益を負うことになるが，他の共有者は後に別訴で自らの権利について被告と争うことができ，訴訟関与の機会なく自らの権利を処分されることを免れることになる，と。

---

[123]　この点についての詳細は，鶴田・前掲注1）法学雑誌51巻3号102頁以下，105頁を参照。

このように，*Johow*の提案は一見すると，各共有者の個別訴訟を承認する場合に生じる不都合をうまく解消しているようである。しかし，そもそも各共有者の個別訴訟が承認されたのは，共同訴訟が必要であれば共有者の1人が提訴を拒絶した場合に残りの共有者が提訴できないという不都合を解消するためであった。したがって，被告の重複応訴の不利益は，共有者間の内部の意見の相違により生じた問題を解決する際に生じた副産物であったと言える。それゆえ，なぜ被告は，自らとは関わりのない理由で生じた自己の不利益を自らのイニシアティブで解消しなければならない負担を負うのかが疑問である。そのため，*Johow*の提案は，利害関係人間の実質的な利益考量の側面から見ても，全く問題がないわけではなかったと言える。

(2)　第1読会における議論

　以上のように，*Johow*の起草者部分草案は，当時の普通法やプロイセン法などの影響を強く受けたものであったが，これは，以後の第1草案作成のための第1委員会における審議（1884年9月10日）において，大幅に変更されることになる。

　(a)　各共有者の持分権の主張（部分草案216条）について

　まず，第1読会においては，部分草案216条を次の文言にする旨の提案がなされた[124]。

【提案1・提案者*Johow*】

　「各共有者は，物の共同占有者各人および共同所有者に対して，共同占有の許可および持分権の承認を求める請求権を有する。」

【提案2・提案者*v. Weber*（フォン・ヴェーバー）】

　「共有者は，物の各占有者又は各共同占有者および物の所持者に対して，共同占有の承認を求める請求権を有する。その他の点においては，所有権に基づく共有者の請求権については，編集委員会決議暫定集成（Zusammenstellung）909条ないし919条の規定（1884年6月20日，23日，25日および27日の議事録4159頁ないし4218頁）[125]が準用される。」

---

[124]　*Jokobs/Schubert*, Die Beratung des Bürgerlichen Gesetzbuchs in systematischer Zusammenstellung der unveröffentlichen Quallen, Sachenrecht I §§ 854-1017, 1983, S. 885.

第1委員会は，審議の結果，【提案2】を次の理由から採用した[126)]。まず，第1委員会は，物権的請求権に関する一般規定についての議論において，所有権確認の訴えに関する規定を置かないことをすでに決議しているという理由から，共有者による持分の確認の訴えについても規定を置かないことを確認した。次に，【提案2】の第1文は，持分権に基づく返還請求権には，所有権に基づく物の返還請求権について定めた編集委員会暫定集成908条[127)]を適用しないが，その代わり，物の返還と同等の権利として，各持分権者に，物の返還の目的を達成させるために共同占有の承認を求める請求権を付与する。妨害排除請求権を含めた所有権に基づく請求権についての規定が，持分権者の請求権の場合に準用されることを明示するのは（【提案2】第2文），実務において，重要な問題につき異なる見解が採られる余地をなくすためであるとする。

　以上のように，第1委員会も，各共有者は自己の持分の範囲でのみ権利行使できるという原則を維持して，各共有者は共有物の占有者に対して共同占有の承認を求めることができるという規定を設けた。ここで重要なのは，妨害排除請求権も各共有者は自己の持分の範囲でのみ行使できるという原則に服することを確認したことである。ドイツ法は，自己の持分の範囲でのみ権利主張できるという原則を徹底していたと言える。

---

125) 編集委員会決議暫定集成（Zusammenstellung des sachlich beschlossenen Bestimmungen nach den Beschlüssen des Redaktionsausschusses des 1. Kommission）とは，Johow が，委員会決議をもとに個人的に第1草案の文案を作成し，第1委員会内部に設置された編集委員会（Redaktionsausschuß）に提出した「編集委員会宛て編集原案（Redaktionsvorlage für den Redaktionsausschuß der 1. Komission)」についての編集委員会の決議をまとめたものである。これは第1草案原案とも呼ばれる。なお，以上の暫定的作業を踏まえて編集委員会が確定したのが，編集委員会草案（Entwurf eines Bürgerlichen Gesetzbuch in der Fassung der ersten Beratung der 1. Kommission なお，Kommissionsentwurf または KE とも呼ばれる）である。児玉寛＝大中有信「ドイツ民法典編纂資料一覧」石部編・前掲注86）(viii) を参照。

126) *Jokobs/Schubert*, a.a.O.（Fn. 124），S. 885 f.

127) 編集委員会暫定集成908条は次の通りである（*Jokobs/Schubert*, a.a.O.（Fn. 124），S. 776.)。なお，この規定は BGB 985条に対応する。
　「所有者は，占有者に対して物の返還を求める請求権を有する。この請求権は物の所持者に対しても行使できる」。

(b) 各共有者による共有物全体の給付請求権の主張（部分草案217条1項）について

起草者部分草案217条1項に対しては次の2つの提案がなされた[128]。

【提案1・提案者 *Kurlbaum*（クルルバウム）】

「複数の者の共有する物の上の所有権に不可分の権利が結びつく場合には，その不可分の権利の主張には，編集委員会草案[129] 337条および339条の規定が適用される。」

【提案2・提案者 *Planck*（プランク *Gottlieb Karl Georg Planck*）】

「共有物の第三占有者又は所持者に対して共有者に帰属する共有物の返還請求権，および，（部分草案）207条（BGB 1004条に相応：妨害排除請求権）[130]について決議された規定の基準に従い又は所有物の所有権と結びつく不可分の権利に基づいて共有者に帰属する請求権には，編集委員会草案337条および339条の規定の適用を受ける。

自らの共有権に基づき各共有者に帰属する，占有者および所有者各人に共同占有の承認を求める権利は，前項の規定により影響を受けない。」

なお，【提案2】の第2項は，部分草案216条について決議されたこととの関係で，提案者自身により取り下げられた[131]。

また，両提案が準用する，編集委員会草案337条および339条は次の通りであ

---

128) *Jokobs/Schubert*, a.a.O.（Fn. 124），S. 885 f.
129) BGB成立過程における編集委員会草案の位置づけについては，前掲注125）を参照。
130) 部分草案物権編207条 「法律関係が確認されたのち，その直接的ないし間接的な結果のゆえに違法と見なされる行為は，被告の従来からの振る舞いにてらして，その繰り返しが懸念される場合には，裁判官の刑罰による威嚇が発せられることによって，禁じられる。
　当局の許可を得て建設された営業施設ならびに当局の許可を得て稼働している鉄道事業・蒸気汽船事業に対して，その営業活動の停止を求める訴えはこれを提起しえない。訴えを提起しうるのは，不利益を与える干渉作用を排除するために必要な設備の設置，もしくはこのような設備の設置が不可能であるか，あるいは営業の然るべき稼働と合致しない場合の損害補償請求に限られる。」
　この条文の翻訳は，川角由和「ヨホウ物権法草案以降におけるネガトリア請求権規定（1004条）形成史の探求」石部編・前掲書注86）428頁によった。
131) *Jokobs/Schubert*, a.a.O.（Fn. 124），S. 886.

る[132]。

編集委員会草案337条
「1つの債務関係において複数の債権者が1つの不可分給付を求めなければならない場合，債務者は，債権者全員に共同的にのみ給付することができ，各債権者は，債権者全員への給付を請求する権能を有する。債務関係が，1人の債権者への給付により他の債権者も満足を得る性質のものである場合には，各債権者は，給付全体を請求することができる。

債権者の1人にのみ生じた事実，とくにこの者の作為又は不作為は，残りの債権者の有利にも不利にも効力を生じない。」

編集委員会草案339条
「不可分給付が，不可分給付の可分の価値又は損害賠償に代わる場合，各債権者は自己の持分のみを請求することができ，各債務者は自己の負担持分のみ給付する義務を負う。」

審議の結果，【提案2】が採用された。【提案2】は，【提案1】と内容は異ならないが，【提案2】の第1項が，共有により根拠づけられる物権的請求権，すなわち，返還請求権，妨害排除請求権および承認請求権 (der konfessorische Anspruch) について言及しているからである。たしかに原状回復 (物の返還および侵害の回復) や不作為は，不可分給付であるため，債務法の一般規定が物権により基礎づけられる請求権についても妥当し，起草者部分草案217条1項の規定の内容に相応する規定は不必要であるということも可能である。しかし，第一委員会は，実務が不可分債権の規定を適用しない可能性を考慮して，共有権に基づく請求権への編集委員会草案337条および339条の準用を明記することを決議した。なお，この規定は所有権に限らずその他の物権にも適用されるものとした[133]。

以上の審議の後，1884年9月15日の審議会において，ある委員により，部分草案217条1項を削除して，216条の後に次の規定を追加することが提案されて

---

132) *Jokobs/Schubert*, Die Vorlagen der Redaktoren für die erste Kommission zur Ausarbeitung des Entwurfs eines Bürgerlichen Gesetzbuches, Entwürfe eines Bürgerlichen Gesetzbuchs (Kommissions-Entwurf von 1885-1887 und Erster BGB-Entwurf von 1887), 1986, S. 96.

133) 以上について，*Jokobs/Schubert*, a.a.O. (Fn. 124), S. 886.

いる[134]。

「編集委員会草案337条の規定に従って共有物の共有者全員への返還を請求する各共有者の権利は影響を受けない。」

提案者はこの規定の趣旨を次のように述べている。すなわち，債務法の一般原則が物権的請求権に当然に妥当するのであれば，部分草案217条1項は不必要であるとの疑問はぬぐえない。しかし，この規定の必要性は，各共有者が共有物の共同占有の許可請求権を有するのみならず，共有物全体の共有者全員への返還請求権をも有することを強調することにあるから，部分草案216条の後に前述の規定を設けるべきである，と述べた。

この提案は，委員会によりそのまま承認されている[135]。

以上のように，第1委員会は，部分草案までの見解とは異なり，共有物全体の給付が不可分給付であるために，不可分債権の規定である編集委員会草案337条を準用して，各共有者による共有物全体の給付請求権の主張，とりわけ各共有者による共有物全体の共有者全員への返還請求権の主張を承認した。

(c) 片面的既判力拡張・消極的確認の反訴 (部分草案217条2項) について

起草者部分草案217条2項は，1884年9月10日における第1読会の審議において削除された。

まず，訴えを提起した共有者に対して下された有利な判決を他の共有者も援用できるとする起草者部分草案217条2項1文は，次の3つの理由から削除された[136]。第1に，部分草案217条2項1文は，既判力は訴訟当事者およびその訴訟係属後の承継人にのみ及ぶとした既判力の主観的範囲の原則規定 (編集委員会草案191条)[137] に反することが削除の理由とされている。第2に，もし部分草案217条2項1文の規定が存在するならば，たとえ最初の訴訟で勝訴した共有者がその権利の実行を断念したとしても，被告は，自らに対する判決の不利な効力から免れないことが挙げられている。第3の理由として，この規定が採用されたな

---

134) *Jokobs/Schubert*, a.a.O. (Fn. 124), S. 886.
135) *Jokobs/Schubert*, a.a.O. (Fn. 124), S. 895 f.
136) *Jokobs/Schubert*, a.a.O. (Fn. 124), S. 887.
137) 編集委員会草案191条 「確定判決の効力は，当事者，及び，訴訟係属の発生後に当事者の権利承継人又は当事者の1人のために係争物の所持者となった者の有利にも不利にも及ぶ。」

らば連帯債権の関係の場合にも既判力拡張が承認されなければならないが，連帯債務関係における既判力の拡張は，編集委員会草案325条[138]においてすでに否定されていることが挙げられている。

　以上の理由から起草者部分草案217条2項1文は削除されたが，最初に挙げられた削除理由は実はそれほど説得力がない。編集委員会草案191条は，共有物全体にかかる権利について訴訟追行した共有者に下された確定判決の効力が他の共有者にも及ばないことをも念頭に置いて起草されたわけではないからである。BGBの成立過程において既判力の主観的範囲の一般規定を最初に起草した *Geb-hard*（ゲープハルト）は，起草者部分草案総則編205条に，編集委員会草案191条と同趣旨の規定を置いた。彼は，共有物全体にかかる権利について訴訟追行した共有者に下された確定判決の効力が他の共有者にも及ぶかどうかという問題は，既判力の主観的範囲一般から導き出されるものではなく，個々の法制度固有の問題であると解していた。それゆえ，*Gebhard* はこの問題についての私見を述べず，*Johow* の見解を紹介するに止まっていた[139]。しかも第1委員会もこの問題

---

138) 編集委員会草案325条 「連帯債権者の1人と債務者との間に，又は債権者と連帯債務者の1人との間に言い渡された確定裁判 (die rechtskräftige gerichtliche Entscheidung) の効力は，他の連帯債権者又は連帯債務者の有利にも不利にも及ばない」。

　この条文はほとんど変更されず第1草案327条になっている（編集委員会草案325条の「確定裁判」という文言が，第1草案では「確定判決 (das rechtskräftige Urteil)」に変更されているにすぎない）。

　第1草案の理由書によると，起草者は，連帯債権関係においては，既判力は当事者間のみに作用するという原則（第1草案192条）を逸脱するのに十分な理由が存在しないとする。具体的には，連帯債権者の1人が債務者に対して主張した連帯債権についての請求棄却判決は，債務者に対する債権が彼に帰属しないことを述べるにすぎず，それゆえ，その判決は債務者と他の連帯債務者との関係には何も触れていないとする（Motive zu dem Entwürfe eines Bürgerlichen Gesetzbuches für das Deutsche Reich, 1888, II, S. 160; Mugdan, Die gesamten Materialien zum Bürgerlichen Gesetzbuch für das Deutsche Reiche, II, S. 88. なお，19世紀後半におけるドイツの学説の概観については，本間靖規「合名会社の受けた判決の社員に及ぼす効力について（3）」北大法学論集33巻2号（1982年）71頁注（6）を参照）。

　このように，連帯債権者の1人が受けた判決の効力が他の連帯債権者に及ばないという規律は，各連帯債権者が個々に独立しているという連帯債権の実体法上の性質から正当化されていると考えられる。

　なお，第1草案327条の趣旨は，BGB 425条2項に引き継がれている。

139) *Schubert*, Die Vorlagen der Redaktoren für die erste Kommission zur Ausarbeitung des Entwurfs eines Bürgerlichen Gesetzbuches, Allgemeiner Teil, Teil 2, 1981, S. 519.

Ⅱ BGB 1011 条の成立過程

について議論していない[140]。したがって，第1委員会は，既判力の相対効の原則との関係で，他の共有者への既判力拡張がなぜ正当化されるのかという最も重要な問題に触れないまま，起草者部分草案217条2項1文の削除を決断した。

次に，被告による提訴していない共有者に対する反訴提起の可能性を付与する部分草案217条2項2文は，次の理由から削除されている[141]。まず，提訴した共有者に対する不利な判決の既判力を他の共有者に及ぼさないとするならば，持分権者が次々に相手方に対して訴えを提起する可能性は否めないという理由から，第1読会においても，部分草案217条2項2文のような規定を置くことの重要性は認識されていた。しかし，この問題は複数の者への不可分給付一般に関するものであり，訴訟法が解決しなければならない問題であるから，ここで訴訟法の規定に反する規定を置くことは疑問であるとされた。本訴の管轄裁判所において原告でない者に対して反訴を提起することを許すことはできないともされた。さらに，この問題は呼出の方法により解決できるが，訴訟法がすでにこの方法を採用しておらず[142]，ここで呼出の制度を導入するのは，訴訟法制定過程における議論の蒸し返しであるとされた。

以上の理由から，第1委員会は部分草案217条2項2文を削除したが，その代わりに次の問題回避方法を提案した。それは，不可分給付を求める複数の債権者の1人により請求される被告は，共同債権者全員に消極的確認の訴えを提起し（共同の管轄の発生：CPO 36条3号，56条），その訴えについての判決が確定するまで債権者の被告に対する訴えの手続を中止させる（CPO 139条[143]），という方法である。いずれにせよ，この問題はCPO改正の際に再考すべき問題であるとした[144]。このように，第1委員会はこの問題に対して明確な答えを出すことを避けたのである。

以上のように，各共有者の個別訴訟を承認することにより生じる不都合を解消

---

140) *Jokobs/Schubert*, Die Beratung des Bürgerlichen Gesetzbuch in systematischer Zusammenstellung der unveröffentlichen Quellen, Allgemeiner Teil, 2. Teilband, 1985, S. 1218 ff.
141) *Jokobs/Schubert*, a.a.O. (Fn. 124), S. 887.
142) この点については，本稿第Ⅰ章第2節を参照。
143) CPO 139条「裁判所は，訴訟の裁判が，その全部又は一部について，係属する他の訴訟の対象をなす法律関係，又は行政庁により確定されるべき法律関係の存在又は不存在にかかる場合には，他の訴訟の終了まで，又は行政庁の処分（Entscheidung）があるまでに弁論を中止すべきことを命じることができる。」なお，この規定はZPO 148条と全く同じものである。
144) *Jokobs/Schubert*, a.a.O. (Fn. 124), S. 887 f.

するために Johow が提案した様々な方法は，すべて採用されなかった。しかもその不採用の理由に必ずしも説得力があったわけではなかった。

(3) 第1委員会による決議以降の議論
(a) 第1草案成立まで

以上のような第1委員会の審議の結果を踏まえ，編集委員会は，共有者による共有物全体の給付請求権の主張に関する規定を作成・修正した[145]。その結果，1887年に完成した第1草案951条は次の規定となった[146]。

---

145) 第1委員会の審議後，Johow が委員会審議の決議をもとに個人的に第1草案の文案を作成し，第1委員会内部に設置された編集委員会に提出した，編集委員会宛て編集原案927条は次の通りである。Jokobs/Schubert, a.a.O.（Fn. 124），S. 898.

　編集委員会宛て編集原案928条「共有者は，物の共同占有者各人，占有者および物の所持者に対して，共同占有の承認を求める請求権を有する。（編集委員会暫定集成）909条ないし922条の規定は，共有者の所有権に基づく請求権についても基準となる。

　337条により共有者全員への共有物の返還を求める各共有者の権利は影響を受けない」。

　これが，編集委員会の決議を経て，編集委員会決議暫定集成928条となる。Jokobs/Schubert, a.a.O.（Fn. 124），S. 898.

　編集委員会決議暫定集成928条「共有者は，物の共同占有者各人，占有者および物の所持者に対して，共同占有の承認を求める請求権を有する。（編集委員会暫定集成）909条ないし922条の規定は，共有者の所有権に基づく請求権に準用される。

　337条により共有者全員への共有物の返還を求める各共有者の権利は影響を受けない」。

　以上の暫定的作業を踏まえて編集委員会が，編集委員会草案928条を確定した。この規定は，編集委員会決議暫定集成928条から全く変更されていない。Schubert, a.a.O.（Fn. 132），S. 258.

　しかし，編集委員会草案の最終構成段階で，編集委員会草案928条1項の文言を次のように変更することが提案され，そのまま決議されている。Jokobs/Schubert, a.a.O.（Fn. 124），S. 898.

　「共有者の所有権請求権（Eigentumsanspruch）には，共有者は各共同占有者，並びに，物の占有者および所持者に対して，共同占有の承認請求権を持つという基準により，908条ないし922条が準用される。」

　以上の編集作業を経て，第1草案951条が成立した。

146) Mugdan, a.a.O.（Fn. 138），Bd. 3, S. XXXVII. なお，周知の通り第1草案には理由書が存在し，951条に対してもその理由の記載がある。しかし，この理由書は，第1委員会の助手が，部分草案理由書と第1委員会の議事録から抜粋し要約したものである。したがって，叙述の繰り返しを避けるために，本稿は，第1草案951条についての理由書の見解の紹介を省略した。第1草案951条に関する理由書の見解については，Motive, a.a.O.（Fn. 138），Bd. 3, S. 443 ff.＝ Mugdan, a.a.O.（Fn. 138），Bd. 3, S. 248 f. 邦語による簡単な紹介として，五十部豊久「必要的共同訴訟と二つの紛争類型」民事訴訟雑誌12号（1966年）175頁がある。

第 1 草案 951 条

「共有者の所有権請求権（Eigentumsanspruch）には，共有者は各共同占有者，並びに，物の占有者および所持者に対して，共同占有の承認請求権を持つという基準により，929 条ないし 945 条の規定（訳者注：物権的請求権に関するすべての規定）が準用される。

339 条の規定により共有者全員への共有物の返還を請求する各共有者の権利は影響を受けない。」

なお，準用されている 339 条は次の通りである[147]。

第 1 草案 339 条

「1 つの債務関係において複数の債権者が 1 つの不可分給付を求めなければならない場合，債務者は，債権者全員に共同的にのみ給付でき，各債権者は，債務者に債権者全員への給付を請求する権能を有する。債務関係が，1 つの債権者への給付によりその他の債権者も満足を得る性質のものである場合には，各債権者は，給付全体を請求することができる。

債権者の 1 人の身上にのみ生じる事実，とくにこの者の作為又は不作為は，残りの債権者の有利にも不利にも効力を生じない。」

(b) 第 1 草案成立後から BGB 成立まで
(aa) 第 1 草案に対する意見

第 1 草案に対する意見が帝国司法庁によりまとめられている。しかし，第 1 草案 951 条に対する意見として取り上げられているのは，*L. Goldschmidt*（ゴールドシュミット）の簡潔な意見だけである。しかしこの見解は，後に述べるように，第 2 委員会での議論に影響を及ぼす重要なものである。

まず，*Goldschmidt* は，所有権についての規定は共有に準用されるのは当然であるという理由から，第 1 草案 951 条 1 項の規定を必要としないとする[148]。

さらに *Goldschmidt* は，951 条の規定の仕方では，951 条 2 項は物権的請求権は債務法の一般原則に服するという命題から導き出されていることが不明瞭になる点を憂慮する。なぜなら，951 条 2 項の規定は，物権的請求権は債務法の一般

---

147) *Mugdan*, a.a.O.（Fn. 138）, Bd. 2, S. XXX.
148) Zusammenstellung der gutachtlichen Aeußerungen zu dem Entwurf eines Bürgerlichen Gesetzbuchs, Bd. III, 1890, S. 219.

原則に服するという命題からの帰結と解されるのではなく，特別規定と解釈されるのが自然だからである，とする[149]。

(bb) 第2委員会における議論

第2委員会の審議において，*Struckmann*（シュトルックマン）は，第1草案951条を次のように変更するよう提案した。

「各共有者は，所有者に帰属する，物の返還請求権および所有権の侵害の不作為又は排除を求める請求権を共有物全体に関し第三者に対して主張することができる（ただし，返還請求権は第2草案374条に従ってのみこれを主張することができる）。」

準用されている第2草案374条は次の通りである[150]。

第2草案374条

「数人が不可分給付をすべき場合において，連帯債務者でないときは，債務者は全員に対して共同的にのみ給付することができ，また，各債権者は全員に対する給付のみを請求することができる。各債権者は，債務者が目的物を全債権者のために供託することを，又は供託に適さない場合には，裁判所により選任された保管者に目的物を引き渡すことを請求できる。その他，債権者の1人の身上に生じる事実は他の債権者の有利にも不利にも効力を生じない。」

第2委員会は，この提案について次のことが議論された[151]。

まず，共有者が他の共有者に対して共有物の共同占有を求める請求権については，第1草案951条のような明文の規定は必要ないとされた[152]。

次に，提案者である*Struckmann*が，自ら提案した規定の括弧に含まれる部分を削除して，各共有者が第三者たる占有者に共有物全体の返還を共有者全員に求めることができるのみならず，各共有者自身に求めることができるようにすることを求めた。つまり，*Struckmann*は，第1草案951条をさらに実際的な規定

---

149) A.a.O.（Fn. 148），Bd. III, S. 220.
150) *Mugdan*, a.a.O.（Fn. 138），Bd. 2, S. XXX.
151) *Jokobs/Schubert*, a.a.O.（Fn. 124），S. 902 = Protokolle der Kommission für die zweite Lesung des Entwurfs des Bürgerlichen Gesetzbuches III, S. 3842 f. = *Mugdan* a.a.O.（Fn. 138）III, S. 703.
152) Protokolle, a.a.O.（Fn. 151）III, S. 3843 = *Mugdan*, a.a.O.（Fn. 138）III, S. 703.

に変更するよう提案したのである[153]。

その理由として*Struckmann*は次の理由を挙げる[154]。まず，彼によればこの提案は普通法やプロイセン法の実務に合致するとする[155]。次に，共有者全員への返還請求権は現実には実現困難であるとする。最後に，第1草案339条は，他の債権者の安全のために不可分債権者全員への給付のみを認めるとするが，その理由付けは物権的請求権については当てはまらないとする。なぜなら，他の共有者は常に自らの物権により保護されるからであるとする。

以上のような*Struckmann*の提案にもかかわらず，第2委員会の多数は，不可分債権の一般規定（第1草案339条，第2草案374条）に例外を認めなかった。そのため，*Struckmann*の提案は，括弧でくくられた部分を含めて承認された[156]。

なお，*Struckmann*の提案は，第1草案951条の文言と大きく異なっている。これは，第1草案に対する*L. Goldschmidt*の意見が反映されているためだと思われる。したがって，第2委員会が承認した規定は，第1草案951条の文言とかなり異なっているとはいえ，第1草案951条の趣旨を変更しているのではない。

(cc) 第2草案の編集以降

第2草案の編集作業においても，第2委員会で決議された文言はほとんど変更されなかった[157]。その結果，次のような文言の第2草案923条が成立した[158]。

---

153) Protokolle, a.a.O.（Fn. 151）III, S. 3843 = *Mugdan*, a.a.O.（Fn. 138）III, S. 703.

154) Protokolle, a.a.O.（Fn. 151）III, S. 3843 = *Mugdan*, a.a.O.（Fn. 138）III, S. 703.

155) ここで*Struckmann*は，*Dernburg*, Privatrecht 1, § 223, N. 10 を引用する。たしかに同書（*Dernburg*, Lehrbuch des Preußischen Privatrechts und der Privatrechtsnormen des Reichs, 5. Aufl., 1894, Bd. 1, S. 534.）には，「通常は，各共有者は共有物（die gemeinsamen Sache）を共同占有することができる。――動産の場合が通常そうであるように――共同占有が不可能な場合，その物についてより大きな持分を有する者が，独占的な保管を求める請求権を有する。しかし，持分が等しい場合には，抽選により決まった者がその請求権を有する」と記述されている。しかし，この記述は，共有者の1人が他の共有者に対して共有物の占有を求める場合を想定していたと思われる。プロイセンの判例が，各共有者は第三者に対して共有物全体の共有者全員への返還のみを承認していたことについては，前稿第2章第2節ですでに述べた。鶴田・前掲注1）法学雑誌51巻4号107頁以下，とりわけ121頁を参照。もっとも，普通法における判例に関しては*Struckmann*の見解は正しいと思われる。この点については，鶴田・前掲注1）法学雑誌51巻3号97頁を参照。

156) *Jokobs/Schubert*, a.a.O（Fn. 124）, S. 902 = Protokolle, a.a.O.（Fn. 151）III, S. 3843 = *Mugdan*, a.a.O.（Fn. 138）, III, S. 703.

157) 第2草案の編集作業は，第2委員会に設置された編集会議（Redaktionskommission）

第 2 草案 923 条

「各共有者は，共有物全体に関する所有権に基づく請求権を第三者に対して主張することができる。ただし，返還請求権は第 2 草案 374 条に従ってのみこれを主張することができる。」

第 2 草案 923 条はそれ以降変更されることなく，BGB 1011 条が成立するに至っている。BGB 1011 条は次の通りである。

BGB 1011 条

「各共有者は，共有物全体に関する所有権に基づく請求権を第三者に対して主張することができる。ただし，返還請求権は 432 条に従ってのみこれを主張することができる。」

(4) **本節の要約**

以上が BGB 1011 条の成立過程である。

BGB 1011 条とほぼ同じ文言が起草されたのは，第 2 委員会における審議以降であった。しかし，第 2 委員会の審議において第 1 草案の規定が大幅に変更されたのは，所有権に基づく請求権の規定は共有の場面にも当然に準用されるので，第 1 草案のような各共有者の持分権に基づく請求権についての規定は必要ないという理由からであり，第 1 草案の内容そのものを変更するためではなかった。むしろ BGB 1011 条の現在の規律を決定づけたのは，第 1 読会における議論であった。

第 1 読会における議論のたたき台となった Johow の部分草案は，普通法，プロイセン法および CPO における議論を検討して，各共有者による共有物全体の給付請求権の主張の承認，他の共有者に有利な既判力の拡張，さらには，被告による他の共有者に対する反訴提起の可能性の確保を提案した。この提案は，各共

によりなされた。まず編集作業の第 1 段階である第 2 委員会暫定集成（Vorläufige Zusammenstellung der Beschlüsse der Kommission）951 条は，第 2 委員会の審議における *Struckmann* の提案と全く同じ文言であった。*Jokobs/Schubert*, a.a.O.（Fn. 124), S. 903.

その後，第 2 草案の第 2 段階の編集作業の際に，現在の BGB 1011 条と全く同じ文言の規定がまとめられる（編集会議決議暫定集成 951 条 Zusammenstellung der Beschlüsse der Redaktions-Kommission）。*Jokobs/Schubert*, a.a.O.（Fn. 124), S. 903. これがそのまま第 2 草案 923 条となった。

有者の個別訴訟を承認する根拠付けに説得力がなかったものの，各共有者の個別訴訟を承認した場合に生じる様々な不都合を解消することを試みたものであった。

これに対して，第1委員会は，共有者による共有物全体の物権的請求権の主張に関する問題を *Johow* の提案とは全く異なる視点から扱った。

まず，第1委員会は，*Planck* 等の提案に基づき，各共有者による共有物全体の給付請求権の主張については，債務法の不可分債権の規定に従うべきだとした。このことは，各共有者による物権的請求権の主張に関する従来の議論との断絶を意味する。

さらに第1委員会は，*Johow* の提案した他の共有者への既判力拡張や被告による他の共有者への反訴をことごとく採用しなかった。しかもこれらの問題は，詳細に議論されずに棚上げにされた。

このように，BGB の起草者は，各共有者による物権的請求権の主張の問題は債務法とりわけ不可分債権の規定に従うとした。そこで次節では，BGB 1011 条が各共有者による共有物全体の物権的請求権の主張を承認した理由を明らかにするために，不可分債権の規定である BGB 432 条1項の成立過程を紹介する。

2　BGB 432 条1項の成立過程

(1)　部分草案起草直前における学説および立法の状況

(a)　法典編纂期における学説——連帯債権と不可分債権の関係

ところで，前稿第1章第1節において述べたように，共同訴訟の抗弁が衰退した理由の1つは，訴訟物が不可分の場合には複数の債権者は当然に連帯債権者として扱われるので，各債権者は単独で不可分の対象全体について訴求することができる，と多くの学説により主張されたことにあった。それゆえ，19世紀の学説には，不可分債権を連帯債権と同様に扱う学説が多い。たとえば，*Savigny* や *Puchta*（プフタ）は，少なくとも不可分債務については連帯債務関係（単純連帯（Solidarität）[159]）が成立すると考えていた[160]。

---

158)　*Mugdan*, a.a.O.（Fn. 138), Bd. 3, S. XXXVII.
159)　19世紀前半の普通法においては，連帯債務関係を共同連帯（Korrealität）と単純連帯に区別する見解が有力であった。共同連帯とは，契約によって発生する連帯債務（契約連帯）が典型例であり，1人の債務者に生じた事由についてかなり広範に絶対的効力を認めるものである。共同連帯の債務は単一と見られている。これに対して，単純連帯とは，共同不法行為など，現在では不真正連帯債務に属するような場合が典型例であり，1人に生

しかし，19世紀の後半になると，不可分債権と連帯債権を区別する学説が登場する。たとえば Windscheid は，一方では，給付が不可分という理由だけで連帯性（単純連帯）が成立するため，不可分債権の場合も連帯債権と同様に，債務者が不可分債権者の1人に全体給付した場合には，他の不可分債権者は自己の持分について，その不可分債権者に対して求償権を有すると述べる[161]。しかし Windscheid は他方で，不可分債権の場合には，連帯性は形式的な関係においても厳格には貫徹されないと述べる[162]。そのため，Windscheid は，複数の債権者の1人に行われた給付により他の債権者の満足も生じるような態様でない場合には，債権者が，債務者に他の債権者のための担保を供与した場合に限り，債務者に対して全体の給付を請求できると述べている[163]。

Arndts（アルンツ）も，単純連帯債務の特殊な態様として対象の不可分の場合が存在するとする。さらに彼は，債権者の1人になされた給付が他の債権者の満足を得るものでない限り，複数の債権者は共同してのみ不可分給付を請求する権能を有するか，債務者に他の債権者のための担保を供与するのと引換えに全体を給付請求できると主張する[164]。

さらに Brinz（ブリンツ）は，対象の不可分だけでは単純連帯は成立しないとさえ述べている[165]。そして，彼も他の見解と同様に，債権者の1人への給付により全員が満足しない場合には，各債権者は担保の供与と引換えに全体給付を請求できるとする[166]。

以上のように，19世紀の後半の法典編纂期になると，各不可分債権者は，連帯債権の場合と同様に，何の制約もなく債務者に対して全体の給付を請求できる

じた事由の多くが他の者に影響をしない（相対的効力のみ）ものをいう。債務は債務者（債権者）の数だけ存在する。以上については，椿寿夫「連帯債務論序論」『民法研究I』（1983年〔初出1956年〕，第一法規）1頁，とくに6頁以下，および奥田昌道『債権総論』〔増補版〕（1992年，悠々社）346頁。椿教授によると，不可分債務が単純連帯に含まれるのかどうかは，ドイツ普通法において大いに争われたとされる。椿・前掲論文8頁。

160) Savigny, Das Obligationenrecht als Theil des heutigen Römischen Rechts, Bd. 1, 1851, S. 379 f.; F. G. Puchta, Pandekten, 11. Aufl., 1883, § 233（S. 359）.
161) Windscheid/Kipp, Lehrbuch des Pandektenrechts, Bd. 2, 9. Aufl., 1906, § 299（S. 228）.
162) Windscheid/Kipp, a.a.O.（Fn. 160），§ 299（S. 229）.
163) Windscheid/Kipp, a.a.O.（Fn. 160），§ 299（S. 229）.
164) Arndts, Lehrbuch der Pandekten, 11. Aufl., 1883, § 216（S. 400）.
165) Brinz, Lehrbuch der Pandekten, 2. Aufl., Bd. 2, 1879, § 230（S. 68）und § 232（S. 70）.
166) Brinz, a.a.O.（Fn. 164），§ 233（S. 71 f.）.

という帰結を当然に導くことができるとする見解に反対するものが有力になっていた。そのため，この当時の学説においては，不可分債権の性質や不可分債権者全員の共同取立の可否に関して非常に大きな争いがあった。

(b) BGB 成立過程前における諸立法

以上のような錯綜した学説状況に対応して，19世紀後半の諸ラントの立法例もまちまちであった。

(aa) 1863年ザクセン民法

1863年のザクセン民法（Bürgerliches Gesetzbuch für das Königreich Sachsen von 1863）1037条は，次の通りであった。

ザクセン民法1037条

「債権の目的が全一体をなす作為若しくは不作為，または不可分の権利である債権にあって複数の債権者又は義務者が存在する場合には，連帯債権の規定が準用される。」

1860年ザクセン民法草案の理由書を見ても，ザクセン民法1037条に相応する規定の起草理由は記載されていなかったが[167]，この規定は，不可分債権を連帯債権と同様に考えるという，19世紀中葉まで有力に主張されていた見解に依拠したと考えられる。

(bb) 1861年バイエルン草案

1861年にバイエルンが自国のために起草したバイエルン草案第2部（Entwurf eines bürgerlichen Gesetzbuches für das Königreich Bayern, Teil II: Recht der Schuldverhältnisse, München, 1861）242条1項ないし3項は，次の通りであった。

バイエルン草案第2部242条1項ないし3項

「不可分の義務について複数の債務者又は元来の債務者の複数の相続人が存在する場合，債権者は，持分の分離なく彼らにまとめて給付を請求することができ

---

[167] 1860年ザクセン民法草案1050条に，ザクセン民法1037条と同様の規定があり（Entwurf eines bürgerlichen Gesetzbuchs für das Königreich Sachsen, 1860, S. 173.），さらにその草案には理由書が付されている。しかし，この理由書も，なぜ不可分債権が連帯債務として扱われるのかについて説明をしていない（Specielle Motiven und Publications=Verordnung zu dem Entwürfe eines bürgerlichen Gesetzbuchs für das Königreich Sachsen, 1861, S. 789 ff.）。

る。

　しかし，給付に関わる対象が共同債務者の1人又は相続人の1人に割り当てられる場合には，債権者は，彼に給付全体を請求できる。

　複数の債権者又は元来の債権者の複数の相続人が存在する場合，債務者は，彼ら全員にのみ，又は，彼らが共同して指名した代理人に，又は，その他の債権者が債務者に対してさらに請求しないことについて十分な担保を提供する債権者に，給付を行う義務を負う。」

　以上の規定は，不可分債権および不可分債務に関する当時の最新の普通法学説に従ったものであった。この草案の理由書は，242条，とくに不可分債権に関する同条3項の起草理由を次のように述べる[168]。

　まず今日では，債務者が各債権者に対して不可分の給付義務を負うという連帯性の原則は維持できないとする。その上で草案は，いかなる債権者も不可分債務の対象を処分する権能を有しないために，複数の債権者は共同してのみ，または共同の代理人により給付を請求できることを原則とした。さらに例外として，草案は，債権者の1人による給付請求を，他の債権者が債務者に対してさらに給付請求しないための十分な担保を債務者に供与することを要件として許している。草案によると，この方法は債務者の法的利益を完全に保護するためであるとされる[169]。

　この草案の特徴は，不可分債権者は単独で不可分の給付全体を処分できないために，不可分債権者全員による共同取立が原則であることを前提に，その例外として，各不可分債権者は，担保の供与を要件としてのみ物全体の給付を請求できるとしたことにある。

　なお，バイエルン草案242条1項は，不可分債務の場合にも債務者全員が共同して債権者に給付する義務を負うと規定している。

　（cc）　1866年ドレスデン草案
　ところで，1815年に成立したドイツ同盟[170]は，1862年に，プロイセンの反

---

168)　Motive zum Entwurfe eines bürgerlichen Gesetzbuches für das Königreich Bayern, 1861, S. 119. この理由書は，Neudrucke Privatrechtlicher Kodifikationen und Entwürfe des 19. Jahrhunderts, Bd. 3, 1973, に収められている。
169)　A.a.O.（Fn. 168), S. 120.
170)　ドイツ同盟については，本稿第I章第1節（1）を参照。

対にもかかわらず共通の債務法を起草することを決定し，1862 年から翌 63 年までに，10 カ国（オーストリア，バイエルン，ザクセン，ハノーファー，ヴュルテンベルク，ヘッセン＝ダルムシュタット，メクレンブルク＝シュヴェーリン，ナッサウ，マイニンゲン，フランクフルト）からなる委員会がドレスデンにおいて草案作成に従事した。この結果，1866 年に完成したのが，一般ドイツ債権関係法草案（Der Entwurf des allgemeinen deutschen Gesetzes über Schuldverhältnisse, Dresden, 1866），いわゆるドレスデン草案である。この草案は同年 6 月 14 日にドイツ同盟が崩壊したために実施には至らなかった。しかし，これは後の BGB の起草過程に影響を及ぼしている[171]。

さて，ドレスデン草案に関しては，民事訴訟法におけるハノーファー草案と同様に[172]，草案作成のための審議会の議事録が遺されている[173]。不可分債権の規定については，審議会ではどのように議論されたのであろうか。

まず第 1 読会（第 4 回審議会）において，この委員会の起草委員（Referent）であり，1863 年のザクセン民法の起草に大きな影響を与えた Siebenhaar（ズィーベンハール）は[174]，不可分債権および不可分債務に関して次の規定を提案する[175]。

「不可分の債務関係の場合に複数の債権者又は複数の債務者が存在する場合には，各債権者が債務関係の対象全体を請求でき，各債務者はこの対象全体を給付しなければならない。債務者が債務関係の対象全体を債権者の 1 人に完全に給付する場合，債権および債務は債権者全員および債務者全員に対して消滅する。」

---

171) BGB 立法史におけるドレスデン草案の位置づけについては，平田公夫「ラスカー法の成立と準備委員会の設置（1）」岡山法学会雑誌 30 巻 2 号（1980 年）177 頁を参照した。
172) ドレスデン草案は，ドイツ同盟共通の法典を作成する試みであったという点で，CPO 起草過程におけるハノーファー草案に対応する。
173) この議事録の復刻版として，Schubert, Protocolle der Commission zur Ausarbeitung eines allgemeinen deutschen Obligationenrechtes, Bd. 1-6, 1984 が存在する。
174) Eduard Siebenhaar は 1806 年生まれ。彼は，Leipzig で法学を学び，その後弁護士となるがその後すぐにザクセンの司法職（Juristdienst）で活躍する。その後彼はドレスデンの上級上訴裁判所（Oberappellationsgericht）の参与となり，その副代表を 1869 年から 73 年まで務めた。彼は，Gustav Held の死後 1857 年に，Held の後任としてザクセン民法編集委員会の起草委員（Referent）となり，ザクセン民法の起草に大きな影響を与えている。1873 年，ドレスデンで死去。以上については，Schubert, a.a.O.（Fn. 173), Bd. 1, S. XV. なお，Siebenhaar がドレスデン草案起草委員会の起草委員を務めたことについては，Schubert, a.a.O., S. XXI.
175) Schubert, a.a.O.（Fn. 173), Bd. 1, S. 45.

この規定は，不可分債権者全員が共同してのみ債務者に給付を請求でき，債権者は不可分債務者全員にのみ給付を請求できるとするバイエルン草案242条1項および3項と正反対の内容である。そのため，起草委員である*Siebenhaar*は，バイエルン草案と比較しながら，自己の提案した草案の正当性を次のように主張する[176]。

　起草委員は，不可分債務の場合を念頭に置いて，バイエルン草案は債務者の利益を可能な限り保護しているが，本草案は債権者の利益をより重視すると述べる。その理由として，数人の債務者のうちの1人の現住所が知られていない場合や債務者により隠匿されている場合，または義務者の1人にその他の理由から法的に訴求できない場合には，債権者の権利が事実上奪われてしまうことが挙げられている。さらに，バイエルン草案の立場によると，債務者全員に対する給付判決を得たにもかかわらず，強制執行の段階において権利を実現できないという問題も生じるとする[177]。

　これに対して，バイエルンの委員から次のような反論が提起された。まず，普通法学説においては，不可分債務を連帯債務と見る*Savigny*の見解は支持されなくなり，むしろバイエルン草案の方が，*Arndts*や*Brinz*などにより支持されている。さらにバイエルンでは，複数の者の共有にある不動産上の抵当権の設定登記は共有者全員により行われなければならず，同様に，第三者に対して有効な地役権の設定のためには登記簿への登記が必要であるので，不可分債務者全員が共同して登記をしない限り債務は消滅しない。したがって，バイエルン草案の原則は実際の生活要求に適っていると主張した。さらに，バイエルン草案の立場でも，債権者の利益は保護できるとする。なぜなら，多くの訴訟法が欠席者に対する訴えの可能性を付与しているからであるとする[178]。

　以上のバイエルンの委員の意見に対しては，数人の委員がバイエルンの例はドイツ全土には通用しないと反論した。たとえば，多くのラントでは地役権設定のために国家の行為を要求せず，持分の大きさに応じた抵当権の設定登記も可能であると反論した[179]。

　以上の議論の結果，起草委員の提案が，8名の委員のうちの5名の賛成により

---

176)　*Schubert*, a.a.O.（Fn. 173), Bd. 1, S. 29.
177)　*Schubert*, a.a.O.（Fn. 173), Bd. 1, S. 29.
178)　*Schubert*, a.a.O.（Fn. 173), Bd. 1, S. 30.
179)　*Schubert*, a.a.O.（Fn. 173), Bd. 1, S. 31.

承認された[180]。

第2読会（285回審議会）においても，バイエルンの委員から第1読会におけるのと同様の反論がなされたが採用されず[181]，結果として次の文言のドレスデン草案241条が成立した。

ドレスデン草案241条[182]

「債務関係の対象である給付が不可分であり，かつ複数の債権者または複数の債務者が存在する場合には，各債権者は，743条の規定を留保して[183]，給付全体を請求でき，各債務者は給付全体につき義務を負う」。

この規定の提案者である *Siebenhaar* は，ザクセン民法の成立に強い影響を与えた人物であった。したがって，結論についてはドレスデン草案はザクセン民法と同じ立場を採った。しかし，*Siebenhaar* は，ドレスデン草案作成のための審議会においては，この規定の根拠として不可分債権が連帯債権と同視されることを強調していない。むしろ彼は，利害関係人間の利益考量に関して，バイエルン草案の立場と自らの提案を比較することにより，自らの見解の正当性を主張した。*Siebenhaar* がこのような方法を採ったのは，当時の有力な普通法学説が彼の提案と反対の立場に立っているため，不可分債権が連帯債権と同視されるのかという理論的な論争を避けたかったからだと考えられる。したがって，ドレスデン草案241条は，ザクセン民法1037条とは異なり，不可分債権は連帯債権と見なされるので各債権者は給付全体を請求できるのが原則であるとしたのか，あるいは，不可分債権の場合債権者全員の共同取立が原則であるがそれでは不都合が生じるので例外的に各債権者が給付全体を請求できるとしたのかについて曖昧な態度をとったのである。

(2) 部分草案債権編における *Kübel* の見解

1882年に *Kübel* により起草された部分草案債権編は，BGB第1委員会の本会議において討議資料とされた重要なものである。*Kübel* はヴュルテンベルクの裁

---

180) *Schubert*, a.a.O.（Fn. 173）, Bd. 1, S. 31.
181) *Schubert*, a.a.O.（Fn. 173）, Bd. 6, S. 4144 ff.
182) Der Entwurf des allgemeinen deutschen Gesetzes über Schuldverhältnisse, Dresden, 1866, S. 46. これは，*Schubert*, a.a.O.（Fn. 173）, Bd. 6 に収められている。
183) この規定が準用する743条は次の通りである。Der Entwurf des allgemeinen deutschen Gesetzes über Schuldverhältnisse, Dresden, 1866, S. 141 f.

判官出身で，普通法を専門として部分草案債権編の起草を任されていた。なお，彼はドレスデン委員会の委員としてドレスデン草案の起草にも関与している[184]。

ところで，不可分債権者の共同取立の要否について規定した部分草案債権編22条は，次の通りであった[185]。

部分草案債権編22条
「債務関係の対象をなす給付が不可分であるとき，債権者が複数存在するときは，債権者全員が共同してのみ，又は債権者全員により共同して選任された受領代理人（Empfangsbevollmächigter）が給付を請求することができる。但し，債権者の1人への給付により他の債権者の給付も生じさせ，その場合各債権者が給付全体を請求する権能を有する態様の債務関係の場合にはこの限りでない。」

この草案は，前述の3つの立法例と比べて，不可分債権者全員による共同取立の原則を徹底している点で注目に値する。この草案の起草理由は，理由書によると次の通りであった[186]。

Kübel はまず，不可分債権は，債権者が全体の給付を請求でき，かつその者に全体を給付した債務者の債務はすべて消滅するという連帯債務関係とは全く異なると述べる。つまり，各債権者による持分に応じた権利主張が許されない関係が問題となっているので，債権者の1人への給付により残りの債権者への給付も同時に実現する場合には，各債権者は全体の給付を請求することができるが，そうでない場合には，債権者全員が共同してのみ債務者に給付する権能を有することになるとする。このように *Kübel* は，普通法学説の *Arndts* や，プロイセン一般ラント法[187]の立場に従って，不可分債権者全員の共同取立の原則を支持してい

　ドレスデン草案743条　「複数の者が，その間で争われているかまたはその他不確定の，物の給付請求権の保全のために，この物を第三者に寄託した場合，受寄者（係争物保管者）は，その物を供託者全員にのみまたは供託者全員が共同して指名した受領権限者に返還することを要する。」

184)　*Franz Philipp Friedrich von Kübel* の履歴については，*Schubert*, Materialien a.a.O. (Fn. 87), S. 75 および，平田公夫「ドイツ民法典を創った人びと（2）」岡山大学研究集録58号（1981年）24頁を参照。

185)　*Kübel*, Entwurf eines bürgerlichen Gesetzbuches für das Deutsch Reich, Recht der Schuldverhältnisse I, 1882, in: Schubert, Vorlagen der Redaktoren für die erste Kommission zur Ausarbeitung des Entwurfs eines Bürgerlichen Gesetzbuches, Recht der Schuldverhältnisse, Teil 1, Allgemeiner Teil, 1980, S. 115.

186)　*Kübel*, a.a.O.（Fn. 185), S. 117 ff.

る[188]。

　もっとも Kübel は，この原則を前提とするならば，各債権者が自らの債権を実現するためには，残りの債務者の権利を侵害することなく，かつ債務者に不利益が生じないような手段が考えられなければならないとして，当時主張されていた学説や立法を検討する[189]。

　Kübel は，ある債権者に対する給付が同時に残りの債権者全員の利益にならない場合には，1人の債権者への給付によっても，債務者は残りの債権者から自らの債務を免れないので，債務者は本来であれば1度だけの給付義務を負うにすぎないのに，複数の債権者に重複して給付しなければならない危険を負うことになるとする。たしかにこの問題を解決するには，Windscheid が述べるように，各債権者には全体の給付を請求する権能を付与し，かつ，債務者には，その債権者への履行の前に残りの債権者のための担保を供与することを債権者に要求する権能を付与するという，一時しのぎの方法が考えられるとする。しかし，Kübel は，仮に債務者が債権者から担保を供与されたとしても，債務者自らの給付により債務を免れたわけではないので，債務者は不当な不利益を甘受することになるし，残りの債権者も再度同じ給付を請求できない場合には不利益を被ることになるから，Windscheid などが主張する方法には賛成できないと主張する[190]。さらに Kübel は，ザクセン民法やドレスデン草案も，不可分債権を連帯債権の場合と同様に扱う根拠が不十分であるという理由から退けている[191]。

　以上が Kübel による部分草案債権編22条の起草趣旨である。この草案は，バイエルン草案242条3項と同様に，各不可分債権者は単独で不可分給付全体の履行を請求できないことを出発点とする。しかし，部分草案債権編22条は，バイエルン草案よりもこの原則をさらに厳格に解し，バイエルン草案や普通法学説において承認されていた，担保の供与を条件としての全体の給付請求すら承認しな

---

[187]　プロイセン一般ラント法第1部5章450条　「ある者が，1つの契約により複数の者にまさに同一の事項又は給付を義務づけられた場合は，共同権利者は共同の権利を通常は共同してのみ行使できる。」
　　プロイセン一般ラント法における共同債権者の共同取立の原則についての詳細は，鶴田・前掲注1）法学雑誌51巻3号116頁以下を参照。
[188]　以上については，Kübel, a.a.O.（Fn. 185）, S. 118 f.
[189]　Kübel, a.a.O.（Fn. 185）, S. 119.
[190]　Kübel, a.a.O.（Fn. 185）, S. 119 f.
[191]　Kübel, a.a.O.（Fn. 185）, S. 120.

かった。それゆえ，この草案は，各債権者は自己の持分を超えて給付請求できないという原則を貫徹したのである。

(3) 第1読会における議論

その後，1882年3月17日の第70回審議会において，*Kübel* の部分草案がたたき台となり，不可分債権者の給付請求に関する議論が行われた。

審議会ではまず，これまでの錯綜した議論を反映するかのように，次の3つの修正提案が提出された[192]。

【提案1】提案者 *v. Weber*（ザクセン代表）

「債務関係の対象をなす給付が不可分の場合，複数の債権者が存在するときは，各債権者が給付全体を請求する権能を有する。」

参考までに次の規定も提案されている。

「複数の債権者の1人の側による給付の受領は，残りの債権者に対しても効力を生じる」。

【提案2】提案者 *Planck*（プロイセン代表）

「債務関係の対象をなす給付が不可分の場合，複数の債権者が存在するときは，債務関係が債権者の1人への給付により残りの債権者へも給付される態様である場合には，各人が給付全体を請求する権能を有する。

この要件を欠くときは，各債権者は，給付が彼と残りの債権者全員に行われるよう請求する権能を有する。

各債権者はそれに代えて，残りの債権者の請求権に対する担保の供与と引換えに自己のみへの給付までも請求する権能を有する。」

【提案3】提案者 *Gebhart*（バーデン代表）

「債務関係の対象をなす給付が不可分である場合には，複数の債権者が存在するときは，各債権者は給付全体を請求する権能を有する。債務関係が，複数の債権者の1人になされた給付により，残りの債権者の満足が引き起こされない態様である場合には，債務者は，給付の前に債務者に残りの債権者の満足が引き起こされない態様である場合には，給付の前に債務者に残りの債権者の請求権に対す

---

192) *Jokobs/Schubert*, Die Beratung des Bürgerlichen Gesetzbuchs in systematischer Zusammenstellung der unveröffentlichen Quellen, Recht der Schuldverhältnisse I, 1978, S. 952 f.

る担保が供与される場合にのみ，債権者の1人に給付する必要があることを主張することができる。

複数の債権者が共同の受領代理人を選任した場合には，各債権者はこの者に給付されることを請求できる。」

審議会は，まずどのような原則が指導的原則であるかを確定しなければならないとした。そこで最初に，【提案1】のように，各債権者が給付全体を請求でき，債務者がその債権者に給付全体を履行したことにより自らの債務を免れるという準則が否定された[193]。

むしろ，多数は次の準則に賛成した[194]。

「債権者は共同してのみ給付を請求する権能を有する。ただし，1人の債権者への給付により残りも債権者にも給付される場合はこの限りでない。」

しかし同時に，次の追加規定が多数により決議されている[195]。

「各債権者は，その債権者と残りの債権者への同時的給付を請求する権能を有する。」

委員会の多数は，次の利益考量に基づいて前述の追加規定を採用した[196]。

第1委員会はまず，不可分債権者全員が共同してのみ全体の給付を請求できるとする Kübel の部分草案の原理が，法律関係の本旨に完全に相応することを確認している。なぜなら，各債権者が全体を請求でき，かつそれにより債務者は債務から免れるという原理は，債権者が共同して権能を有するということと調和しないし，各債権者は，他の債権者のための担保を供与することによって債務者に全体の給付を請求できるが，債務者はその履行によって自らの債務を免れないとする原理は，債務者は1度だけ給付しなければならないという債務関係の性質と一致しないからである。

そこで，部分草案の原理により実務上困難な不都合が生じるのであれば，立法者は，法律関係の本旨により内在的に根拠づけられる原理は拒否されてよく，他の原理が選択されなければならないとした。

---

193) *Jokobs/Schubert*, a.a.O. (Fn. 192), S. 953.
194) *Jokobs/Schubert*, a.a.O. (Fn. 192), S. 954.
195) *Jokobs/Schubert*, a.a.O. (Fn. 192), S. 954.
196) *Jokobs/Schubert*, a.a.O. (Fn. 192), S. 954.

第1委員会は，部分草案の原理により生じる主たる不都合は，債権者の1人が権利行使に消極的な場合，とりわけその反抗的態度が邪悪な意思や不純な意図に基づく場合に，他の債権者の権利行使が妨げられることであるとした。なおこの危険が考慮に値することは，経験により十分証明されているとする。

　そこで第1委員会は，この不都合の解消に最も奉仕する方法として，各債権者に債権者全員への同時的給付を請求する権能を付与することを採用した。第1委員会は，たしかにこの方法では，債権者の1人が頑なに反抗的態度をとる場合執行手続が妨害されるが，このような事態は極めてまれであり，共同関係とりわけ偶然の共同関係についての規定により十分に解消できるとする。

　これに対して第1委員会は，提案された他の2つの原理にはいくつかの実際的な不都合が存在するためにこれらの原理を採用しなかったとする。他の債権者のための担保供与の方法は，債務者に同一給付を2度行わせることが生じうるし，連帯債権と同様に考える方法は，最初に受領した債権者が支払不能になった場合に，残りの債権者が不利に扱われることになるからである。

　以上が，各債権者による債権者全員への全体給付を承認した第1委員会の理由づけである。以上の理由づけから，第1委員会が，自ら選択した方法は不可分債権の法的性質には必ずしも合致しないことを自覚していたのは明らかである。その上で，第1委員会は，自ら選択したこの方法を，他の方法よりも実際上の不都合が生じないといういわば消去法により選択したのである。

　なお，各債権者による債権者全員への全体の給付という方法は，これまでのBGB成立過程に見られなかった方法である。しかし，この方法を提案したのがプロイセン代表の*Planck*であったことに鑑みると，この方法は，類似の方法が採用されていたプロイセンの判例をヒントにして提案されたものと考えられる。プロイセンの判例は，各共有者により共有者全員への共有物全体の給付請求権の主張を承認したのみならず，1つの債権が複数の者に共同して帰属するいわゆる共同債権の場合にも，各共同債権者による共同債権者全員への共同債権全体の取立を承認していたことについては，前稿第2章で述べたとおりである。

(4)　帝国司法庁における議論以降
(a)　第1草案339条1項
　第1読会における審議の後，そこで決議された規定は若干の修正が施され[197]，第1草案339条1項が成立する。この規定は引用の繰り返しになるが次の通りで

ある[198]。

第1草案339条1項
「1つの債務関係において複数の債権者が1つの不可分給付を求めなければならない場合，債務者は，債権者全員に共同的にのみ給付でき，各債権者は，債務者に債権者全員への給付を請求する権能を有する。債務関係が，1人の債権者への給付によりその他の債権者も満足を得る性質のものである場合には，各債権者は，給付全体を請求することができる。」

(b) 帝国司法庁における議論
1877年に，立法・司法行政に権限を持つ帝国司法庁が帝国宰相府から独立した。この帝国司法庁が，第1草案公表後次第に法典編纂の主導権を握るようになる。実際，帝国司法庁の「帝国司法庁準備委員会」が，第2委員会による第2読会に先立って，第1草案を改訂している[199]。ここで，第1草案339条1項は若干変更されることになる。

帝国司法庁準備委員会は，1891年9月22日に開かれた第51回審議会において，第1草案339条1項について次のような議論をしている[200]。

準備委員会によると，第1草案339条1項の問題点は，債権者の1人による反抗的態度により執行手続が妨害されることにある。そこで，この問題を解消するためには，第1草案339条1項のように，各債権者に債権者全員への給付を請求

---

197) 編集委員会決議暫定集成29条1項は次の通りである。*Jokobs/Schubert*, a.a.O.（Fn. 192), S. 959.
　「1つの債務関係において複数の債権者が1つの不可分給付を求めなければならない場合，債務者は，債権者全員に共同的にのみ給付でき，各債権者は，債務者に債権者全員への給付を請求する権能を有する。債務関係が，1つの債権者への給付によりその他の債権者も満足を得る性質のものである場合には，各債権者は，給付全体を請求することができる」。
　編集委員会草案337条1項も，編集委員会決議暫定集成29条1項と全く同じ文言である。*Jokobs/Schubert*, a.a.O.（Fn. 132), S. 88. この規定は，第1草案339条1項まで全く変更されていない。

198) *Mugdan*, a.a.O.（Fn. 138), Bd. 2, S. XXX. 第1草案339条1項についても第1草案理由書にその起草理由が記されているが（Motive, a.a.O.（Fn. 138), Bd. 2, S. 171 ff. = *Mugdan*, a.a.O.（Fn. 138), Bd. 2, S. 94 f.），第1草案951条の場合と同じ理由から，理由書の見解の紹介を省略した。この点については，前掲・注146）を参照。

199) この点については，石部・前掲注86）40頁以下，とくに43頁を参照。

200) *Jokobs/Schubert*, a.a.O.（Fn. 192), S. 961.

する権能を付与するのみならず，各債権者は債務者に，債権者全員のために公的な供託所又は裁判所により選任された執行官その他受領者への給付対象を履行することを請求できるという規定を設けるのが合目的的であると，準備委員会は判断した。この規定を設けることにより，債権者の１人の反抗的態度の結果，複数の債権者の危険（受領遅滞の危険）で物が債務者の手元にある状態を防ぐことができるとする。

　以上の審議の結果，帝国司法庁準備委員会は，第１草案339条１項を修正して，次の規定を提案した。

　準備委員会決議草案（BGB-Entwurf in der Paragraphenzählung des E I nach den Beschlüssen der Vorkommission des Reichs-Justizamtes）k条１項

　「複数の債権者が不可分の給付を請求しなければならない場合，彼らが連帯債権者でない限り，債務者は，債権者全員に共同的にのみ給付することが許され，各債権者は全員への給付のみを請求する権能を有する。しかし，各債権者は，債務者が給付の対象を債権者全員のために，公的な供託所又は裁判所により選任された受領者に引き渡すことを請求できる。」

　(c)　第２読会における議論

　第２読会においては，第１草案339条１項の代わりに，先ほど紹介した帝国司法庁準備委員会決議草案k条１項が提案され，それがそのまま委員会により承認された。第２委員会は，この規定に賛成する理由として次のことを挙げている[201]。

　委員会は次の２つの点で第１草案339条１項を変更している。１つは，第１草案339条１項２文を削除したことである。削除の理由は，この文言が存在すると，同条１項第２文は不可分性の概念から当然に引き出されるという趣旨が誤解されるおそれがあることにある。つまり，第１草案339条１項２文が第１文で定立された原則の例外を根拠づけているかのように読まれるのを避けるために，第２文は削除された。

　もう１つは，第２委員会はk条１項第２文を追加したことである。この追加規定の趣旨は，帝国司法庁準備委員会で議論されたのと同じである。つまり，k条１項第２文が新たに設けられたのは，債権者の１人の拒絶により債務者のもとに

---

201)　Protokolle, a.a.O.（Fn. 151）, S. 898 f. = *Mugdan*, a.a.O.（Fn. 138）, Bd. 2, S. 612.

物が留まっている状態を防ぐためであった。

(d) 第2読会における決議以降

以上の経緯で第2委員会は，第1草案339条1項を帝国司法庁準備委員会決議草案k条に変更したが，その後この規定は若干の修正を経て[202]，第2草案374条となる[203]。

第2草案374条

「数人が不可分給付をすべき場合において，連帯債務者でないときは，債務者は全員に対して共同的にのみ給付することができ，また，各債権者は全員に対する給付のみを請求することができる。各債権者は，債務者が目的物を全債権者のために供託することを，又は供託に適さない場合には，裁判所により選任された保管者に目的物を引き渡すことを請求できる。その他，債権者の1人の身上に生じる事実は，残りの債権者の有利にも不利にも効力を生じない。」

第2草案374条以降，この文言は全く変更されることなく，BGB 432条が成立する[204]。BGB 432条は次の通りである。

BGB 432条

「数人が不可分給付をすべき場合において，連帯債務者でないときは，債務者は全員に対して共同的にのみ給付することができ，また，各債権者は全員に対する給付のみを請求することができる。各債権者は，債務者が目的物を全債権者のために供託することを，又は，供託に適さない場合には，裁判所により選任された保管者に目的物を引き渡すことを請求できる。

その他，債権者の1人の身上に生じる事実は，残りの債権者の有利にも不利にも効力を生じない。」

---

202) 第2草案の編集作業中，第2委員会編集会議決議暫定集成（Zusammenstellung der Beschlüsse der Redaktions-Kommission）において，第2読会で決議された規定の第2文は，次のように変更されることになる。*Jokobs/Schubert*, a.a.O. (Fn. 192), S. 974.
　「しかしながら，各債権者は，債務者が給付すべき物を債権者全員のために公的に供託すること，又は，物が公的な供託に適さない場合には，裁判所により選任されるべき管理者に引き渡すことを請求できる。」
203) *Mugdan*, a.a.O. (Fn. 138), Bd. 2, S. XXX.
204) *Jokobs/Schubert*, a.a.O. (Fn. 192), S. 974.

⑸ 考　察
⒜　BGB 432 条 1 項の成立過程のまとめ
　本節における BGB 432 条 1 項の成立過程をまとめると次のようになる。
　①　19 世紀後半の法典編纂期においては，不可分債権は連帯債権から区別され，不可分債権については，債権者全員が共同してのみ不可分の給付を請求できるという原則が妥当するようになった。
　②　しかしそれでは，権利行使に消極的な債権者が存在する場合，他の債権者の権利が実現されないという実際上の不都合が生じた。そこで，各債権者が不可分給付全体を主張するための方法が考えられるようになる。
　③　まず，債権者の 1 人への給付により他の債権者へも同時に給付される場合には，各債権者が給付全体を請求できることは争いなく承認された。しかし，問題は，債権者の 1 人への給付によっても他の債権者の満足が得られない場合である。この問題を解決するために諸草案は様々な方法を提案した。
　④　諸草案は当初 2 つの対立する方法を採用していた。1 つは，連帯債権と同様に，各債権者が給付全体を請求でき，かつ債務者はその給付により債務から免れるとする方法であり（ザクセン民法，ドレスデン草案），もう 1 つは，各債権者が他の債権者のための担保を供与すれば給付全体を請求できるとするものであった（バイエルン草案）。
　⑤　BGB 部分草案はこれらの方法をいずれも採用しない立場をとっていたが，第 1 読会において，プロイセンの委員の提案により，各債権者は債権者全員への給付を請求できるという方法が採用された。これは，不可分債権の性質に合致しないが，当初提案されていた他の 2 つの方法よりも実際上の不都合が生じないという理由から採用された。なお，帝国司法庁における審議において，さらに，各債権者は債務者に債権者全員に宛てての不可分給付全体の供託などを請求できることになった。

⒝　BGB 1011 条成立過程への影響
　①　結局，BGB 1011 条が準用した不可分債権についての規定も，各共同権利者は給付全体を単独で処分できないという原則に反するものであった。また，この規定は，権利行使に消極的な債権者により他の債権者の権利実現が阻止されないために設けられたものであった。これらの事実は，BGB 1011 条が，提訴拒絶者が存在する場合の不都合を解消するために共有の原則に反して特別に規定され

Ⅱ　BGB 1011条の成立過程

物が留まっている状態を防ぐためであった。

(d)　第2読会における決議以降

以上の経緯で第2委員会は，第1草案339条1項を帝国司法庁準備委員会決議草案k条に変更したが，その後この規定は若干の修正を経て[202]，第2草案374条となる[203]。

第2草案374条

「数人が不可分給付をすべき場合において，連帯債務者でないときは，債務者は全員に対して共同的にのみ給付することができ，また，各債権者は全員に対する給付のみを請求することができる。各債権者は，債務者が目的物を全債権者のために供託することを，又は供託に適さない場合には，裁判所により選任された保管者に目的物を引き渡すことを請求できる。その他，債権者の1人の身上に生じる事実は，残りの債権者の有利にも不利にも効力を生じない。」

第2草案374条以降，この文言は全く変更されることなく，BGB 432条が成立する[204]。BGB 432条は次の通りである。

BGB 432条

「数人が不可分給付をすべき場合において，連帯債務者でないときは，債務者は全員に対して共同的にのみ給付することができ，また，各債権者は全員に対する給付のみを請求することができる。各債権者は，債務者が目的物を全債権者のために供託することを，又は，供託に適さない場合には，裁判所により選任された保管者に目的物を引き渡すことを請求できる。

その他，債権者の1人の身上に生じる事実は，残りの債権者の有利にも不利にも効力を生じない。」

---

202)　第2草案の編集作業中，第2委員会編集会議決議暫定集成（Zusammenstellung der Beschlüsse der Redaktions-Kommission）において，第2読会で決議された規定の第2文は，次のように変更されることになる。*Jokobs/Schubert*, a.a.O.（Fn. 192），S. 974.

　「しかしながら，各債権者は，債務者が給付すべき物を債権者全員のために公的に供託すること，又は，物が公的な供託に適さない場合には，裁判所により選任されるべき管理者に引き渡すことを請求できる。」

203)　*Mugdan*, a.a.O.（Fn. 138），Bd. 2, S. XXX.

204)　*Jokobs/Schubert*, a.a.O.（Fn. 192），S. 974.

(5) 考　　察

(a)　BGB 432 条 1 項の成立過程のまとめ

本節における BGB 432 条 1 項の成立過程をまとめると次のようになる。

①　19 世紀後半の法典編纂期においては，不可分債権は連帯債権から区別され，不可分債権については，債権者全員が共同してのみ不可分の給付を請求できるという原則が妥当するようになった。

②　しかしそれでは，権利行使に消極的な債権者が存在する場合，他の債権者の権利が実現されないという実際上の不都合が生じた。そこで，各債権者が不可分給付全体を主張するための方法が考えられるようになる。

③　まず，債権者の 1 人への給付により他の債権者へも同時に給付される場合には，各債権者が給付全体を請求できることは争いなく承認された。しかし，問題は，債権者の 1 人への給付によっても他の債権者の満足が得られない場合である。この問題を解決するために諸草案は様々な方法を提案した。

④　諸草案は当初 2 つの対立する方法を採用していた。1 つは，連帯債権と同様に，各債権者が給付全体を請求でき，かつ債務者はその給付により債務から免れるとする方法であり（ザクセン民法，ドレスデン草案），もう 1 つは，各債権者が他の債権者のための担保を供与すれば給付全体を請求できるとするものであった（バイエルン草案）。

⑤　BGB 部分草案はこれらの方法をいずれも採用しない立場をとっていたが，第 1 読会において，プロイセンの委員の提案により，各債権者は債権者全員への給付を請求できるという方法が採用された。これは，不可分債権の性質に合致しないが，当初提案されていた他の 2 つの方法よりも実際上の不都合が生じないという理由から採用された。なお，帝国司法庁における審議において，さらに，各債権者は債務者に債権者全員に宛てての不可分給付全体の供託などを請求できることになった。

(b)　BGB 1011 条成立過程への影響

①　結局，BGB 1011 条が準用した不可分債権についての規定も，各共同権利者は給付全体を単独で処分できないという原則に反するものであった。また，この規定は，権利行使に消極的な債権者により他の債権者の権利実現が阻止されないために設けられたものであった。これらの事実は，BGB 1011 条が，提訴拒絶者が存在する場合の不都合を解消するために共有の原則に反して特別に規定され

たものであることをいっそう裏付けるであろう。

②　それでは次に，なぜBGBの起草者は，各共有者による共有物全体の給付請求権の主張に関する規定を，不可分債権の規定を準用する方法で起草したのだろうか。

BGBの起草者は，債権の規定が物権的請求権に準用または類推適用されることを一般的に承認している。第1草案の理由書には，①その本質的な内容については，所有者に対する占有者又は所持者の義務である所有物返還義務は，債務法に基づく引渡義務，とくに賃借人，受任者，受託者の返還義務と異ならない，②物権的請求権も一定の人に向けられているため，債権的な特徴を有している，という類似性が，債権の一般規定の物権的請求権への類推適用を正当化するとある。ただし，第1委員会は，債権の規定が物権的請求権にも準用される旨の明文の規定を置かなかった。このことは学問による研究と根拠付けをさらに必要とするとしたからであった[205]。

このような考え方が，BGB 1011条の成立過程に影響を及ぼしたのは間違いない。なぜなら，第1読会では不可分債権の規定の準用を明示することすら必要ないという意見も存在したからである[206]。

さらに別の理由も考えられる。第1読会において，BGB 432条に相応する規定を提案したのはプロイセン出身の*Planck*であり[207]，BGB 1011条がBGB 432条を準用することを提案したのもプロイセン出身の*Planck*と*Kurlbaum*であった[208]。ところで，プロイセン一般ラント法は，共同債権については共有の規定を準用し両者を同様に扱うという法構造を有していた[209]。また，プロイセンObertribunalの一連の判例は，物権的請求権，債権を問わず，各共同権利者による権利者全員への給付請求を承認していた[210]。以上から，BGBが，1011条と432条において，物権的請求権，債権を問わず，各共同権利者による権利者全員への給付請求を承認したのは，BGBの起草者が，プロイセン一般ラント法の法構造やプロイセンの一連の判例の考え方に影響を受けていたからであると言うこ

---

205)　以上に付き，Motive, a.a.O.（Fn. 138), Bd. 3, S. 398 f. = *Mugdan*, a.a.O.（Fn. 138), Bd. 3, S. 222.
206)　本章第1節2（2）を参照。
207)　本章第2節3参照。
208)　本章第1節2（2）を参照。
209)　鶴田・前掲注1）法学雑誌51巻3号120頁以下を参照。
210)　鶴田・前掲注1）法学雑誌51巻4号107頁以下を参照。

とは，十分可能であろう。

3 まとめ

以上のような紆余曲折を経て，BGB 1011条が誕生した。ごく大まかにまとめると，BGB 1011条の成立過程には大きく分けて2つの段階が存在した。

第1段階は，*Johow* による部分草案物権編の起草までである。*Johow* の見解は，19世紀における普通法やプロイセン法その他諸ラントの立法・判例および学説のいわば集大成であった。

まず，*Johow* は，各共有者は自己の持分をその範囲でのみ処分できるという原則を採用しているにもかかわらず，各共有者による共有物全体の給付請求権の主張，とりわけ共有物全体の共有者全員への返還請求権の主張を許容する規定（部分草案217条1項）を提案した。この規定は，とりわけ，19世紀中葉以降に形成されたプロイセンの判例に影響を受けたものであった。しかし，プロイセンの判例法理がそれほど説得力ある根拠を有していなかったことから，*Johow* も自ら提案した草案の理由付けに苦しむことになった。

次に，*Johow* により提案された，提訴した共有者に対する判決の効力が他の共有者の有利にのみ拡張する方法や，被告が他の共有者に対して反訴を提起できるとする方法（部分草案217条2項）も，19世紀のドイツにおける議論の影響を受けたものである。前者は，合一確定と訴訟経済のために，後者は，被告の重複応訴の不利益を解消するために提案された。これらの方法は，各共有者による個別訴訟を承認することにより生じる不都合を解消するためのものであった。

第2段階は，第1読会以降の議論である。第1読会では，突如として，各共有者による物権的請求権の主張についての規定が，不可分債権についての規定を準用することになった。この決断により，第1段階における議論との断絶が生じた。しかし，不可分債権の規定の沿革を辿った結果，不可分債権の規定も，各共有者による物権的請求権の主張についての規定と同様に，プロイセンの判例に影響を受けたものであることが明らかになった。このことから，各共有者による共有物全体の給付請求権の主張は，確固たる理論的な根拠に基づいて承認されたのではなく，共有者全員の共同訴訟を必要とすると，共有者の1人の提訴拒絶により他の共有者の権利が救済できないという実質的な理由から承認されたことが明らかになった。

第1読会では，各共有者の個別訴訟を承認することにより生じる不都合を解消

するための Johow の提案がことごとく否定された。この点についても，第1段階における議論との断絶が生じた。しかも，第1読会での議論を見る限り，Johow の提案はそれほど説得力ある理由で不採用とされたわけではない。したがって，BGB の起草者は，各共有者による共有物全体の給付請求権の主張を，呼出制度の不存在という消極的な理由から採用したにもかかわらず，各共有者の個別訴訟を許す場合に生じる不都合を解消するための方策をほとんど採らないという態度を採った[211]。もっとも，BGB 成立に伴う CPO の改正の際に CPO 59条1項の文言をそのまま採用した ZPO 62条1項により，複数の共有者が共同して訴えを提起した場合には合一確定の必要が生じるという規律は法典化された。

III 共有者の共同訴訟の必要性に関するドイツ法の現状

前章までの考察により，CPO（ZPO）と BGB の起草者は，① 共同訴訟の必要性の判断基準を実体法に見るとしたこと，および，② 共有者全員の共同訴訟を必要とすると，共有者の1人の提訴拒絶より他の共有者の権利が救済できないという実質的な理由から，共有者全員による共有物全体の共同処分の原則の例外規定として，各共有者による共有物全体の給付請求権の主張を承認する BGB 1011条を創設したことが明らかになった。本章は，以上の共有者の共同訴訟の必要性に関する ZPO および BGB の諸規定の起草趣旨が，その後の解釈論によって変更されていないかどうかを確認することを目的とする。

なお，BGB および ZPO 成立後，共同訴訟の必要性の判断基準や BGB 1011条の解釈問題について詳細に扱った文献は非常に少ないということをあらかじめお断りしておく。

1 共同訴訟の必要性の判断基準

CPO 成立後の学説も，共同訴訟の必要性の判断基準を実体法に見ている[212]。

---

211) 高橋教授は，本文で述べたドイツ法の立法態度を「個別訴訟への傾斜」であると評価される（高橋宏志「必要的共同訴訟論の試み(2)」法学協会雑誌92巻6号（1975年）636頁以下，678頁など）。しかし，本稿における考察により，この立法態度は，必ずしも起草者による十分な熟考を経て得られたものではないことが明らかになったと思われる。

212) *Warmuth*, Von der Streitgenossenschaft nach der Deutschen C.P.O., ZZP 1 (1879), 497, 502 f.; *Kroll*, Klage und Einrede nach Deutschem Recht, 1884, S. 139 ff.; *Hachenburg*, Die besondere Streitgenossenschaft, 1889, S. 109 ff., besonders S. 114 ff.; *Hellmann*, Zur Lehre von der sogenannten notwendigen Streitgenossenschaft, ZZP 17 (1892), 1, 4 f.; *Wachen-*

しかしこれらの学説は，共同訴訟の必要性が問題となる，普通法，地方法およびフランス法の実体法規制を紹介するだけで，共同訴訟の必要性が実体法により判断されるべき根拠についてまでは述べていない。

その後 BGB および ZPO が成立した直後の 1903 年に，*Hellwig*（ヘルヴィッヒ）が，自らの『教科書』において，複数の共同権利者に管理権が共同して帰属する場合には，複数の者が共同してのみ訴訟追行できると述べた[213]。*Hellwig* は，このことを述べる前提として，管理権を有する者は「請求権の裁判上の主張権能」すなわち訴訟追行権を有すると述べている。ここで言う管理権とは，事実行為（たとえば物の利用など）を行う権能，法律行為をする権能を指す。後者は，とりわけ，①財産を増加させる行為（取得行為）や現存する権利を譲渡，負担，変更または相殺する行為（処分行為），つまり（私法上の）法律行為すべてをする権能を含み，さらに，②財産に帰属する権利につき訴訟追行すること，自己に財産が帰属する旨の第三者による権利主張に対して防御する権能も含む[214]。

Hellwig はこのように述べ，訴訟追行権の基礎は管理権であるので，管理権が複数の者に共同して帰属する場合にはその複数の者による共同の訴訟追行が必要であるとした。しかし，これだけでは，ある財産につき実体法上の管理権を有する者がなぜ訴訟上も当該財産について訴訟追行権を有するのかということを十分に説明していないだろう。そこで，この見解を批判するものが登場した。

Lux（ルークス）は，1906 年に公表されたモノグラフィーにおいて，処分権能が複数の者に共同してのみ帰属する場合には，複数の者が共同してのみ正当な当事者となりうると述べた[215]。*Lux* はその理由として次の4つを挙げる[216]。

---

feld, Die notwendige Streitgenossenschaft des § 59 C.P.O., 1894, S. 112; *Sitzler*, Die Streitgenossenschaft im Sinne des § 62 der Civilprozeßordnung, 1901, S. 43 ff.
213) *Hellwig*, Lehrbuch des Deutschen Zivilprozessrechts, Bd. 1, 1903, S. 320, 329.
214) *Hellwig*, Lehrbuch a.a.O.（Fn. 213），S. 317.
215) *Lux*, a.a.O.（Fn. 9），S. 32 ff. なお *Lux* は，*Bethmann=Hollweg* および *Planck* の見解の登場後支配的となっていた理解に従って，共同訴訟の必要性の問題を事件適格（Sachlegitimation）の問題として捉えている（*Lux*, a.a.O.（Fn. 9），S. 30）。したがって，*Lux* も，当時の支配的見解と同様に，実体的当事者概念の下，共同訴訟の必要性すなわち事件適格を「正当な当事者」の問題と理解するのと同時に，訴えの方法により請求権を処分できる権能つまり請求権の実体法上の帰属主体の問題としても理解していたと思われる。

このように 20 世紀の初頭においても，現在において通常言われるところの訴訟追行権と事件適格（または実体適格）との区別は明確ではなかった。しかもこの錯綜状況は現在まで残ることになった。この錯綜状況は，具体的には，共同訴訟が必要であるにもかかわらず，共同訴訟人になるべきものの一部のみが訴えを提起した場合に，その訴えは不適法

第1に，処分権能は所有権または債権の主たる内容である。したがって，1つの対象を共同してのみ処分できる複数の者は共同してのみ対象の主体となりうるため，処分権の共同性から共同訴訟の必要性が引き出されるとする。

　第2に，訴訟追行は，実体的に不当な判決を引き起こすが，それは法律行為による処分の効果に現実には完全に一致することが挙げられている。

　第3に，訴訟においても，たとえば訴訟上の和解，請求の認諾，放棄などにより処分がなされることがあることが挙げられる。

　第4に，給付判決とそれに続く強制執行により，通常であれば処分権能を有する債務者の側からの給付により得られるのと同一の満足が，債権者に強制的にもたらされる。すなわち，強制執行の方法で履行による処分がなされるので，処分権能を有する者が正当な被告となると述べる。

　以上の *Lux* の説明は，訴訟追行が実体法上の処分に類似するという理由から，実体法上の処分権能を有する者を正当な当事者とする点で非常に簡明である。したがって，*Lux* の見解は，その後 1914 年に *F. A. Medicus*（メディクス）に支持されることになった[217]。

　しかし，*Hellwig* は，以上のような *Lux* による批判を受けてもその後自らの見解を変更せず，管理権が複数の者に共同して帰属する場合には，その複数の者

として却下されるのか，あるいは理由なしとして棄却されるのかという問題に現われた。

　現在において圧倒的に支配的な見解は，共同訴訟の必要性の問題を訴訟追行権の問題と捉えるため，一部の者による訴えを不適法として却下すべきだとする（たとえば，*Jauernig*, Zivilprozessrecht, 28. Aufl., 2003, S. 340; BGHZ 92, 353）。これに対して少数説は，一部の者には実体権限がないという理由から，一部の者による訴えを棄却すべきだとする（*Baumbach/Lauterbach/Hartmann*, Zivilprozessordnung, 62. Aufl., 2004, § 62, Rn. 6; *Stein/Jonas/Schönke*, Kommentar zur Zivilprozeßordnung, 17. Aufl., 1949, § 62 III）。

　しかしこの問題は，*Schilken* らによる次のような説明によりすでに解消されていると思われる。すなわち，たとえば1つの権利が複数の者に共同して帰属することを複数の者の1人が原告として単独で主張する場合には，実体法上の権能（実体適格）が複数の者に共同して帰属すると同時に，この実体法上の権能と結びつく訴訟追行権も複数の者に共同して帰属するために，原告による単独の訴えは却下される。これに対して，ある者がある権利を単独で有すると主張したにもかかわらず，審理の結果，その権利がその者を含む複数の者に共同して帰属することが明らかになった場合には，原告には自らの主張する実体権が帰属しないという理由から，原告の請求が棄却される，と。MünchKommZPO/*Schilken*, Bd. 1, 2. Aufl., 2000, § 62, Rn. 47; *Stein/Jonas/Bork*, Kommentar zur Zivilprozeßordnung, 21. Aufl., Bd.1, 1993, § 62, Rn. 25.

216)　*Lux*, a.a.O. (Fn. 9), S. 35 f.
217)　*F. A. Medicus*, Tatbestand und Fälle der Besonderen Streitgenossenschaft, 1914, S. 87 f.

に共同して訴訟追行権が帰属すると主張した[218]。しかも *Hellwig* は，1912 年に公刊された『体系』において次のように述べ，訴訟追行権の基礎が管理権にあることを論証しようとした[219]。

「訴訟追行は，存在する権利の追行と権利の防御に奉仕する。それゆえ訴訟追行は，処分でもないし，義務を発生させたり消滅させたりするために利用されるのでもない。しかし，存在する権利を否定し存在しない義務を肯定する不当な判決が惹起されることによって，経済的には，最終的な結果においてかの民事法律行為によるのと同じ効果が惹起される。それゆえ，訴訟追行権の源泉としての管理権にとってまさに重要なのは，通常，かの民事上の権能の存否である。」

このように *Hellwig* は，管理権を訴訟追行権の基礎と位置づけつつも，その管理権の内容として最も重要なものを私法上の処分権と見ている。したがって，20 世紀初頭のドイツ法においては，共同訴訟の必要性の根拠を管理権の共同に見るか処分権の共同に見るかにつき争いがあったが，対立する学説の実質的な内容にはほとんど違いはなく，この論争は実際には管理権または処分権という概念の定義について争われたに過ぎないと思われる[220]。実際，1942 年に公表された *Lent* （レント）の論文には，共同訴訟の必要性の根拠について次のような説明がある[221]。

「訴訟追行権は管理および処分権の一部である。なぜなら，訴訟追行は管理であり，結果として処分と同等であり得るからである。訴えを棄却した判決の効果は，既判力（die sachliche Rechtskraft）により，権利の処分と同等である。仮に各合有者が訴訟追行権を有するならば，彼は，訴訟における自らの態度により，自らが主張した権利を処分したのと実際には同一となる状態を惹起できることになるだろう。」

---

218) *Hellwig*, Lehrbuch des Deutschen Zivilprozessrechts, Bd. 3, 1909, S. 119 f.; *Hellwig*, System des Deutschen Zivilprozessrechts, Bd. 1, 1912, S. 331.
219) *Hellwig*, System a.a.O.（Fn. 218), Bd. 1, S. 162.
220) なお，*Hellwig* が処分権ではなく管理権を訴訟追行権の基礎とした理由は，妻の持参財産について処分権を有しない夫に，妻の持参財産に属する権利についての訴訟追行権が帰属することを説明しようとしたことにあると分析した学説として，山本弘「権利保護の利益概念の研究（3・完）」法学協会雑誌 106 巻 9 号（1989 年）1560 頁がある。
221) *Lent*, Die notwendige und die besondere Streitgenossenschaft, JherJb 90（1942), 27, 30.

以上の Lent の見解の登場後においては，共同訴訟の必要性すなわち複数の者に共同して訴訟追行権が帰属することの根拠は，複数の者に共同して実体法上の処分権が帰属することであると説明するのが一般的となっている[222]。

　なお，複数の者に共同して実体法上の処分権が帰属する場合には，その複数の者が共同して訴訟追行権を有するという準則は，給付訴訟や形成訴訟のみならず，確認訴訟にも妥当するとされている。このうち確認の訴えについては，たとえば合有債務の確認は直接には処分とならないため，訴訟追行権の共同を処分権の共同により基礎づけることができるかどうかが問題となる。そこで Gottwald（ゴットバルト）は，確認の訴えが既判力により確定するとその結果は，実質上給付の訴えの結果を確定することになるので，確認要求が権利全体に関係し，かつ，給付の訴えの場合に共同の訴訟追行が必要である場合には，確認の訴えにおいても複数の者の共同訴訟が必要となると説明する[223]。

2　BGB 1011 条の解釈問題

(1)　BGB 1011 条と共有原則の関係

　現在，BGB 1011 条は，各共有者は所有権に基づく請求権を自己の持分の範囲でのみ主張できることが原則であるにもかかわらず，各共有者がさらに所有権に基づく請求権を第三者に対して共有物の全体についても主張できるように改善したものであると理解されている[224]。すなわち，各共有者は，いかなる場合でも彼の持分権に基づき物の不法占有者に対して物の共同占有の承認（Einräumung）

---

[222]　*Grunsky*, Grundlagen des Verfahrensrechts, 1970, 240; *Schwab*, Die Voraussetzungen der notwendigen Streitgenossenschaft, Festschrift für Lent, 1957, S. 271, 275 f.; *Gottwald*, Grundprobleme der Streitgenossenschaft, JA 1982, 64, 68; *Jauernig*, a.a.O.（Fn. 215），S. 342; MünchKommZPO/*Schilken*, a.a.O.（Fn. 215），§ 62, Rn. 24 など。

　　ただし，Hassold は，共同の実体法上の処分権能は共同訴訟の必要性の概念的形式的根拠にすぎないと評価する。なぜなら，たしかに確認判決や給付判決が実体法上の処分に類似する効力を有するが，判決効は原則として判決が下される形式的当事者間にのみ及ぶため，共同の処分権を共同訴訟追行権により保護することは一般的には不必要であるからであるとする。*Hassold*, Die Voraussetzungen der besonderen Streitgenossenschaft, 1970, S. 49 ff.

[223]　*Gottwald*, a.a.O.（Fn. 222），69.

[224]　*Staudinger/Gursky*, Kommentar zum Bürgerlichen Gesetzbuch, Bd. 3, 1999, § 1011 Rdnr. 1; *Palandt/Bassenge*, BGB, 62. Aufl., 2003, Rn. 1; *Bamberger/Roth/Fritzsche*, Kommentar zum Bürgerlichen Gesetzbuch, Bd. 2, 2003, § 1011, Rn. 1.

を求めることも可能であり[225]，BGB 1011条により，所有権に基づいて，物全体についての妨害排除や共有者全員への物全体の返還を請求することも可能であり，さらにBGB 432条の方法に従って，物の供託あるいは裁判所により選任された保管人への返還を求めることも可能であるとされている[226]。

　以上の趣旨のBGB 1011条がなぜ妥当するのかについて言及する学説はほとんど存在しない。多くの見解は，BGB 1011条の成立により，各共有者による共有物全体の給付請求権の主張が可能であることの根拠を問う必要がなくなったと解していると評価すべきであろう。したがって，BGB 1011条成立後における諸学説も，BGBの起草者と同様に，BGB 1011条は共有者全員が共有物全体を共同してのみ処分できるという原則に例外を認めた特別規定であるという認識を前提にしていたと思われる。このことは次の3点から推論することができる。

　まず第1点は，BGBの起草に深く関わった*Planck*が，BGB成立直後に公表されたコンメンタールにおいてBGB 1011条と432条の起草趣旨を次のように説明することである。すなわち，BGB 1011条に基づいて各共有者が共有物全体の妨害排除請求権を主張できるのは，妨害排除請求権の実現により全員への給付が常に実現されるからであるとする。第三者による共有物の占有侵害により共有者に共同して帰属する物権的返還請求権が発生するが，物の返還は不可分給付であるため，この場合には不可分債権の規定であるBGB 432条が適用されるとする[227]。さらに*Planck*は，給付の不可分性からは，複数の債権者が共同してのみ不可分の給付を請求することができるという帰結しか導かれないにもかかわらず，BGB 432条1項は不可分給付全体の不可分債権者全員への返還を請求できると定めている，と述べている[228]。このことは，*Planck*がBGB 1011条の準用規定であるBGB 432条を，各持分権者は自己の持分を超えて処分できないという原則の例外を承認する規定であるとして位置付けていることを意味する。

　第2点は，管理(処分)権が複数の者に共同して帰属する場合に共同訴訟を必要

---

225) OLG München NJW, 1955, 637; *Staudinger/Gursky*, a.a.O.（Fn. 224），§ 1011, Rn. 5; *Soergel/Stürner*, BGB, 1989, § 1011, Rn. 3; MünchKommBGB/*K. Schmidt*, Bd. 6, 3. Aufl., 1997, § 1011, Rn. 1.

226) *Staudinger/Gursky*, a.a.O.（Fn. 224），§ 1011, Rn. 1; MünchKommBGB/*K. Schmidt*, a.a.O.（Fn. 225），§ 1011, Rn. 2;*Soergel/Stürner*, a.a.O.（Fn. 225），§ 1011, Rn. 2.

227) G. *Planck*, Bürgerliches Gesetzbuch nebst Einführungsgesetz, 1. und 2. Aufl., 3. Bd., 1902, S. 290.

228) G. *Planck*, a.a.O.（Fn. 227），2. Bd., S. 223.

とするという原則を最初に明言したHellwigが，BGB 1011条をその原則の例外と位置づけていることである[229]。

第3点は，現在の判例および支配的見解によれば，複数の共有者に対して所有権に基づく訴えを提起する場合には，BGB 1011条に対応する規定が存在しないために，共有者全員を共同被告にする必要があることにある。すなわち，判例および学説は，たとえば地役権の設定や囲繞地通行権の承認の場合のような，共有者に対して不動産の処分を求める訴えにおいては，各共有者は単独で処分権能を有しないという理由から，共有者全員の共同訴訟を必要とする[230]。

以上のように，BGB 1011条に各共有者による共有物全体の給付請求権の主張が明文で規定されたのは，この帰結が共有物の共同処分の原則から導くことはできないためであることが，BGB 1011条成立後の学説においても認識されている。そのため，各共有者は，BGB 1011条という特別の規定に基づいて，共有者全員の所有権を主張することができると考えられている。したがって，現在の判例および学説も，共有原則との関係でのBGB 1011条の存在理由を，BGBの起草者と同様に理解していると言える。

(2) 共有物返還方法の柔軟化

判例や学説には，各共有者は共有者全員への共有物の返還を請求できるという方法に限定するBGB 1011条および432条を，より柔軟に解釈しようとするものが現れている。たとえば判例は，他の共有者から授権を受けている共有者は，共有物全体の自己への返還を求めることができるとする[231]。さらに，一部の学説は，これを超えて，他の共有者が共有物を占有できないまたは占有しようとしない場合にも，各共有者が共有物全体の自己への返還を求めることができるとする[232]。

しかしこれらの見解も，各共有者が共有者全員への共有物の返還を請求できる

---

229) *Hellwig*, Lehrbuch a.a.O.（Fn. 218），Bd. 3, 1909, S. 121 f.; *Hellwig*, System a.a.O.（Fn. 218），Bd. 1., 1912, S. 331 f.

230) ライヒ裁判所時代の判例として，RG JW 1906, 233, 234がある。連邦通常裁判所の判例としては，BGHZ 36, 187, 188 ff.; BGH NJW 1962, 1722; BGH 1984, 2210; BGH NJW 1992, 1101, 1102; BGH NJW-RR 1991, 333 f.; BGH NJW 1996, 1060, 1061がある。学説としてはたとえば，*Gottwald*, a.a.O.（Fn. 222），69; *Stein/Jonas/Bork*, a.a.O.（Fn. 215），§ 62, Rn. 20; MünchKommZPO/*Schilken*, a.a.O.（Fn. 215），§ 62, Rn. 33.

231) OLG Köln, FamRZ 1959, 460; *Staudingers/Gursky*, a.a.O.（Fn. 224），§ 1011, Rn. 4.

232) *Staudinger/Gursky*, a.a.O.（Fn. 224），§ 1011, Rn. 4.

という原則を維持しつつ，各共有者による共有物の返還をより簡易，円滑に行うことができるようにすることを主張するにすぎない。したがって，現在の学説および判例は，BGB 1011 条の趣旨そのものを変更しているわけではない。

(3) 証明責任

BGB 成立時から，各共有者が 1011 条に基づいて共有物全体の給付請求権を主張する場合，彼は自らの持分権の存在のみを証明すれば足りるのか，それとも共有者全員の持分権の存在を証明しなければならないかについて争いがあった。

議論の発端は，1899 年に Seeler（ゼーラー）が，各共有者が共有物全体を共有者全員へ返還することを請求する場合に，彼は彼自身が所有者（持分権者）であることのみならず，彼が返還を要求する共有者全員に共同してのみ所有権が帰属することを証明しなければならないと主張したことにある[233]。Seeler は，この要件によらないと各共有者は被告の完全な占有剥奪を要求できないと主張する[234]。したがって，Seeler は，被告自身が原告に対しては占有権限を有しないが他の共有者（であると原告が主張する者）に対しては占有権限を有することを主張しこれを証明した場合には，原告は共同占有の承認のみを要求できると述べる[235]。

この見解は当時の多くの学説に支持されている[236]。しかし Dernburg（デルンブルク）はこの支配的見解に唯一反対した。しかし彼はその理由として，被告は，提訴した共有者以外の共有者が誰であるかについての利益を持っていないということを挙げるだけである[237]。したがって Dernburg は，提訴した共有者の証明負担を軽くするという実質的な利益考量から自己の見解を主張したにすぎず，各共有者が共有者全員に共同して帰属する所有権に基づく請求権を主張できるという BGB 1011 条の趣旨を変えることまで主張したわけではなかった。

以上は共有物全体の返還請求権を念頭に置いた議論であった。これに対して，

---

233) *von Seeler*, Das Miteigenthum, 1899, S. 35.
234) *von Seeler*, a.a.O.（Fn. 233），S. 35.
235) *von Seeler*, a.a.O.（Fn. 233），S. 36.
236) *Biermann*, Das Sachenrecht des Bürgerlichen Gesetzbuchs, 2. Aufl., 1903, S. 218; *G. Planck*, Bürgerliches Gesetzbuch nebst Einführungsgesetz, 3. Aufl., 3. Bd., 1906, S. 346; *Engländer*, Die regelmäßige Rechtsgemeinschaft, 1914, S. 171 f.
237) *Dernburg*, Das bürgerliche Recht des Deutschen Reichs und Preußens, 2. Bd., 2. Abteilung, 4. Aufl., 1915, S. 715.

共有物全体の妨害排除請求権の主張における証明責任の問題については最近までほとんど議論されていなかった。ところが最近，いくつかのコンメンタールにおいて，各共有者が共有物の返還請求に限らずいかなる物権的請求権を主張する場合にも，各共有者は共有者全員の持分権を証明しなければならないと主張された[238]。そこで，*Gursky*（グルスキー）がこの見解に反対して，共有物の妨害排除請求の場合には共有者全員の持分権を証明する必要はないと主張する[239]。その理由として，この場合の被告の給付は直ちに他の共有者の利益にもなるので，他の共有者も所有権を有することは訴訟上重要となりえないことを挙げる[240]。さらに彼は，仮に提訴した共有者に共有者全員の所有権の証明責任を負わせるとすれば，彼はその主張する妨害排除請求権の性質上，一部請求に変更できないために（これに対して共有物全体の返還請求の場合には共有物の共同占有の承認請求へ変更可能である），提訴した共有者の権利実現が極めて困難になると述べている[241]。このように *Gursky* は，提訴した共有者の証明負担の軽減という実質的な理由から，共有物全体の妨害排除請求の場合には，提訴した共有者に彼自身の持分権のみについての証明責任が課せられると主張する。したがって，彼も，各共有者が共有者全員に共同して帰属する所有権に基づく請求権を単独で主張できるとする BGB 1011 条の起草趣旨そのものを変更する意図はないと評価できる。

(4) 適用範囲
(a) BGB 1011 条の共有権確認訴訟への適用

BGB 1011 条の文言から，各共有者が共有物全体についての物権的請求権を主張できることは明らかである。しかし BGB の成立直後に，BGB 1011 条が共有権の確認請求にも適用可能かどうかについて争いがあった。

1898 年に公表された *Staudinger*（スタウディンガー）の見解は，共有者に共同して帰属する所有権の確認の訴えも，他の給付請求権と同様に，BGB 1011 条に基づいて各共有者が単独で主張できるとしていた[242]。これに対して *Hellwig* は，

---

238) MünchKommBGB/*K. Schmidt*, a.a.O. (Fn. 225), § 1011 Rn. 6; *Erman/L. Aderhold*, BGB, 10. Aufl., 2000, § 1011, Rn. 1; *Bamberger/Roth/Fritzsche*, a.a.O. (Fn. 224), § 1011, Rn. 13; *Palandt/Bassenge*, a.a.O. (Fn. 224), § 1011, Rn. 2.
239) *Staudinger/Gursky*, a.a.O. (Fn. 224), § 1011, Rn. 6.
240) *Staudinger/Gursky*, a.a.O. (Fn. 224), § 1011, Rn. 6.
241) *Staudinger/Gursky*, a.a.O. (Fn. 224), § 1011, Rn. 6.
242) *Staudinger*, Kommentar zum Bürgerlichen Gesetzbuch für das deutsche Reich nebst

1900年に,確認の訴えにBGB 1011条は適用されないと主張した。その理由は,確認の訴えは,BGB 1011条にいう「所有権に基づく請求権」に含まれないことにある[243]。ただし,各共有者は自己の持分権の確認の訴えを単独で提起できるとする[244]。

この見解はその後 *Biermann*（ビアマン）に支持された[245]。しかし,*Crome*（クローメ）や *Strohal*（ストローハル）が確認の訴えについてのみ BGB 1011条の適用を除外する理由はないとして反対し[246],現在では,確認の訴えにも BGB 1011条が適用されるとする見解が,支配的となっている[247]。ただし,最近 *K. Schmidt*（シュミット）が,所有権確認の訴えに BGB 1011条を適用する必要はなく,誰が共有者であるかの確認の訴えは,第三者の権利の確認の訴えの要件（ZPO 265条）の下で各共有者により提起可能であると述べている[248]。

以上のように,日本では詳細に議論されている,共有権確認訴訟における共有者の共同訴訟の必要性の問題は,ドイツではそれほど議論されておらず,BGB 1011条の文理解釈が問題となっているだけである。しかし,BGB 1011条の適用範囲を厳格に捉える見解が存在したことは,この規定が共有物に関する訴えにおける共有者全員の共同訴訟の必要の原則の例外であることが認識されていたことを示している。

(b)　その他の事件類型への BGB 1011条の適用

現在の学説および判例によれば,BGB 1011条は,共有物全体の返還・妨害排除請求や共有権の確認請求以外にも,様々な場面で適用されている。たとえば,各共有者は,BGB 894条に基づく登記請求[249],BGB 920条に基づく土地境界確定の訴え[250],さらには,形成の訴えである ZPO 771条に基づく第三者異議の訴

Einführungsgesetz, 3. Bd., 1898, S. 143.

243)　*Hellwig*, Anspruch und Klagrecht, 1900, S. 187.
244)　*Hellwig*, a.a.O.（Fn. 243）, S. 182.
245)　*Biermann*, a.a.O.（Fn. 236）, S. 218.
246)　*Crome*, System des deutschen Bürgerlichen Rechts, 3. Bd., 1905, S. 434 Fn. 35; *Planck/E. Strohal*, Kommentar zum Bürgerlichen Gesetzbuch nebst Einführungsgesetz, 4. Aufl., 3. Bd., 1920, S. 543.
247)　*Staudinger/Gursky*, a.a.O.（Fn. 224）, § 1011, Rn. 3; *Erman/L. Aderhold*, a.a.O.（Fn. 238）, § 1011, Rn. 1; *Bamberger/Roth/Fritzsche*, a.a.O.（Fn. 224）, § 1011, Rn. 4.
248)　MünchKommBGB/*K. Schmidt*, a.a.O.（Fn. 225）, § 1011, Rn. 2.
249)　MünchKommBGB/*K. Schmidt*, a.a.O.（Fn. 225）, § 1011, Rn. 2; RG JW 1911, 280.
250)　*Staudinger/Roth*, Kommentar zum Bürgerlichen Gesetzbuch, Bd. 3, 1996, § 920, Rn. 8;

え[251]も提起できるとする。さらに，BGB 1011条の適用範囲は所有権に限られず，同条は，共有不動産の地役権に基づく保護請求権（BGB 1027条，1004条）などにも適用される[252]。

このように，BGB 1011条の適用範囲は判例および学説により拡大されている。ここでも，各共有者の提訴をさらに容易にしようとする傾向が現れている。

(5) 提訴した共有者の訴訟上の地位

現在の連邦通常裁判所の判例および支配的見解は，BGB 1011条に基づいて訴えを提起する共有者は法定訴訟担当者であると解している[253]。なぜなら，各共有者は自己の名で，同時に他人にも共同して帰属する所有権に基づく請求権を，共有者全員のために単独で主張できることが，BGB 1011条に規定されているからである。しかし，このように理解されるようになったのは比較的最近のことである。筆者が確認できる限りでは，1927年 *Rosenberg*（ローゼンベルク）が BGB 1011条に基づいて提訴する共有者を訴訟担当者と見たのが最初である[254]。*Henckel*（ヘンケル）によれば，形式的当事者概念が浸透していない時代のライヒ裁判所の判例（RGZ 60, 269, 270）は，実体的当事者概念の下で，共有者全員に共同して帰属する所有権に基づく請求権を単独で主張できる「個別権」または「個別訴権」が各共有者に帰属すると解していたとする[255]。

いずれにせよ，ライヒ裁判所のこの判例も，連邦通常裁判所の判例と同様に，実体法上，各共有者が自己の名で共有者全員に帰属する所有権に基づく請求権を

MünchKommBGB/*Säcker*, Bd. 6, 1997, § 920, Rn. 2.

251) *Staudinger/Gursky*, a.a.O. (Fn. 224), § 1011 Rn. 3; MünchKommBGB/*K. Schmidt*, a.a.O. (Fn. 225), § 1011, Rn. 2; *Soergel/Stürner*, a.a.O. (Fn. 225), § 1011, Rn. 2; *Erman/L. Aderhold*, a.a.O. (Fn. 238), § 1011, Rn. 1; *Bamberger/Roth/Fritzsche*, a.a.O. (Fn. 224), § 1011, Rn. 4.

252) BGH NJW 1992, 1011.

253) 連邦通常裁判所の判例については，BGHZ 79, 245, 247; BGH NJW 2002, 213, 214. 学説についてはたとえば，*Henckel*, Parteilehre und Streitgegenstand im Zivilprozeß, 1961, S. 46（これについては，高橋・前掲注211）法協92巻6号637頁以下に紹介がある）; *Heintzmann*, Die Prozeßführungsbefugnis, 1970, S. 21 f.; *Rosenberg/ Schwab/ Gottwald*, Zivilprozeßrecht, 16. Aufl., 2004, § 46 II 2 (S. 274); *Schilken*, Zivilprozeßrecht, 4. Aufl., 2003, Rn. 274; *Staudinger/Gursky*, a.a.O. (Fn. 224), § 1011, Rn. 7; MünchKommBGB/*K. Schmidt*, a.a.O. (Fn. 224), § 1011, Rn. 1; *Wieling*, Sachenrecht, 4. Aufl., 2001, S. 91.

254) *Rosenberg*, Lehrbuch des Deutschen Zivilprozeßrechts, 1. Aufl., 1927, S. 117.

255) *Henckel*, a.a.O. (Fn. 253), S. 212 f.

主張できると理解していた。したがって，実体的当事者概念に依拠するのであれ形式的当事者概念に依拠するのであれ，判例は BGB 1011 条の起草趣旨から逸脱しているわけではない。

(6) その他の訴訟上の諸問題

BGB 1011 条の起草後に激しく争われることになったのは，BGB 1011 条自体の妥当性の問題ではなく，BGB 1011 条に基づいて各共有者が共有物全体の物権的請求権を単独で主張できることを前提に，この規律により生じる様々な不都合（被告の重複応訴の可能性，共有者間での判決内容の矛盾，訴訟不経済など）を解消するための方法についてである。具体的には，提訴した共有者に対する判決の既判力の他の共有者への拡張の可否，複数の共有者が共同提訴した場合の必要的共同訴訟の成否，および被告による第三者の反訴・呼出の可否の問題である。しかし，本節の目的は，BGB 1011 条に基づき各共有者が共有物全体の物権的請求権を主張できるための根拠を明らかにすることである。たしかに BGB 1011 条を立法したという政策判断が適切であったかどうかを判断する上ではこれらの問題についての議論を詳細に紹介することは重要であるが，この問題の検討は今後の課題とする。そこで以下では，これらの問題に関する議論をごく簡単に紹介する。

(a) 提訴した共有者に対する判決の既判力の他の共有者への拡張の可否

BGB 成立直後のコンメンタールなどは，第 1 草案理由書の見解を引用して，提訴した共有者に対する判決の既判力の他の共有者への拡張を否定する[256]。実体的当事者概念を採用していたとされるライヒ裁判所の判例も，各共有者はBGB 1011 条に基づく訴えを他の共有者の代理人として訴えているわけではないので，他の共有者への既判力は拡張されないと述べている[257]。

形式的当事者概念を採用した連邦通常裁判所の判例も，他の共有者への既判力拡張を否定する[258]。ドイツには，日本のように訴訟担当者に対して下された判決の効力が権利主体に拡張されるとする規定が存在しないからである。ほとんど

---

256) *Staudinger*, a.a.O.（Fn. 241）, S. 143; *Kuhlenbeck*, Das Bürgerliche Gesetzbuch für das Deutsche Reich nebst dem Einführungsgesetz, 2. Bd., 1903, S. 147; *Endemann*, Lehrbuch des Bürgerlichen Rechts, 8. Aufl., 2. Bd., 1905, S. 446, Fn. 22.
257) RGZ 119, 163, 168.
258) BGHZ 79, 245, 247 f. ただし，判例は，ある共有者の訴訟追行を他の共有者が授権した場合は，前者に対して言い渡された判決の既判力が後者にも及ぶとする。BGH NJW 1985, 2825 ff.

の学説も既判力拡張を否定する[259]。ただし最近は，提訴した共有者の勝訴判決の既判力のみが他の共有者に拡張されると主張する見解[260]や，提訴した共有者に対する判決の既判力が他の共有者の有利にも不利にも作用すると主張する見解[261]も登場している。

(b) 複数の共有者の共同訴訟における必要的共同訴訟の成否

ライヒ裁判所の時代までは，判例および支配的見解は，CPO 59条の起草趣旨どおり，BGB 1011条に基づいて複数の共有者が共同提訴する場合には，必要的共同訴訟が成立するとしていた。その理由として，提訴した共有者それぞれの訴訟の対象が同一であることが挙げられていた[262]。しかし，第2次大戦後に Schwab が，戦前に主張された Lent の見解[263]を支持して，必要的共同訴訟が成立するのは，共同訴訟が必要な場合と既判力が拡張される場合に限られると主張した[264]。このことをきっかけに，連邦通常裁判所も，複数の共有者がBGB 1011条に基づく訴えを提起する場合には通常共同訴訟が成立するにすぎないと判断するに至った[265]。現在ではこの連邦通常裁判所の見解が，学説においても支配的である[266]。

---

259) *Erman/L. Aderhold*, a.a.O.（Fn. 238），Rn. 2; *Bamberger/Roth/Fritzsche*, a.a.O.（Fn. 224），Rn. 15.
260) MünchKommBGB/*K. Schmidt*, a.a.O.（Fn. 225），§ 1011 Rn. 8; *Wieser*, Prozeßrechts Kommentar zum BGB, 1999, § 432, Rn. 11 ff. など。
261) *Berger*, Die subjektiven Grenzen der Rechtskraft bei der Prozeßstandschaft, 1992, S. 249 ff.
262) RGZ 60, 269; RGZ 119, 163, 168. 学説についてはたとえば，*Rosenberg*, a.a.O.（Fn. 254），S. 282; *Schönke/Schröder/Niese*, Zivilprozessrecht, 8. Aufl., 1956, S. 132; *Baumbach/Lauterbach*, Zivilprozeßordnung, 29. Aufl., 1966, § 62 2 C）（S. 124）.
263) *Lent*, a.a.O.（Fn. 221），S. 27 ff.
264) *Schwab*, a.a.O.（Fn. 222），280 ff. だだし，*Schwab* は，この帰結を解釈論として主張するに過ぎない。つまり，*Schwab* は立法論としては，BGB 1011条に基づいて各共有者が訴えを提起した場合には，その共有者に下された判決の既判力が他の共有者に拡張されることを承認すべきであり，その結果，複数の共有者がBGB 1011条に基づいて訴えを提起する場合にも，必要的共同訴訟とすべきだと主張している（*Schwab*, a.a.O., S. 284）。このことは，*Schwab* がBGB 1011条の基づく訴えの場合に複数の共有者の判決間に矛盾が生じることを望んでいなかったことを意味する。
265) BGHZ 92, 351, 353 f.
266) *Gottwald*, a.a.O,（Fn. 222），68; *Rosenberg/ Schwab/ Gottwald*, a.a.O.（Fn. 253），§ 49 II 1 g）（S. 294）; *Schilken*, a.a.O.（Fn. 215），§ 62, Rn. 20（S. 479）; *Jauernig*, Bürgerliches Gesetzbuch, 9. Aufl., 1999, § 1011, Rn. 3（S. 1083）.

もっとも，この帰結に対しては批判が多い。学説には，共有者全員が共有物全体の給付請求訴訟を共同して提起した場合には，共有者全員が，各共有者により単独で処分できない共同の請求権を共同して主張しているとして，必要的共同訴訟が成立するとするもの[267]や，複数の共有者がBGB 1011条に基づいて共同の訴えを提起する場合にも，訴訟経済などを理由に，必要的共同訴訟が成立するとするもの[268]が存在する。

　(c)　被告による第三者に対する反訴・呼出

　共有者の1人がBGB 1011条に基づく訴えを提起した場合に，被告が他の共有者に対する反訴を提起したり，他の共有者を従前の訴訟に呼び出すことを要求できるかどうかについて判断した裁判例は存在しない。しかし，BGB 1011条と同様に，各共同相続人が共同相続人全員に共同して帰属する請求権を単独で主張できることを承認するBGB 2039条に関する事件において，ライヒ裁判所は，被告は訴訟に関与していない相続人に対する反訴を提起することはできないと判示している[269]。

　学説においても，ある共有者がBGB 1011条に基づく訴えを提起した場合に，被告が訴訟に関与していない共有者に対する反訴を提起したりその共有者を呼び出すことを現行ドイツ法の解釈論として提案するものは見あたらない。ただし，*Hassold*（ハッソルト）は，ZPO 856条を参考にして，被告により，訴訟に関与していない共有者を呼び出すことを許容するための立法提案を行っている[270]。

　しかし最近，連邦通常裁判所は，被告が，原告に対するのと同時に第三者に対しても，第三者が原告の共同訴訟人になるという方法で，反訴を提起することを適法としている[271]。したがって，最近の判例によれば，BGB 1011条のケースに

---

267) *A. Blomeyer*, Einzelanspruch und gemeinschaftlicher Anspruch von Miterben und Miteigentümern, AcP 159（1960), 385, 402 ff; *Henckel*, a.a.O.（Fn. 253), S. 213; *Grunsky*, a.a.O.（Fn. 222), S. 244; *Stein/Jonas/Bork*, a.a.O.（Fn. 215), § 62, Rn. 18（S. 793).

268) *Hassold*, a.a.O.（Fn. 222), S. 78 ff. und S. 110. これについては，高橋・前掲注211) 法協92巻6号648頁以下に詳細な紹介がある。

269) RG JW 1917, 721.

270) *Hassold*, a.a.O.（Fn. 222), S. 124 ff. これについては，高橋・前掲注211) 法協92巻6号654頁以下に詳細な紹介がある。

271) たとえばBGH NJW 1991, 2838. 最近の判例および学説の状況については，*Thomas/Putzo*, ZPO, 25. Aufl., 2003, § 33, Rn. 8 ff.（S. 76 ff.）なお，第三者に対する反訴をめぐる旧西ドイツの判例および学説の紹介としては，佐野裕志「第三者に対する反訴」鹿児島大学法学論集17巻1・2号（1982年) 181頁がある。

おいても第三者に対する反訴を許容する可能性があると言える。ただしBGB 1011条のケースにおいてこの問題を判断した判例はまだ現れていない。

3 まとめ

以上の考察から，共同訴訟の必要性の判断基準とBGB 1011条の趣旨に関する起草者の見解は，現在に至るまで変更されていないことが明らかになった。

まず，共同訴訟の必要性の判断基準は実体法，とりわけ係争権利関係についての処分権が複数の者に共同して帰属するかどうかにある。この基準は，給付訴訟，形成訴訟のみならず確認訴訟にも妥当している。

次に，各共有者が共有者全員に共同して帰属する所有権に基づく請求権を単独で主張できることを規定するBGB 1011条は，共同処分の必要の原則したがって共同訴訟の必要の原則に例外を承認するために設けられた。BGB成立後の判例および学説は，共有物の返還方法，提訴共有者の証明責任の範囲，BGB 1011条の適用範囲などの様々な問題について議論しているが，これらの議論は前述のBGB 1011条の起草趣旨を前提に行われていた。

Ⅳ BGB 744条2項（保存行為）の成立過程とその後の展開

前章までの考察により，共同訴訟の必要性の判断基準と各共有者による共有物全体の給付請求権の主張を承認するBGB 1011条の存在理由が明らかになった。ところが，共有者の共同訴訟の必要性に関するCPO（ZPO）やBGBの諸規定の起草過程やその後の展開を見る限りでは，CPOやBGBの起草者は，19世紀プロイセンの判例が，保存行為に基づいて，各共有者による共有物全体の給付請求権の主張を承認していたという，前稿で紹介した事実に影響を受けなかったようである。それにもかかわらず，BGBには，各持分権者が単独で共同の物の保存のために必要な行為をすることを許す規定（BGB 744条2項）が存在する。そこで本章では，BGB 744条2項が，各共有者が単独で共有物全体の給付請求権を主張できるという規律と関係があるのかどうかを明らかにする。そのために，まずBGB 744条2項がどのような趣旨で設けられたのかをその起草過程の紹介を通じて明らかにする（第1節）。さらに，BGB 744条2項成立後の判例および学説が，BGB 744条2項等の保存行為に関する規定と各共有者による共有物全体の給付請求権の主張を関連づけて論じているかどうかを確認する（第2節）。

1　BGB 744 条 2 項の成立過程

(1)　BGB 744 条と 748 条

BGB には，共同の物（der gemeinschatliche Gegenstand）の保存（Erhaltung）という文言が，権利が観念的な持分に応じて数人の権利者に共同して帰属する場合の法律関係を規制する「共同（Gemeinschaft）」（第 2 部 15 章）という章の中にある，次の 2 つの条文において用いられている[272]。

BGB 744 条
「① 共同の物の管理は，持分権者が共同で行う。
② 各持分権者は，他の持分権者の同意がなくても物の保存に必要な行為を行うことができる。各持分権者は，他の持分権者がその保存行為にあらかじめ同意することを要求できる。」

BGB 748 条
「各持分権者は，他の持分権者に対して，共同の物の負担並びに保存，管理および共同の利用の費用を，その持分の割合に応じて負担する義務を負う。」

筆者の関心は，当然，BGB 744 条 2 項の沿革を探ることにある。ところが，後に述べるように，BGB 744 条 2 項は，BGB 748 条に相応する条文の編纂作業の中で追加されたものである。したがって，BGB 744 条 2 項 1 文の沿革を探るためには，まず，BGB 748 条の沿革に目を向けなければならない。以下では，まず BGB 748 条の沿革を探って行くことにしよう。

(2)　ドレスデン草案と『起草者提出資料集成・債務法編』

(a)　不可分債権についての規定の起草過程を紹介する際にすでに述べたように，部分草案債権編の起草を担当したのは *Kübel*（キューベル）であった。しかし，*Kübel* の部分草案は，彼の病気のために一部完成せず，本節の考察の対象である保存行為に関する規定も起草されなかった。そのため，この部分について第 1 委員会は，ドレスデン草案と助手の作成した資料集（『起草者提出資料集成・債務法編』）をたたき台に議論した[273]。そこで，まずドレスデン草案と資料集の内容

---

[272]　引用した条文の邦訳については，右近健男編『注釈ドイツ契約法』（1995 年・三省堂）630 頁および 634 頁を参照した。なお，BGB の「共同（Gemeinschaft）」の章に含まれる条文の文言および趣旨については，同書 627 頁以下を参照。

Ⅳ　BGB 744条2項（保存行為）の成立過程とその後の展開

を紹介する。

(b)　BGB 748条に対応するドレスデン草案の規定は，同851条1項である[274]。

ドレスデン草案851条1項
「各持分権者は，共同の物の持分との関係に応じて，その物に付着する費用，および，それぞれの物の保存または通常の利用のために費やされる費用を負担する義務を負う。」

ドレスデン草案の審議録によると，ドレスデン草案851条1項は，何の議論もなく原案のまま採用されたとされている[275]。しかし，この規定は，類似の規定を持つ他のラントの諸立法・草案と同じように[276]，普通法の原則に従ったものと考えられる。

(c)　『起草者提出資料集成・債務法編』によれば，普通法では，各持分権者は，彼の持分関係に応じて，共同（Gemeinschaft）の物にかかる費用，とくにその物の保存および利用に必要な費用を負担する義務を負うと考えられていた。その結果，ある持分権者が，共同（Gemeinschaft）の利益のために，すなわち彼自身と他の持分権者の不可分の利益のために自己の財産を犠牲にした（aufopfern）場合，または，ある持分権者が，共同（Gemeinschaft）のために，他の持分権者の利益に消費した場合には，その持分権者は，他の持分権者に対してその費用の償還を求めることができる，とされた[277]。

普通法によれば，この請求権の成立のために他の持分権者の同意は不要であるとする。さらに普通法では，① 共同建築物の共有者の1人が，他の共有者の意思に反してでも，その建築物に必要な修繕をすること（とくに破損した石塀を他の石

---

273)　以上の経緯については，石部・前掲注86) 24頁を参照。
274)　*Schubert*, Die Vorlagen der Redaktoren für die erste Kommission zur Ausarbeitung des Entwurfs eines Bürgerlichen Gesetzbüches, Recht der Schuldverhältnisse, Teil 3, 1980, S. 18.
275)　*Schubert*, a.a.O. (Fn. 274), S. 231; Protocolle der Commission zur Ausarbeitung eines Allgemeinen Deutschen Obligationenrechtes, Dresden, 1865, S. 2895.
276)　たとえば，ALG 第1部第17章46条，チューリッヒ民法558条，ザクセン民法333条など。*Schubert*, a.a.O. (Fn. 274), S. 228 ff. また，この資料集によれば，フランス法も，各持分権者が他の持分権者に対して，共同の物の保存に必要な支出を持分に応じて負担することを求めることができるとする。*Schubert*, a.a.O. (Fn. 274), S. 229.
277)　*Schubert*, a.a.O. (Fn. 274), S. 225. また，Motive, a.a.O. (Fn. 138) II, S. 877= *Mugdan*, a.a.O. (Fn. 138) II, S. 490 も参照。

塀により補うこと）ができ，② 彼は，他の共有者に対して彼の持分に相応する費用の償還を求めることができ，さらに，③ 他の共有者がそれを 4 ヶ月以内に支払わない場合には，懈怠者の持分は喪失し，その持分は修繕を行った共有者が取得する，ということが特別に承認されていた[278]。しかし，学説によると，この規律は一般原則として妥当するとされている[279]。

さらに，普通法によれば，各持分権者は，他の持分権者に対して，必要な出費 (Aufwendung) または共同 (Gemeinschaft) の利益になる出費についての関与または協力を事前に求めることができるとする。その場合，裁判所は裁量により具体的な協力の内容を定めることができるとする。この請求権は信義誠実 (bona fides) に基づくとされる。判例 (O. A. G. Oldenburg, Seuffert's Archiv, Bd. 33, Nr. 200) によれば，共有者の 1 人が他の共有者に対して倒壊寸前の共同家屋を改修することへの同意，および，持分に比例した費用の支払いを求めることが，改修の必要性を理由に承認される[280]。

以上のように，ドレスデン草案851条1項をめぐっては，① どのような場合に各持分権者は共同の物にかかる費用を相互に負担しなければならないのか，および，② 各持分権者が費用償還義務を負う行為をある持分権者が行う場合，彼は他の持分権者の反対にもかかわらず単独でその行為をすることができるのか，それとも，その行為を行おうとする持分権者は，他の持分権者に対して，協力義務に基づきその行為への協力を事前に求めることができるに過ぎないのかが問題となっていた。

⑶ 第1草案成立まで

(a) 第 1 委員会は，1883 年 2 月 14 日に行われた第 272 回審議会において，前述のドレスデン草案851条1項を土台に，次の議論を行っている。

まず，ドレスデン草案851条1項に対しては，次の3つの案が提出された[281]。

【提案1】 提案者 *Planck*（プランク）

「持分権者は，互いに，共同の物の保存のために必要な行為に同意を付与す

---

278) *Schubert*, a.a.O.（Fn. 274），S. 225.
279) *Schubert*, a.a.O.（Fn. 274），S. 225 f.
280) 以上について，*Schubert*, a.a.O.（Fn. 274），S. 226.
281) *Jakobs/Schubert*, Die Beratung des Bürgerlichen Gesetzbuchs in systematischer Zusammenstellung der unveröffentlichen Quellen, Recht der Schuldverhältnisse, Bd. 3, 1983, S. 378 f.

る義務，および，この目的のために必要な費用並びに共同の物にかかる持分に応じた負担を担う義務を負う。持分権者が（853条[282]）の基準によりまたは他の理由により）一定の態様の共同の物の管理および利用を受忍する義務を負う場合，持分権者は，この目的のために必要な費用を彼の持分に応じて負担する義務を負う。」

【提案２】　提案者 *Kurlbaum*（クルルバウム）
「持分権者は，互いに，共同の物の保存に協力する義務，および，この目的のために……（以下は提案１と同じ）を担う義務を負う。持分権者が，通常では合法的に行われないであろう，保存のために必要な行為を行った場合には，彼が他の持分権者の禁止に反して行った場合であっても，必要な費用の賠償を求める請求権がその持分権者に帰属する。」

【提案３】　提案者 *Pape*（パーペ）
「各持分権者は，他の持分権者に対して，彼の持分に応じて共同の物にかかる費用及びその保存のために必要な費用，並びに彼によって受忍されるべき物の管理または利用の費用を負担する義務を負う。また，各持分権者は，彼にかかる負担および費用の持分が他の持分権者により通知される場合には，他の持分権者に償還する義務を負い，かつ，物の保存のために必要な措置について（あらかじめ）同意を付与する義務を負う。」

　これらの提案のうち，【提案３】が多数決で採用された[283]。多数意見は次の通りである。
　まず，各持分権者が，彼の持分に応じて，① 共同（Gemeinschaft）の物にかかる費用，② 物の保存のために必要な費用，および，③ 彼が他の持分権者から許可をもらうことを義務づけられている物の利用または管理についての費用を負担する義務を負うことは疑いないとされた。しかし，ドレスデン草案851条１項

---

282)　ドレスデン草案853条 「共同の物の管理は，その物が１人または複数の持分権者に譲渡されない場合には，持分権者全員に共同して帰属する。管理の態様についての決議は，管理が１人または数人の持分権者にのみ委ねられているか，個々の共同物の目的規定が変更されるべきときに限り，持分権者全員の同意をもって行われる。その他の場合には，投票持分の大きさに応じて算出されるべき票の多数が決定し，票の同数の場合には裁判所が決定する。
　　　その他の点では，780条，783条，785条，787条，790条の規定は，共同の持分権者に類推適用される。」 *Schubert*, a.a.O. (Fn. 274), S. 18.
283)　*Jakobs/Schubert*, a.a.O. (Fn. 281), S. 379.

は，前の２つの義務を明確に表しているが，第３の義務については「通常の利用」と述べるだけで曖昧に表しているとする。ここでは，持分権者は他の持分権者との関係でどのような利用が可能か，すなわち他の持分権者はどの範囲で受忍義務を負うかということが重要であり，もし受忍義務が存在しないのであれば，共同関係に妥当する potior est conditio prohibentis（禁止関係の優先）の原則[284]）が適用されるべきであるとする。それゆえ，ドレスデン草案851条１項は，以上の議論に相応する文言に変更されるべきであるとされた[285]）。

次に，各持分権者が自らの持分に応じて負担すべき費用について他の持分権者により通知されたならばただちにその持分権者は費用償還義務を負うのか，それとも，他の持分権者は事務管理または不当利得についての法規に基づいて費用償還を求めることができるにすぎないのか，ということが問題となった。仮に，後者の立場をとるならば，とくに保存行為の場合には，多くの場合，他の持分権者は，全く償還を求めることができないか，完全な償還を得ることができず，それでは，potior est conditio prohibentis の原則の不当な拡張になるとする。普通法においても，そのような償還義務の制限は存在しないので，前者の立場をとるべきであるとされた[286]）。

最後に，【提案１】のような，償還義務を理由づける行為に同意する義務を各持分権者に課すという規律だけでは不十分であるとされた。なぜなら，同意義務を課すことで十分であるとするならば，保存行為をしようとする持分権者はあらかじめ他の持分権者に訴えにより同意を強制しなければならなくなり，その結果，費用がかかり，不都合な結果を生じさせ，さらには，遅滞の危険すら生じることになるからである。しかし，同意義務と償還義務を共に規定することは適切であるとされた。なぜなら，事前に保存行為への同意を強制することによって，他の持分権者が事後的に当該行為の必要性について争うことができないようにすることができるからであるとする[287]）。

---

284) ローマ法上の共有では，各共有者は単独で客体を使用できるが，客体の現状を変更する行為をする場合には，他の共有者はその行為を禁止する権利（ius prohibendi）を有するとされている。この点については，船田享二『ローマ法第二巻』〔改版〕（1974年・岩波書店）542頁以下を参照。

285) *Jakobs/Schubert*, a.a.O.（Fn. 281）, S. 379; Motive, a.a.O.（Fn. 138）II, S. 877= *Mugdan*, a.a.O.（Fn. 138）II, S. 490.

286) *Jakobs/Schubert*, a.a.O.（Fn. 281）, S. 380; Motive, a.a.O.（Fn. 138）II, S. 877 f.= *Mugdan*（Fn. 138）II, S. 490.

(b) 以上の議論を経て，編集委員会宛て編集暫定原案548条は以下の文言となった[288]。

「各持分権者は，他の持分権者に対して，彼の持分関係に応じて，共同の物による費用，その物の保存のために必要な費用，および，その物の管理並びに利用の費用を負担する義務を負う。各持分権者は，各持分権者に負わされる負担および費用の持分が他の持分権者により通知された場合には，他の持分権者に償還しなければならない。彼は，共同の物の保存に必要な措置についてあらかじめ同意する義務を負う。」

この文言は，編集委員会宛て編集原案548条[289]，編集委員会草案759条[290]および第1草案766条[291]まで全く変更されなかった。

(4) 第2草案・BGB成立まで

(a) 第2委員会では，第1草案766条に対して以下の提案がなされた[292]。

【提案1】 *Struckmann*（シュトルックマン）は766条を以下の文言に変更することを提案した。

「各持分権者は，他の持分権者に対して，彼の持分との関係で，共同の物に関わる負担，および，その物の保存，管理並びに利用に必要な費用を負担する義務を負う。彼は，負担および費用についての彼の持分が他の持分権者に知られた場合には，それを賠償しなければならない。

各持分権者は，物の保存のために必要な措置についてあらかじめ同意する義務を負う。」

【提案2】 *Jacubezky*（ヤクベツキィ）は766条2文を以下の文言に変更することを提案した。

「彼は，その後彼の義務となる負担および費用の持分のために，他の持分権者が消費した，または，義務を負った場合には，委任の規定に従って，彼に費用を

---

287) *Jakobs/Schubert*, a.a.O.（Fn. 281）, S. 380; Motive, a.a.O.（Fn. 138）II, S. 878= *Mugdan*, a.a.O.（Fn. 138）II, S. 490 f.
288) *Jakobs/Schubert*, a.a.O.（Fn. 281）, S. 381.
289) *Jakobs/Schubert*, a.a.O.（Fn. 281）, S. 381.
290) *Jakobs/Schubert*, a.a.O.（Fn. 281）, S. 382.
291) *Jakobs/Schubert*, a.a.O.（Fn. 281）, S. 382.
292) Protokolle, a.a.O.（Fn. 151）II, S. 3070 f.= *Mugdan*, a.a.O.（Fn. 138）II, S. 1205 f.; *Jakobs/Schubert*, a.a.O.（Fn. 281）, S. 382.

賠償しなければならないし，また，彼を義務から解放させなければならない。」

【提案3】 また，*Jacubezky* は766条4文に以下の文言を挿入することをも提案した。

「急迫の危険があり，同意が適時には要求できない場合には，他の持分権者は，必要な措置をなす権能を有する。」

まず，【提案1】は，第1草案766条の文言を変更したにすぎないとして退けられた[293]。次に，【提案2】は，共同 (Gemeinschaft) の物の保存，管理および利用のために必要な出費を自らなした持分権者が，すでに支払われている費用の償還を請求できることを承認するのみならず，受任者，業務執行組合員および事務管理者と同様に，各持分権者がすでに負っている義務の免除を請求できることをも承認しようとする。しかし，この提案も，委任も事務管理も存在しないところでは後者の請求権まで承認する必要はないという理由から退けられた[294]。

最後に，【提案3】は，各持分権者は，急迫の危険があり他の持分権者の同意を要求できない場合には，単独で必要な行為をすることができるとするものであった。しかし，これに対しては，この提案によると，急迫の危険が存在しない場合には単独行為が許されないことになり，第1草案の立場に反することになると批判された。すなわち，各持分権者が，他の持分権者のために負担した立替金の償還請求権を有するとするならば，各持分権者は必要な行為を直接に他の持分権者の同意なく行うことができることが前提とならなければならないであろうと批判された[295]。

以上の審議の結果，委員の多数は，① 持分権者は共同 (Gemeinschaft) の物の保存のために必要な行為を制限なく行うことができる，② しかし，このことについて第1草案の規定の文言では疑問が生じるので，これに関する明文の規定が置かれなければならない，という見解を採用した[296]。

このように第2委員会では，第1草案766条に対する様々な修正提案が提出さ

---

293) Protokolle, a.a.O. (Fn. 151) II, S. 3071= *Mugdan*, a.a.O. (Fn. 138) II, S. 1206; *Jakobs/Schubert*, a.a.O. (Fn. 281), S. 382.
294) Protokolle, a.a.O. (Fn. 151) II, S. 3071 f.= *Mugdan*, a.a.O. (Fn. 138) II, S. 1206; *Jakobs/Schubert*, a.a.O. (Fn. 281), S. 382.
295) Protokolle, a.a.O. (Fn. 151) II, S. 3072= *Mugdan*, a.a.O. (Fn. 138) II, S. 1206.
296) Protokolle, a.a.O. (Fn. 151) II, S. 3072= *Mugdan*, a.a.O. (Fn. 138) II, S. 1206; *Jakobs/Schubert*, a.a.O. (Fn. 281), S. 382.

れたが，いずれも採用されなかった。むしろ，各持分権者が単独で保存行為をすることができることにつき明文の規定が置かれることになったという点では，第1草案766条の趣旨が強調されることになった。

　(b)　その結果，第2委員会決議暫定集成766条は次の通りになった[297]。
「① 各持分権者は，他の持分権者に対して，彼の持分に応じて，共同の物にかかる費用，共同の物の保存，管理および利用に必要な費用を引き受ける義務を負う。彼は負担および費用についての彼の持分を他の持分権者により通知される場合には，その償還をしなければならない。
　② 各持分権者は，物の保存のために必要な行為についてあらかじめその同意を付与する義務を負う。」

さらに第2委員会決議暫定集成765条4項2文に，以下の文言が挿入された[298]。
「各持分権者は，共同の物の保存のために必要な行為を，他の持分権者の同意がなくとも行うことができる。」

その後，編集会議決議暫定集成765条および766条において，第2草案680条および684条，さらにはBGB 744条および748条と全く同じ文言が現れるに至った。

編集会議決議暫定集成765条[299]（第2草案680条）
「① 共同の物の管理は持分権者に共同して帰属する。
　② 各持分権者は，他の持分権者の同意がなくても物の保存に必要な措置を行うことができる。各持分権者は，他の持分権者がその保存行為にあらかじめ同意することを請求することができる。」

編集会議決議暫定集成766条[300]（第2草案684条）
「各持分権者は，他の持分権者に対して，共同の物の負担，並びに，保存，管理および共同の利用の費用を，彼の持分の割合に応じて負担する義務を負う。」

---

297)　*Jakobs/Schubert*, a.a.O.（Fn. 281），S. 383.
298)　*Jakobs/Schubert*, a.a.O.（Fn. 281），S. 371.
299)　*Jakobs/Schubert*, a.a.O.（Fn. 281），S. 372.
300)　*Jakobs/Schubert*, a.a.O.（Fn. 281），S. 383.

なお，第2委員会決議暫定集成776条1項2文は，編集会議決議暫定集成765条では削除されている。この理由は資料集からは明らかにならなかった。

(5) 考　察
以上がBGB 744条2項1文の起草過程である。

BGBの起草者は，結局のところ，各持分権者は，共同の物の保存のための行為にかかった費用を，他の持分権者に対して，持分に応じて償還することを請求できる（BGB 748条）とし，さらに，各持分権者は，この費用償還請求権を基礎づける保存行為を，事前に他の持分権者から同意を得ることなく単独で行うことができるとした（BGB 744条2項）[301]。

しかし，これだけの結論では，本章の最大の関心事である，BGB 744条2項の「保存行為」概念が，各共有者による共有物全体の物権的請求権の主張をも包含していたのかという問いに答えることはできないであろう。しかもBGB 744条2項1文の起草過程では，「保存行為」が具体的にどのような行為を指すのかということについてほとんど議論されなかったのである。しかし，普通法が共有建築物の修繕を保存行為とすることは『起草者提出資料集成・債務法編』から明らかにされていたし[302]，また，BGB成立直後（1901年）に発刊された*Staudinger*のコンメンタールも，保存行為の例として，家の緊急の修理，畑の必要な耕作，満期となった金銭の支払い（たとえば抵当権に基づく強制執行の危険を避けるために利息を支払うこと）を挙げていた[303]。

以上のBGB 744条2項にいう「保存行為」の具体的な内容から，BGBの起草者は，BGB 744条2項の「保存行為」に基づき各共有者が単独で第三者に対して共有物全体の物権的請求権を訴訟上主張できるということを全く想定していなかったと考えてよいであろう。

---

[301]　BGB制定直後のコンメンタールも同じ立場に立っていた。*Staudinger/Kober*, Kommentar zum Bürgerlichen Gesetzbuch, 1901, Bd. 2., § 744, II (S. 589.); *Planck*, Bürgerliches Gesetzbuch nebst Einführungsgesetz, Bd. 2, 1. und 2. Aufl., 1900, S. 486 f.

[302]　前掲本節2参照。

[303]　*Staudinger/Kober*, a.a.O. (Fn. 301), § 744, II (S. 558.). また，*Planck*, Bürgerliches Gesetzbuch nebst Einführungsgesetz, Bd. 2, 3. Aufl., 1907, S. 784. も同旨。

2　保存行為に基づく各共有者による共有物全体の給付請求権の主張

(1)　BGB 744条2項に基づく各共有者の共有物全体の物権的請求権の主張

　前節で紹介したように，BGBの起草者は，BGB 744条2項にいう保存行為に，各共有者による共有物全体の給付請求権の主張を含めていなかった。しかし，BGBが施行されて間もない頃に，ライヒ裁判所は次のような判決を下し，BGB 744条2項に基づく各共有者による共有物全体の給付請求権の主張を承認した。

　【裁判例】Reichsgericht, Urteil vom 15. 3. 1905, RG 60, 269.
　本件は，X_1とX_2が1つの不動産を共有しているが，彼らは抵当権者である被告に対して，不動産にかかる抵当権の抹消についての同意を求めて訴えたものである。X_1とX_2は弁護士Aを共同の訴訟代理人に選任していたが，第1審の訴訟の過程でAが今後X_2の代理人にならない旨の通知を行った。その後X_2は期日に出頭しなかった。そこでX_1とX_2が必要的共同訴訟人であるかどうかということと，必要的共同訴訟が成立する場合のX_2の懈怠の効果が問題となった。控訴審裁判所は，X_1とX_2による共同の訴えの場合には必要的共同訴訟が成立するので，Aの代理権が消滅したX_2の召喚も必要であるとして控訴を不適法とした。これに対して，ライヒ裁判所は，本件では必要的共同訴訟が成立するが，懈怠者の代理擬制を承認するZPO 62条が適用されるとして，控訴審裁判所の判決を破棄し，事件を控訴審へ差し戻した。ライヒ裁判所は，この判決の前提として，共有不動産にかかる抵当権の抹消の同意を求める訴えの原告適格，および，必要的共同訴訟の成否について次のように判示した。

　「一般に，権利の共同性（Gemeinschaftlichkeit）にもかかわらず，原告がBGB 744条2項および1011条に基づいて，各々が単独で当該訴えを提起することができるであろう。なぜなら，抹消についての債権者の許諾を得ることは，個々の持分権者が独立して行使できる個別権に属するからである。しかし，それにもかかわらず，この個別権が複数の持分権者により共同して主張される場合には，これにより根拠づけられる共同訴訟は，すべての共同訴訟人に対して同一の訴訟内で異なる判決を下すことのできない同一の法律関係が問題となっている限りで，必要的共同訴訟である。それゆえZPO 62条の第1類型が存在する。」

この裁判例は，BGB 744条2項をBGB 1011条と並ぶ根拠に掲げて，各共有者による共有物全体の給付請求権の主張を承認する。もっとも，各共有者の給付請求権の第三者に対する主張を承認するために設けられた規定はBGB 1011条であった。そうであるならば，なぜライヒ裁判所はあえてBGB 1011条のみならずBGB 744条2項をも引用してこのような判断を下したのであろうか。

　この疑問を解消するための手がかりとなるのが，この裁判例に，共有者全員の登記抹消請求権を主張することが「個々の持分権者が独立して行使できる個別権」に属するとの記述がある点である。この個別権という表現は，BGBの起草過程には登場しなかったが，プロイセンの最上級裁判所であるObertribunalの判例にしばしば登場したものである。前稿で述べた通り，Obertribunalは，各共有者が共同の権利に関する自己の個別権に基づいて共同の権利の保存・保全等になる限りで単独で共同の権利を主張できるとする先例を確立させ[304]，BGB成立以前のライヒ裁判所の判例もObertribunal時代のこの先例を踏襲していた[305]。しかもこの裁判が下されたのは，BGBが施行されて間もない1905年であった。以上から，この裁判例は，Obertribunalの先例を直接引用してはいないものの，744条2項の規定を，各共有者が共同の権利を単独で主張できるというプロイセンObertribunal時代からの判例法理を明文化したものであると誤解したと考えられる。

　この裁判例が登場した後に，各共有者の共有物全体の物権的請求権の主張を744条2項により根拠づける裁判例は存在しない[306]。しかし，この裁判例は，それ以降比較的最近まで，BGB 744条2項に基づき各共有者が第三者に対して共有物全体の給付請求権を主張できることを示す先例としてコンメンタールに引用されていた[307]。もっとも，最近になってようやく，各共有者は，共有物全体

---

[304]　鶴田・前掲注1）法学雑誌51巻3号119頁および4号107頁以下，とりわけ117頁以下を参照。

[305]　鶴田・前掲注1）法学雑誌51巻4号132頁を参照。

[306]　もっとも，BGB 744条2項に基づいて各共同権利者が第三者に対して共同の権利を主張できるという法理は，判例により，合名会社や民法上の組合における各社員による共同債権の取立ての場合に類推適用されている。この点については判例も蓄積し，それに対する学説の評価も行われている。最近の学説はこの判例法理に対して批判的である。この点については，*Staudinger/Langhein*, Kommentar zum Bürgerlichen Gesetzbuch, 13. Aufl., 1996, § 744, Rn. 43 und 46 ff. を参照。

[307]　戦前の古いコンメンタールでは，*Hoffmann/Burlage*, Das Bürgerliche Gesetzbuch mit Besonderer Berücksichtigung der Rechtsprechung des Reichsgerichts, Band I, 1910, § 744,

の物権的請求権を BGB 1011 条により主張できるので，この場合に BGB 744 条 2 項を適用する余地はないとする見解が登場している[308]。

(2) BGB 2038 条 1 項 2 文後段に基づく各共同相続人の共有物全体に関する請求権の主張

ところで，共同相続人間の法律関係を規律する BGB 2038 条 1 項 2 文後段には，次のような，共同関係に関する BGB 744 条 2 項と同趣旨の規定が存在する[309]。

BGB 2038 条 1 項 2 文後段
「各共同相続人は，保存に必要な措置を，他の共同相続人の協力がなくても行うことができる。」

これに対して，BGB 2039 条には，BGB 1011条および432条1項と同趣旨の次の規定も存在する[310]。

---

3 (S. 550); *Busch/ Degg*, Das Bürgerliche Gesetzbuch mit Besonderer Berücksichtigung der Rechtsprechung des Reichsgerichts, 6. Aufl., Band II, 1928, § 744 Anm. 3 (S. 402)などがある。戦後のコンメンタールでは，たとえば，*Palandt/ Gramm*, Bürgerliches Gesetzubuch, 9. Aufl., 1951, § 744 Amn. 2 (S. 696), § 747 Anm. 3 (S. 698); *Erman/ Schulze=Wenck*, Handkommentar zum Bürgerlichen Gesetzbuch, 2. Aufl. 1958, § 744 Anm. 2 (S. 977); *Oegg*, Das Bürgerliche Gesetzbuch mit Besonderer Berücksichtigung der Rechtsprechung des Reichsgerichts und des Bundesgerichtshofes, 10. Aufl., Bd. II, 1953, § 744 Anm. 3 (S. 520); *H. Schultz/v. Lasaulx*, Kohlhammer-Kommenter Bürgerliches Gesetzbuch, 10. Aufl., Bd. 3, 1969, § 744 Anm. 4 b) (S. 615); *Soergel/Hadding*, Bürgerliches Gesetzbuch, 11. Aufl., Bd. 4, 1985, § 744, Rn. 4, S. 246.

308) *Staudinger/Langhein*, a.a.O. (Fn. 306), § 744, Rn. 43; MünchKommBGB/ *K. Schmidt*, 3. Aufl., Bd. 5, 1997, § 744, 745, Rn. 39.

309) BGB 第 1 草案の段階では，相続財産には原則として共同の規定が準用されるという規定が置かれていた（第 1 草案2151 条，注 (96) も参照）。第 2 読会の段階でも，相続財産の管理に関する規定は共同に関する規定を基本的に引き継ぐことが承認されている。Protokolle, a.a.O. (Fn. 151) V, S. 8104= *Mugdan*, a.a.O. (Fn. 138), S. 500; *Wächter*, a.a.O. (Fn. 96), S. 261.

310) BGB 第 2 読会における議事録によれば，BGB 2039 条に相応する第 2 草案1913 条は，共同相続人全員が共同してのみ訴えを提起するのが原則であるが，全員の意見の一致を得ることは困難であるから，各共同相続人が単独で訴えを提起できるようにするために設けられたとされる。Protokolle, a.a.O. (Fn. 151) V, S. 8106 f.= *Mugdan*, a.a.O. (Fn. 138), S. 501; *Wächter*, a.a.O. (Fn. 96), S. 261 f. この起草趣旨は，BGB 1011 条および432 条 1 項の起草趣旨と一致する。

BGB 2039 条

「請求権が遺産に属するときは，義務者は相続人全員に共同的にのみ給付することができ，各共同相続人は相続人全員への給付のみを請求することができる。各共同相続人は，相続人全員のために，義務者が給付すべき物を供託すること，または，目的物が供託に適さない場合には，裁判所により選任された保管者に目的物を引き渡すことを請求することができる。」

したがって，共同相続人が第三者に対して共同相続財産全体に関する給付請求権を訴訟上主張する場合には，共有者が第三者に対して共有物全体の給付請求権を訴訟上主張する場合と同様に，BGB 2039 条に基づいて，各共同相続人が単独で訴訟追行権を有するとすれば十分である。それゆえ，この場合に BGB 2038 条 1 項 2 文後段が登場する余地はないはずである。

それにもかかわらず，ドイツ民事訴訟法学において最も伝統的でかつ有力なコンメンタールの 1 つである *Stein*（シュタイン）および *Jonas*（ヨーナス）のコンメンタールには，BGB 2038 条 1 項 2 文後段に基づいて，各共同相続人が相続財産の保存のために相続財産全体に関する訴えを提起できると記されている[311]。このことは，本稿の関心が通常の共有における共有者の共同訴訟の必要性にあるにもかかわらず，注目に値するであろう。

しかし，このコンメンタールが，自らの見解を根拠づけるために引用する判例[312]は，いずれも，BGB 2038 条 1 項 2 文後段に基づいて各共同相続人が単独で第三者に対して相続財産全体の給付請求権を主張できるとするものではない。

たとえば，ある裁判例[313]は，各共同相続人が BGB 2039 条に基づいて確認の訴えを提起できるとしたものにすぎない。この裁判例には，この帰結が，BGB 2038 条 1 項 2 文後段または保存行為に基づいて正当化できるとはどこにも記されていない。

その他の裁判例[314]は，BGB 2038 条 1 項 2 文後段が成立する前のものであ

---

311) *Stein/Jonas/Bork*, a.a.O.（Fn. 215），§ 62 Rn. 18（S. 793）．この記述が，すでに 100 年近く前より存在することについては，*Gaupp/Stein*, Die Zivilprozeßordnung für das Deutsche Reich, Bd. 1, 11. Aufl., 1913, § 62 III 1（S. 185）を参照。
312) *Stein/Jonas/Bork*, a.a.O.（Fn. 215），§ 62, Rn. 18（S. 793）Fn. 77.
313) RG das Recht 1916, Nr. 2113.
314) RG Gruchot（Beiträge zur Erläuterung des Deutschen Rechts）36（1892），1034; RG Gruchot 38（1894），940; RGZ 35（1895），290; RG Gruchot 40（1896），376; RG Gruchot 41（1897），952; JW 1899, 610; RGZ 44（1899），183.

る。すなわち，これらの裁判例は，ドイツ帝国においてプロイセン一般ラント法が適用されていた時代に，各共同相続人が単独で共同相続人全員への弁済を請求できるとしたものである。しかも，これらの裁判例はいずれも，プロイセン Obertribunal により打ち立てられた先例を踏襲したライヒ裁判所の裁判例（RGZ 20, 312【裁判例 19】）[315] を引用して，各共同相続人による共同請求権の主張を正当化する。この Obertribunal の先例が，BGB 2038 条 1 項 2 文後段と同趣旨の BGB 744 条 2 項の起草趣旨と無関係であることは，前節においてすでに述べたとおりである。

以上から，*Stein* および *Jonas* のコンメンタールにより引用される裁判例が，BGB 2038 条 1 項 2 文後段に基づいて各共同相続人が単独で相続財産全体に関する請求権を主張できることを根拠づけていると評価するのは，非常に難しい。したがって，保存行為の規定に基づいて各共同相続人の単独訴訟追行権を承認する，*Stein* および *Jonas* のコンメンタールの見解は，それほど説得力あるものではないということができるであろう。

(3) 保存行為に基づく共同権利者の単独訴訟追行権に関する *Hellwig* の見解

本節の最後に，日本の民事訴訟法学の形成に大きな影響を与えた *Hellwig* が，実は保存行為に基づいて，各合有権利者が共同の権利について単独で訴訟追行できる可能性に言及していたことを付言しておきたい。

Hellwig は，処分行為が有効となるために権利者全員により共同でなされなければならない場合には，その権利者全員が共同して訴訟追行しなければならないとする。したがって，共同訴訟の必要性は実体法により判断されるとする。その例として彼は，合有者が彼らに共同して帰属する権利を，訴え，破産，公示催告手続，強制執行における申立てによって主張する場合には，合有者全員が共同してのみ訴訟追行できるとする[316]。ただし，仮差押えまたは仮処分の実現は共同の権利の保存に役立つので，各合有者が単独で行うことができるとする[317]。

このように，*Hellwig* は，共同訴訟の必要性の根拠を共同権利者の共同の処分の必要に求めているが，例外的に各共同権利者が保存行為に基づいて追行できる

315) 鶴田・前掲注 1) 法学雑誌 51 巻 4 号 132 頁を参照。
316) 以上について，*Hellwig*, System a.a.O., (Fn. 218), Bd. 1., 1912, S. 332.
317) *Hellwig*, System a.a.O. (Fn. 218), Bd. 1, S. 332, Fn. 4.

手続が存在することを主張していた。しかしこれは仮差押えや仮処分の実現に限定され，*Hellwig* は，権利の存否が最終的に確定する訴訟において，各共有者が共有物全体の返還等を主張することまで承認したわけではなかった。

3 まとめ

以上から，ドイツにおいては，保存行為の規定すなわち BGB 744 条 2 項に基づいて，各共有者が共有物全体の物権的請求権を単独で主張できるとする裁判例が存在したが，これは，ライヒ裁判所が BGB 744 条 2 項の起草趣旨を誤解した結果承認されたものであることが明らかになった。また，有力なコンメンタールが，共同相続関係に関する保存行為の規定（BGB 2038 条 1 項 2 文後段）に基づいて，各共同相続人による単独訴訟追行権を承認していたが，この見解が引用する判例はいずれも BGB 2038 条 1 項 2 文後段を根拠とするものではなかった。さらに，*Hellwig* が，各共同権利者が保存行為として単独で追行できる手続が存在する可能性を付与していたが，その手続は仮差押えや仮処分に限定されていた。したがって，保存行為の規定を，各共有者による個別訴訟追行権を承認する根拠として用いることは，ドイツにおいてはそれほど説得力ある方法ではなかった。

終 章——ドイツ法の特徴

⑴ 本稿は，共有者の共同訴訟の必要性に関して現行ドイツ法がどのような立場を採ったのかを明らかにすることを目的としてきた。そのために，まず第Ⅰ章では，現行ドイツ民事訴訟法の基礎を形成した 1877 年ドイツ民事訴訟法（CPO）における，共同訴訟の必要性の判断基準などをめぐる諸規定の形成過程を探求した。第Ⅱ章では，1896 年ドイツ民法（BGB）1011 条の形成過程を探求した。第Ⅲ章では，共有者の共同訴訟の必要性の判断基準に関する，民法および民事訴訟法の諸規定の現在における解釈問題を紹介した。そして第Ⅳ章では，各持分権者が共同の物の保存に必要な行為を単独で行うことができることを規定した BGB 744 条 2 項の起草過程と同項のその後の解釈論を見ることを通じて，同項と各共有者による共有物全体の給付請求権の主張との関係を探究した。その結果，ドイツ法の特徴は次のことにあると確認することができた。

① CPO および BGB は，19 世紀ドイツ普通法やプロイセン法と同様に，実体法，とりわけ実体法上の処分権能の存否を基準に共同訴訟の必要性を判断してい

た。この判断基準は，今日のドイツ法においても変更されていない。

　②　BGBは，普通法やプロイセン法において妥当していたローマ法上の共有原則を採用し，各共有者は自己の持分をその範囲でのみ処分できる，したがって共有者全員が共同してのみ共有物全体を処分できるという原則を妥当させた。

　③　共有者全員による共同処分の原則が妥当するならば，共有物全体の物権的請求権の主張の場合には共有者全員が共同して訴えを提起しなければならないことになる。そうすると，共有者の一部が提訴を拒絶する場合には他の共有者の訴えが困難になる。そこでBGBの起草者は，このような不都合を解消するために，BGB 1011条を設けることによって，各共有者が共有者全員に共同して帰属する所有権に基づく請求権を単独で主張できるようにした。この帰結を正当化するために様々な論拠が主張されていたが，いずれも説得力を持つものではなかった。したがって，今日のドイツ法においては，BGB 1011条は，処分権が複数の者に共同して帰属する場合に共同訴訟を必要とするという原則に例外を認めた規定であると位置づけられている。

　④　共有関係確認訴訟にBGB 1011条が適用されるかどうかがBGB成立後に若干争いになったが，現在ではこれを肯定するのが支配的見解である。ただし，日本民事訴訟法の解釈論に大きな影響を与えた*Hellwig*が，共有関係確認訴訟におけるBGB 1011条の適用に反対していたことは注目に値する。

　⑤　ドイツ法もBGB 744条2項に，各持分者が共同の物の保存行為を単独で行うことができると規定している。しかしBGBの起草者は，保存行為の例として，共同の建物を緊急に修繕することなどを想定しており，各持分権者による共有物全体の物権的請求権を訴えにより主張することを想定していなかった。たしかに，ライヒ裁判所はBGB 744条2項を根拠に，各持分権者による共有物全体の物権的請求権の主張を承認したことがあるが，それが承認されたのは，ライヒ裁判所が744条2項の趣旨を誤解したためであったと考えられる。

　(2)　ところで，日本の判例および支配的見解がドイツ法の影響を受けて形成されたと推測できることは，本稿の冒頭ですでに述べた。しかし，本稿における考察から明らかになった結論は，現在のドイツにおける支配的見解は，①各共有者が保存行為に基づいて共有物全体の返還を請求できることをそれほど積極的には承認していないことと，②各共有者がいわゆる共有関係の確認の訴えをBGB 1011条に基づいて単独で提起できるとしていることであった。これに対して，

現在の日本の判例および支配的見解は，①各共有者による共有物全体の給付請求権の主張を，保存行為の規定を根拠に承認し，②共有関係の確認請求訴訟においては共有者の共同訴訟を必要とする。したがって，現在のドイツにおける支配的見解は，現在の日本の判例および支配的見解に対応していない。そこで，次に問題となるのは，日本の判例および支配的見解がドイツ法の影響を受けているという推論が正しいのかどうか，そして仮にこの推論が正しいとすれば，日本の判例および支配的見解が，前述のドイツ法の特徴をどの程度理解したうえで，ドイツ法を受容したのかである。次稿ではこれらの点に注意を払いながら，日本の判例および支配的見解の形成過程を辿ることにしたい。

Ⓡ本書の全部または一部を無断で複写複製（コピー）することは、著作権法上の例外を除き禁じられています。複写を希望される場合は、日本複写権センター(03+3401+2382)にご連絡ください。

```
──── SHINZANSHA ────
henshu@shinzansha.co.jp
order@shinzansha.co.jp
http://www.shinzansha.co.jp
```

民事手続法研究　創刊第1号

2005年(平成17年)7月20日　創刊第1号第1刷発行
3311-01011：P232, ¥3500E, b0220

責任編集	松　本　博　之
	徳　田　和　幸
発行者	今　井　　貴
発行所	信山社出版株式会社

〒113-0033　東京都文京区本郷 6-2-9-102
TEL 03-3818-1019　FAX 03-3818-0344

笠　間　来　栖　支　店
〒309-1625　茨城県笠間市来栖 2345-1
TEL 0296-71-0215　FAX 0296-72-5410

出版契約№3311-01011　印刷・製本　松澤／渋谷

© 2005, Shinzansha, Printed in Japan.

ISBN 4-7972-3311-7 C3332
3311-012-020-002
NDC 分類 327.100-a001
[禁コピー, 2005, 信山社]

信山社 ご注文はFAXまたはEメールで 書店にはありません FAX 03-3818-0344 TEL 03-3818-1019
Email：order@shinzansha.co.jp 〒113-0033東京都文京区本郷6-2-9-102
信山社のホームページ http://www.shinzansha.co.jp 完全注文制

A.エンゲルマン著 **民事訴訟の歴史** 小野木常・中野貞一郎編訳 菊変約600頁 予12,000円近刊

5557-9 **倒産法研究** 福永有利著 4,200円

2060 **証明責任の分配**［新版］ 松本博之著 12,000円

618 **フランス民事訴訟法の基礎理論** 徳田和幸著 9,709円

ブリッジブック民事訴訟法 井上治典編著（西川佳代・安西明子・仁木恒夫著）予2,100円

569 **多数当事者の訴訟** 井上治典著 8,000円

2120 **新民事訴訟法論考** 高橋宏志著 2,700円

630 **民事訴訟審理構造論** 山本和彦著 12,621円

96 **民事紛争解決手続論** 太田勝造著 8,252円

552 **民事紛争交渉過程論** 和田仁孝著 7,767円

814 **民事紛争処理論** 和田仁孝著 2,718円

685 **国際化社会の民事訴訟** 貝瀬幸雄著 20,000円

103 **比較訴訟法学の精神** 貝瀬幸雄著 5,000円

2007 **新世代の民事裁判** 池田辰夫著 7,000円

民事訴訟法［明治36年草案］(全4巻セット) 4646 日本立法資料全集別巻142
　　松本博之・河野正憲・徳田和幸編著 149,515円

民事訴訟法［大正改正編］(全6冊セット) 252 日本立法資料全集本巻015A
　　松本博之・河野正憲・徳田和幸著 207,767円

民事訴訟法［戦後改正編］(全6冊セット・1巻未完)
269 日本立法資料全集本巻066-A1 松本博之編著 完結近刊

669 **債務者更生法構想・総論** 宮川知法著 14,563円

913 **オッと危ない！カード破産** 宮川知法著 1,942円

1620 **消費者更生の法理論** 宮川知法著 6,800円

1857 **破産法論集** 宮川知法著 10,000円

1899 **破産と会計** 野村秀敏著 8,600円

信山社 ご注文はFAXまたはEメールで 書店にはありません FAX 03-3818-0344 TEL 03-3818-1019
Email：order@shinzansha.co.jp 〒113-0033 東京都文京区本郷6-2-9-102
信山社のホームページ http://www.shinzansha.co.jp 完全注文制

1831 訴訟物と既判力　小室直人著　9,800円

1832 上訴・再審　小室直人著　12,000円

1833 執行・保全・特許訴訟　小室直人著　9,800円

28　訴訟物の研究　小山昇著作集1　37,728円

29　判決効の研究　小山昇著作集2　12,000円

30　訴訟行為・立証責任・訴訟要件の研究　小山昇著作集3　14,000円

31　多数当事者訴訟の研究　小山昇著作集4　12,000円

32　追加請求の研究　小山昇著作集5　11,000円

33　仲裁の研究　小山昇著作集6　44,000円

34　民事調停・和解の研究　小山昇著作集7　12,000円

35　家事事件の研究　小山昇著作集8　35,000円

36　保全・執行・破産の研究　小山昇著作集9　14,000円

37　判決の瑕疵の研究　小山昇著作集10　20,000円

38　民事裁判の本質探して　小山昇著作集11　15,553円

39　よき司法を求めて　小山昇著作集12　16,000円

109　余録・随想・書評　小山昇著作集13　14,000円

898　裁判と法　小山昇著作集別巻1　5,000円

1794 法の発生　小山昇著作集別巻2　7,200円

2003 民事手続法の基礎理論　民事手続論集第1巻　谷口安平著　近刊

2004 多数当事者訴訟・会社訴訟　民事手続論集第2巻　谷口安平著　近刊

2005 民事紛争処理　民事手続論集第3巻　谷口安平著　11,000円

2006 民事執行・民事保全・倒産処理（上）　民事手続論集第4巻　谷口安平著　続刊

2007 民事執行・民事保全・倒産処理（下）　民事手続論集第5巻　谷口安平著　続刊

9248 民事訴訟法　梅本吉彦著　5,800円　（第2版改訂中）

信山社 ご注文はFAXまたはEメールで 書店にはありません FAX 03-3818-0344 TEL 03-3818-1019
Email：order@shinzansha.co.jp 〒113-0033 東京都文京区本郷6-2-9-102
信山社のホームページ http://www.shinzansha.co.jp 完全注文制

1501 韓国民事訴訟法　金　祥洙著　6,000円

1569 証券仲裁　金　祥洙著　5,000円

1588 国際訴訟競合　古田啓昌著　6,000円

1659 民事訴訟を支える弁護士　那須弘平著　6,800円

2046 対話型審理　井上正三著　3,689円

2109 和解技術論　草野芳郎著　2,000円

5130 民事裁判心理学序説　菅原郁夫著　8,571円

9223 みぢかな民事訴訟法　石川　明編　2,800円

5062 わかりやすい民事証拠法概説　中野哲弘著　1,700円

5063 わかりやすい民事訴訟法概説　中野哲弘著　2,200円

5141 あたらしい民事訴訟法　林屋礼二著　1,000円

2123 上訴制度の実務と理論　右田堯雄著　8,000円

2094 アメリカ民事訴訟法入門　ハザード著谷口安平監訳田邊誠他訳　4,800円

198 取締役倒産責任論　佐藤鉄男著　8,738円

5142 破産法講話　林屋礼二著　1,800円

2111 ドイツ強制執行法の改正　石川　明著　6,000円

2134 調停法学のすすめ　石川　明著　2,800円

2152 調停ガイドブック　レヴィン小林久子著　2,000円

2095 仲裁契約法の研究　高田昇治著　4,800円

　　　　民事訴訟法・日本立法資料全集本巻別巻

0018 日本立法資料全集別巻001
　　穂積陳重立法関係文書の研究　福島正夫著　55,000円

4514 日本立法資料全集別巻065
　　民事訴訟法正義［明治23年］（上－Ⅰ）宮城浩蔵著　35,000円

信山社 ご注文はFAXまたはEメールで書店にはありません FAX 03-3818-0344 TEL 03-3818-1019
Email：order@shinzansha.co.jp 〒113-0033東京都文京区本郷6-2-9-102
信山社のホームページ http://www.shinzansha.co.jp 完全注文制

4515 日本立法資料全集別巻066
　　民事訴訟法正義（上－Ⅱ）宮城浩蔵著　35,000円

4516 日本立法資料全集別巻067
　　民事訴訟法正義［明治23年］（下－Ⅰ）亀山貞義著　30,000円

4517 日本立法資料全集別巻068
　　民事訴訟法正義［明治23年］（下－Ⅱ）亀山貞義著　30,000円

4525 日本立法資料全集別巻075
　　民事訴訟法［明治23年］述義（第1編）井上　操著　30,000円

4526 日本立法資料全集別巻076
　　民事訴訟法［明治23年］述義（第2編）井上　操著　30,000円

251 日本立法資料全集本巻049Ａ
　　民事訴訟法［明治23年］述義（第3・4・5編）井上　操著　35,000円

527 日本立法資料全集別巻077
　　民事訴訟法論綱（第1・2巻）高木豊三著　40,000円

4647 日本立法資料全集別巻143
　　民事訴訟法論綱（第3・4巻）高木豊三著　46,000円

303 日本立法資料全集別巻091
　　終戦後の司法制度改革の経過（総索引・第1分冊）
　　　内藤頼博・司法研修所編　76,000円

304 日本立法資料全集別巻092
　　終戦後の司法制度改革の経過（第2分冊）
　　　内藤頼博・司法研修所編　116,000円

305 日本立法資料全集別巻093
　　終戦後の司法制度改革の経過（第3分冊）
　　　内藤頼博・司法研修所編　160,000円

306 日本立法資料全集別巻094
　　終戦後の司法制度改革の経過（第4・5分冊）
　　　内藤頼博・司法研修所編　136,000円

信山社 ご注文はFAXまたはEメールで 書店にはありません FAX 03-3818-0344 TEL 03-3818-1019
Email：order@shinzansha.co.jp 〒113-0033 東京都文京区本郷6-2-9-102
信山社のホームページ http://www.shinzansha.co.jp 完全注文制

219 日本立法資料全集本巻043
　　民事訴訟法［明治36年草案］(1) 松本博之・河野正憲・徳田和幸編著　37,864円
220 日本立法資料全集本巻044
　　民事訴訟法［明治36年草案］(2) 松本博之・河野正憲・徳田和幸編著　33,010円
221 日本立法資料全集本巻045
　　民事訴訟法［明治36年草案］(3) 松本博之・河野正憲・徳田和幸編著　34,951円
222 日本立法資料全集本巻046
　　民事訴訟法［明治36年草案］(4) 松本博之・河野正憲・徳田和幸編著　43,689円

213 日本立法資料全集本巻010
　　民事訴訟法［大正改正編］1 松本博之・河野正憲・徳田和幸編著　48,544円
214 日本立法資料全集本巻011
　　民事訴訟法［大正改正編］2 松本博之・河野正憲・徳田和幸編著　48,544円
215 日本立法資料全集本巻012
　　民事訴訟法［大正改正編］3 松本博之・河野正憲・徳田和幸編著　34,951円
216 日本立法資料全集本巻013
　　民事訴訟法［大正改正編］4 松本博之・河野正憲・徳田和幸編著　38,835円
217 日本立法資料全集本巻014
　　民事訴訟法［大正改正編］5 松本博之・河野正憲・徳田和幸編著　36,893円
218 日本立法資料全集本巻015
　　民事訴訟法［大正改正編］索引 松本博之・河野正憲・徳田和幸編著　2,913円

263 日本立法資料全集本巻061
　　民事訴訟法［戦後改正編］(1) 松本博之　栂 善夫編著　近刊
254 日本立法資料全集本巻062
　　民事訴訟法［戦後改正編］(2) 松本博之編著　42,000円
255 日本立法資料全集本巻063
　　民事訴訟法［戦後改正編］(3)－1 松本博之編著　36,000円
266 日本立法資料全集本巻064

信山社 ご注文はFAXまたはEメールで書店にはありません FAX 03-3818-0344 TEL 03-3818-1019
Email：order@shinzansha.co.jp 〒113-0033 東京都文京区本郷6-2-9-102
信山社のホームページ http://www.shinzansha.co.jp 完全注文制

　民事訴訟法［戦後改正編］(3)-2　松本博之編著　38,000円
267 日本立法資料全集本巻065

　民事訴訟法［戦後改正編］(4)-1　松本博之編著　40,000円
268 日本立法資料全集本巻066

　民事訴訟法［戦後改正編］(4)-2　松本博之編著　38,000円
248 日本立法資料全集本巻047

　会社更生法［昭和27年］(1)　位野木益雄編著　31,068円
249 日本立法資料全集本巻048

　会社更生法［昭和27年］(2)　位野木益雄編著　33,891円
250 日本立法資料全集本巻049

　会社更生法［昭和27年］(3)　青山善充編著　近刊
334 日本立法資料全集別巻034-2

335 各国民事訴訟法参照条文　民事訴訟法典現代語化研究会 三ケ月章　29,126円

5130 民事裁判心理学序説　菅原郁夫著　8,571円

9223 みぢかな民事訴訟法　石川　明編　2,800円

5062 わかりやすい民事証拠法概説　中野哲弘著　1,700円

5063 わかりやすい民事訴訟法概説　中野哲弘著　2,200円

5141 あたらしい民事訴訟法　林屋礼二著　1,000円

2123 上訴制度の実務と理論　右田堯雄著　8,000円

198 取締役倒産責任論　佐藤鉄男著　8,738円

5142 破産法講話　林屋礼二著　1,800円

2111 ドイツ強制執行法の改正　石川　明著　6,000円

2134 調停法学のすすめ　石川　明著　2,800円

3222 金銭債権の国際化と民事執行　小梁吉章著　10,000円

2402 不法行為法　法律学の森　潮見佳男著　4,700円

2152 調停ガイドブック　レヴィン小林久子著　2,000円

信山社 ご注文はFAXまたはEメールで 書店にはありません FAX 03-3818-0344 TEL 03-3818-1019
Email：order@shinzansha.co.jp 〒113-0033 東京都文京区本郷6-2-9-102
信山社のホームページ http://www.shinzansha.co.jp 完全注文制

広中俊雄編著

日本民法典資料集成 1

1 民法典編纂の新方針

ISBN4-7972-4001-6 C3332　1,560頁　11万円予約直販のみ(税梱包送料込)

1民法典編纂の新方針　2修正原案とその審議：総則編関係　3修正原案とその審議：物権編関係　4修正原案とその審議：債権編関係上　5修正原案とその審議：債権編関係下　6修正原案とその審議：親族編関係上　7修正原案とその審議：親族編関係下　8修正原案とその審議：相続編関係　9整理議案とその審議　10民法修正案の理由書：前三編関係　11民法修正案の理由書：後二篇関係　12民法修正の参考資料：入会権資料　13民法修正の参考資料：身分法資料　14民法修正の参考資料：諸他の資料　15帝国議会の法案審議—附表　民法修正案条文の変遷

椿 寿夫著作集 1

多数当事者の債権関係

ISBN4-7972-3311-7 C3332　菊変544頁　12,000円

—連帯債務論研究の集大成—

（全20巻予定・予約出版）

糠塚康江著

関東学院大学法科大学院教授

パリテの論理

ISBN4-7972-3235-8 C3332　46版上製約280頁　3,200円

—男女共同参画社会の思想—

＊パリテ＝男女同数制　＊なぜそこにお母さんがいないのか
＊なぜそこに女性がいないのか